上海光华教育发展基金会
Shanghai Guanghua Education
Development Foundation

朱维铮等
——著

马相伯

MA
XIANGBO

复旦大学出版社

出版说明

一、马相伯先生是著名的政治活动家、教育家,是震旦学院、复旦公学(复旦大学前身)的创办人,也是辅仁大学的创办人之一。相伯老人于1905年至1906年,1910年至1912年担任复旦公学校长。《马相伯传略》初版于2005年,值此复旦大学建校120周年之际,予以新装再版。

二、本次再版修订情况大致如下:

(1)改正初版文字、知识性差错,确保内容严谨性与学术规范性;

(2)对书稿涉及的所有引文和文献进行核查、校勘,确保史料来源的权威性与准确性;

(3)调整所有插图,并采用AI图像修复技术着色优化老照片。

三、本书初版时为单色印制,本版采用全彩印刷工艺。

四、本次修订工作得到了作者的全力配合,上海通志馆杨婧女士拨冗审读全稿,上海光华教育发展基金会予以大力支持,在此表示衷心感谢。

谨以此书致敬复旦先贤,献礼双甲之庆,冀望承前启后,薪火永续。

编者

2025年4月

目 录

001	弁言（朱维铮）
001	近代中国的历史见证
	——百岁政治家马相伯（朱维铮）
001	引言
003	1. 局外旁观者
006	2. 从总督幕僚到国王顾问
011	3. 失败的内外使命
016	4. 君主立宪派领导人
024	5. 为了宪法和民主
034	6. "民国民"的沉思
041	7. 在非基督教运动中
048	8. 呼号抗日的"老青年"
052	9. 国民政府委员
059	站在两个世界之间
	——马相伯的教育思想和实践（陆永玲）
059	1. 三所大学的创始人
062	2. 一位受西方教育的中国人
067	3. 从震旦到复旦：1903—1905

080	4. 新的希望：筹建函夏考文苑
088	5. 无止境的追求：辅仁的创建

099 信仰与传统
——马相伯的宗教生涯（李天纲）

099	1. "圣俗"与"中外"
106	2. 天主教世家和早年教养
112	3. 修士，神父，半途离会
120	4. 息影土山湾
127	5. 晚年的宗教思绪
137	6. 中国教会自主运动的先驱

153	"函夏考文苑"考略（张荣华）
163	附录一　函夏考文苑文件十种
163	一　函夏考文苑议
168	二　为函夏考文苑事致袁总统条呈
169	三　致总统府秘书厅
170	四　致赵总理
171	五　致国务院
172	六　致张仲仁
172	七　致李孟鲁
173	八　致某某先生
174	九　仿设法国阿伽代米之意见
176	十　考文苑名单
177	附：梁启超书
178	附录二　马相伯先生筹设函夏考文苑始末（方　豪）
178	一　前言

180	二	仿设法国阿伽代米之意见
184	三	函夏考文苑议
189	四	函夏考文苑发起人与初期人选
191	五	梁任公与马相伯、眉叔兄弟及函夏考文苑
198	六	计划中的函夏考文苑苑址
200	七	函夏考文苑的经费来源
202	八	函夏考文苑的尾声与流产

205　马相伯生平简表（廖　梅）

218　国府褒奖令　马相伯先生百龄庆典
219　中国共产党中央委员会致马相伯先生祝百龄大庆的贺电
220　马相伯老先生百龄大庆祝辞（李登辉）
222　相伯先生寿言（邵力子）
225　祝马先生百年寿与民族复兴（应成一）
229　敬贺马相伯期颐大寿长卷
233　毛泽东、朱德、彭德怀电唁马相伯家属
234　在复旦大学追悼马相伯先生大会上的报告（吴南轩）
236　祭马相伯先生文（于右任）
238　马相伯先生追悼大会启事
240　马相伯先生追悼会

259　我所见闻的马相伯先生（张若谷）
274　土山湾乐善堂旧闻（林　骙）
276　马相老的新史合编直讲（石　漱）
281　相伯夫子与复旦（复旦大学同学会）

284	马师相伯先生创办震旦学院之特种精神（陈传德）
288	马先生之言行（毛西璧）
291	救国老人马相伯先生（邵力子）
294	追念相伯夫子并略述其言行（于右任）
298	敬悼百岁老青年——马相伯先生（许涤新）
302	我所见一百一龄马相伯先生之生平（黄炎培）
307	马相伯先生事略（方　豪）
312	怀念先祖父相伯公（马玉章）
320	爱国老人马相伯在桂林（黎远明）
324	马相伯先生印象片段（高平子）

弁 言

在中国，现代意义的大学，还是十九世纪末叶才出现的新事物。而由接受这一新事物的民间名宿，超越当时清朝官办京师大学堂照搬的日本新式大学模式，直接从导致西欧走出中世纪的教育体制汲取灵感，自主创办的中国新式大学，更是二十世纪初叶才有雏形出现。

这一类的大学雏形，在百年前的中国，本来就堪称凤毛麟角，而饱经人间沧桑，不断蜕变成为世人瞩目的百年名校，如今尤其屈指可数。一九〇五年九月始创的复旦大学，就是其中一所。

不是每所百年名校，都有值得历史称道的创校校长。复旦很幸运，因为20世纪初为她催生的首任校长马相伯，曾在中国走向现代化的历史曲折进程中，留下过多重坚实的历史足迹。所以，尽管他当初主持复旦校务累计不过四年，尽管他已于一九三九年以百岁高龄去世，却至今没有被中国人忘却，更没有被复旦人忘却。

"名者实之宾也"，百年来的复旦校史，正如海内所有百年名校的校史一样，证明自己非复"吴下阿蒙"，都已在二十世纪中国社会动荡不绝的过程中不断剧变，包括不断兼并其他新老大学，演化成如今的复旦大学。

然而，"饮其水者怀其源"。正如人们共饮长江水，明知它由众流所汇却又乐于追溯江源，多年来陆续加盟复旦的新老复旦人，在同庆复旦建校百年之际，自然也都对共同母校的创办人马相伯的传奇一生，发生了解兴趣。

现在呈现给读者的这部《马相伯传略》，便从历史的不同侧面，分别陈述马相伯一生对于中国的政治改革、教育改革、宗教改革和人文学科改革，付出的努力和历史效应。

本书由两类文字结集而成。

一类是马相伯的传记研究。凡收四篇论文和一篇生平简表。

论文前三篇和生平简表，均出自我主编的《马相伯集》（复旦大学出版社，1996年），第四篇录自《复旦学报》。五篇文字的作者，都曾参加一九八九年起由我和加拿大、美国两位学者共同主持的国际合作研究课题"马相伯研究"。原计划由我主持写一部马相伯传。但历经曲折，有关马相伯的原始文献和海内外研究材料，基本搜辑完备，已在时移事异的三年之后。犹豫再三，我提出与其众手修史，费时费力而勉强写成《马相伯传》，不如各展所长，分别从不同角度通述马相伯在特定领域的一生作为，唯允我承乏文字笔削。拙议得到李天纲、陆永玲、张荣华和稍后担任年表编制的廖梅诸友赞同。因而除张荣华的论文未及收入《马相伯集》的"后论"，现在集入本书的四篇论文和一篇年表，其实是当年关于马相伯传记的统一表述的分别反映。

二千纪前荀况便鼓吹"青出于蓝而胜于蓝"。尽管就史论史，我不认同社会达尔文主义的中国信徒倡导的直线进化论，却依然不敢苟同什么先知先觉说，尤其憎恶用权力大小判断识见高低的古今胡说。本书收入的李天纲、陆永玲、张荣华的三篇论文，以及廖梅用至简语言概括编成的《马相伯生平简表》，当年便令我自叹弗如，如今倘要我就同一课题撰文制表，也未必蓝胜于青。

因而，时过十年，复旦大学出版社为校庆百年而推出历任校长传记，唯于首任校长马相伯的传记，仍以为收入《马相伯集》后论的诸篇较宜，在我是同意的，但建议补入张荣华一篇。

本书第二类，可称马相伯百岁荣哀录。

从一九三一年日本军国主义者悍然在中国东北制造"九一八事变"之后，年已耄耋的马相伯老人便发出抗日的怒吼。难得的是他的头脑和勇气，都胜过当年被排外式的民族主义迷惑的一般人士。因为他面对蒋介石"攘外必先安内"，即远祧秦始皇、李斯把"天下无异意"视作"安宁之术"的传统，竟敢向蒋介石指出"纾国难"的前提，就是实行政治改革，因为"民治为举国一致之要求"，所以没有真正由宪政保障的民主人权，便不可能"自救救国"。正因如此，年逾九十的马相伯，仍被舆论称作"老青年"。

一九三九年四月六日，马相伯照中国传统算法已满一百岁。由他的复旦首届学生于右任发起，以陪都重庆为中心的抗日大后方，举行了盛大的庆祝活动。时隔近七个月，同年十一月四日，马相伯在客居的越南谅山逝世，引发举国上下同声哀悼。

在复旦，或者环顾海内的百年名校，有哪一位创业或继统的校长，有马相伯百岁那年享尽生荣死哀呢？似乎一个也没有。

因而，将十多年前我的年轻同事李天纲、陆永玲、张荣华，分头跑遍全国搜辑的马相伯百岁哀荣的文献，合于本书刊出，似也别有意义。它表明中国传统所说的"盖棺论定"，仍然有可信性。马相伯一生坦荡，"此心光明"，生前既无不可告人的隐恶，死后留下的当然是追求至善的言行楷模。

用不着指出马相伯并非完人，但他可贵的品格正在于相信知行合一，行为决不背离信仰。由此引发他的心行矛盾，非教外旁观者所能赋予了解的同情。但他至死不渝，乃至被共同抗日而主张各异的国共诸党派同声称道，却不能仅仅用意识形态化的史观进行解释。

　　但愿本书集中发表的马相伯百龄荣哀文献，有助于读者认知那段历史。

朱维铮
二〇〇五年五月四日夜

马相伯（摄于 1937 年）

朱维铮 | **近代中国的历史见证**
　　　　——百岁政治家马相伯

引　言

在近代中国，马相伯不是一位成功的政治家，却在政治史上十分有名。

这位江苏省丹阳县人，出生于1840年4月7日，清道光二十年庚子三月初六。恰在这一天，英国议会内辉格党人，以微弱的多数票，否决了托利党人提出的反对女王政府发动对中国进行不义战争的议案，巴麦尊内阁派遣的远征军已在驶往南海途中。两年以后，用中国传统计算年龄的习惯，即马相伯三岁那年，1842年7月，英国舰队便突入长江，攻占了马家居住的丹徒（今镇江）。道光皇帝被迫屈服，同意他的一名大臣与英国远征军司令在停泊于南京城下的英国旗舰上签订了和约。它是清帝国与西方列强正式签订的第一份不平等条约，被中国人引为奇耻大辱。历史学家通常把这次"鸦片战争"看作中国走向"近代"的开端。从这个意义来说，马相伯就是中国"近代"的同龄人。

马相伯也真长寿。当他经历了五个皇帝的统治时期，在1911年目睹了清帝国终于被革命推倒，那时他已七十二岁了。他不但亲历了这七十年的中国的一切重大的历史事变，而且参与了其中多次事变。"人生七十古来稀"，那以后，马相伯还活了二十八年，并且从 1912 年 1 月孙中山在南京建立中华民国第一届临时政府起，又在共和体制下，先后见过六个总统，四任主席，以及在军阀混战中的一堆执政、大元帅、总司令、委员长等。1939 年 11 月 4 日，他在越南谅山去世，时在纳粹德国进攻波兰而引发第二次世界大战之后一个多月。照中国的习惯计算，他活了整整一百岁。活了一百岁的政治家，在近代中国历史上已经非常罕见，而马相伯还在同时代人中创下了从事政治活动最久的记录。

马相伯在三十七岁那年（1876）退出耶稣会，随即进入官场。虽然在二十一年以后，他又重返教会，却没有割断他同政界的联系。他去世前两年，还接受在重庆的国民政府的任命，做了"国民政府委员"。因而，他涉足政治活动，虽然时断时续，或在朝或在野，但时间长达六十五年，在同时代政治家中可称元老。

不过这位政界元老，在晚清官场，扮演的角色主要是幕僚和外交官。帝国变成民国，他的政治地位升高了，做过孙中山的临时政府成员，做过袁世凯政府的高等顾问，做过蒋介石政府的委员，但也没有获得过实际的政治权力。

中国有不少人至今没有改变把权力与成功混作一谈的习惯。假如把获得的实际权力当作政治家成功与否的尺度，那么马相伯只好被看作不成功的政治家。

可是普通的中国人衡量政治人物的价值，还有别的尺度，包括道德、学问、文章等方面的个人表现。从这几个方面来看，马相伯在权力游戏中的不成功，又恰好表明他具有一般政治人物所缺少的良好个人品格。他以百岁高龄去世前后，那时人们一致称颂的，正是他的个人品格。由此我们可以了解他越到晚年越有政治声望的由来。

1. 局外旁观者

马相伯在三十五岁以前一直是中国政治的旁观者。原因很简单,如李天纲下文所介绍的,这是由于马相伯从十二岁到上海,进入徐汇公学,此后十九年,他一直在教会内学习和任职。耶稣会的戒律不允许神职人员直接参与世俗的事务,马相伯对中国政治只能采取旁观态度。

上海不是静修的胜地,却是旁观政治的前沿。自从1842年上海根据清英《南京条约》被辟作对西方开放的五个通商口岸之一,那以后它就很快由一个江南小城变成中国最大的对外贸易中心。不仅如此,以后许多年,由于清政府顽强地抗拒西方国家在北京设置外交使馆,上海又成为中国主要的外交活动舞台。

还在《南京条约》刚签订不久,清帝国的官员和学者讨论鸦片战争失败的原因,大都同意这样一个结论:西洋人所以能战胜天朝,无非因为"船坚炮利",所以只要学会制造坚固的军舰和新式的枪炮,便能对付这班野蛮人,这就叫"师夷之长技以制夷"。我们不知道少年马相伯有没有读过根据林则徐的意见写成的这类著作,我们只知道马相伯刚到上海便十分注意观察外国人的技术发展程度。他首先表示不佩服西方的医疗技术。这不奇怪,中医讲究辨证施治,而西医总是头疼医头,脚疼医脚,对付皮肤病就用烙铁去烫脓疮,这在从小熟悉父亲医术的马相伯看来,当然是野蛮而幼稚的方法。他接着不佩服的是外国的军舰。有天随徐汇公学的教师登上停泊在黄浦江的外舰参观,马相伯特别留心西方的大炮,发现其装置与中国的土炮没有什么差别,不禁大失所望。他开始对清朝被英国打败,是由于技术不如洋人的解释,表示怀疑。

怀疑在马相伯的青年时代更加深了。1853年春天来自南方的拜上帝会的造反大军占领了南京，宣布它是"天京"，即天国的首都，随即又占领了长江三角洲的各大城市。各省的官僚绅士富商纷纷逃到上海。然而旧上海县城也出现了头裹红巾的由广东帮会"小刀会"为主的造反者，很快控制了市郊的农村，剩下的安全区只有英、法、美等外国殖民者统治的"租界"。徐汇公学设在法租界的西南边沿，没有受到"红头"攻击，却给年轻的马相伯提供了一个对比两种统治的机会。

所谓耳闻不如目睹，马相伯在长达五年多的旁观时期，还曾私自冒险钻进小刀会控制的城区，却惊奇地发现那里的市容反而更热闹了，居民生活得很自在。对照之下，租界内的华人，尽管身在安全区，却缺乏安全感。这不能不使马相伯思考。他没有想到租界设置是否合理，但想到了"长毛""红头"，是不是像官绅们形容的那么坏？相传1860年，二十一岁的马相伯，曾在一个偶然的机会，目睹了正在教堂作晨祷的太平天国忠王李秀成同一位教民的谈话。这位乡村居民惊问那位赫赫有名的天国"王爷"："也信上帝念耶稣经？"李秀成只是报以和蔼的一笑，并没有觉得这个问题亵渎了他的尊严。看惯了清帝国官吏在平民面前耍威风的马相伯，从中得出怎样一种反面的感受，是可想而知的。

马相伯的家族信奉天主教的历史，据说可以追溯到明朝万历八年（1580），但那是令人难以相信的。谁都知道利玛窦万历十年才从印度果阿来中国，过了十多年才到达南京传教。在这一点上，方豪比较慎重，他在《马相伯先生事略》一文中，只说"马氏久奉天主教"，而不说究竟有多"久"，很含糊，却比较合乎历史。

鸦片战争结束了清帝国的禁烟史，也结束了欧洲传教士对中国社会传统的尊重。1842年耶稣会重新来华负责江南教务。昔日照管江南教务的澳门教区的葡萄牙人，唯恐得罪清帝国而损害自己的世俗利益。如今的法国人却极力逼迫清政府来扩展自己的"精神"利益。当然，1814年在欧洲重新恢复的耶稣会重返中国之后，最感兴趣的是如何利用不平等条约赋予的特权吸收信徒，并且急于迫使中国信徒放弃"异教"的文化习俗。

因此，马相伯身在耶稣会，要对本国政治做个旁观者也不容易。但马相伯的尺度，有一个是很明显的，那就是政治的现状是否对中国有利。

马相伯的传记，都提到他曾拒绝就聘为法国驻上海领事的翻译，理由是："我学法国话，是为中国用的。"这种态度，不会得到耶稣会在华当局的赞赏，他们认为马相伯有"排外"思想。

其实马相伯的"为中国"态度，与晚清的中国一般士绅的"爱国"是有区别的。他不认为中国等于某一王朝，因而也不认为爱国必须忠君。他在徐汇公学长期接受西方教育，通晓拉丁文、希腊文、法文、英文等多种欧洲语言，除了学习宗教经典，还读了很多的西方哲学和历史的著作，深受近代西方的民主和人权的思想影响。他后来总是强调在上帝面前人人权利平等，总是强调国家是个法人团体，从君主到平民都必须服从宪法，总是抨击"朕即国家、国家即朕"的专制思想，这都应该说是属于非中国传统的政治主张。

因此，马相伯和他的弟弟马建忠，在徐汇公学读书时，对于外籍耶稣会士往往表示十分反感。马建忠曾随马相伯一起入修道院，"以中外修士待遇不平而退出"，后来去巴黎留学，"有以白种人自傲者，必折之使服"；马相伯终于脱离耶稣会，也由于"他对外国教士的不满意"（见方豪著《中国天主教史人物传》《马相伯先生的生平及其思想》等）。既然在教会内部都难以忍受事实上的种族的或民族的歧视，那就更难怪马相伯对于本国的政治会用超越传统的眼光去看待，例如前述他对清朝和太平军的比较，便超越了传统的"忠君即爱国""犯上即作乱"一类的观念，而把君民或官民是否平等作为尺度。在他看来，有利于平民就有利于中国。从这一点来说，马相伯在早期作为中国政治的旁观者，已经开始显露他具有民主主义和人道主义的取向。他反对种族歧视，在有白人优越感的某些传教士看来，就是有"排外"思想。但他又"排内"，也就是反对同国籍同肤色的社会内部的种种不平等，而同情受压迫受苦难的底层人民。这正是作为政治活动家的马相伯的一生的起点。

2. 从总督幕僚到国王顾问

马相伯在1876年放弃神职到1897年重返教会，中间共二十一年。

还俗的当年，马相伯便下了"宦海"，就是说登上了清帝国的内政外交的舞台。

马相伯在宦海中浮沉多年，大半时间扮演的角色是幕僚，充当达官显宦的顾问或参谋。清代的幕僚或幕友，聘用与否和待遇如何都由官员个人决定，相对地说不受资格限制，但必须是名士或专业人才，特别是同聘用者有"关系"。

据说马相伯曾为县学生员。这是否事实并不重要。马相伯即使曾中秀才，这身份也并非做官的保证。

然而马相伯没有功名，却有"关系"，同"淮系"官僚的特殊关系。

马相伯之兄马建勋，曾任淮军的粮道，即主管军粮的军需长官，同不少高级将领往来密切。马相伯在1876年进入其兄密友、山东布政使余紫垣的幕府，正是"关系"在起作用。

山东是直隶总督兼北洋通商大臣李鸿章的管辖范围，省布政使必须从事李鸿章所热心的"洋务"，兴办各种新式军事工业、民用工矿运输业以及办理对外事务。马相伯饱受西方教育，通晓多种西方语言，自然成为余紫垣幕中最受器重的人才。据他晚年回忆说，余紫垣在署山东巡抚（代省长）期间曾委托他处理布政使的日常工作。这事在清代官方记载中尚未发现佐证。不过余紫垣曾经委派他担任山东潍县机械局的总办，则是可信的。这个"洋务"军火制造企业的局长，属于洋务派高官的幕僚亲信垂涎的"肥差"。但马相伯却不懂做官的秘密，他把这个混乱的企业整顿得可以正常生产了，而在北京的上司却怎么也不相信他呈报的造价属实，于是他只好辞职。接着，他由李鸿章委派，再往山东调查矿务。先后在山东三年，没有什么引人注目的成绩。

另一个"关系"使马相伯成了外交官。1881年4月，曾在清廷驻法使馆与马建忠同事、并交情甚好的"洋务"名流黎庶昌，做了出使日本国大臣，遴选马相伯任使馆参赞。马相伯抵日后，改任驻神户领事。但这年秋天，他回国看望病中的马建勋，便被李鸿章留住了，被派往朝鲜。

怎么回事呢？又是由于马建忠的关系。原来，马建忠赴法国，是由李鸿章选派的，一面任职于驻法使馆，一面就读于巴黎政治学院，仅用三年，于1879年居然获得博士学位。这是李鸿章门下荣获"洋进士"头衔的第一人。马建忠在法期间，事事都要超过白人，不但学业要争第一，连付房租之类小事，都要同白人相争，这虽使马建忠的房东太太气得发昏，却使"中堂大人"乐得拍手，认为马建忠替华人挣足了"面子"，"为外人所敬重"。那时清帝国推行"洋务"的三大领袖，"湘系"的曾国藩已死，左宗棠已老，唯有李鸿章最具实力。他也确有所谓"现代化"的眼光，看到帝国"自强"的出路，不仅需要建设强大的海军及造船工业，还需要建设从采矿、冶金到交通运输等基础工业。马建忠回国，立即建议兴建铁路，以为这是"洋务"的关键，而资金困难可通过借"洋债"解决。这正搔到了李鸿章的痒处，因而更把马建忠看作奇才。回国不到一年，三十五岁的马建忠，便被清政府列名为二品衔的驻外使节的候选人。当然李鸿章无意让马建忠离开他的幕府。他如此保举马建忠，是为了使此人能以高级官员身份代表他过问涉外军政事务。

马相伯受到黎庶昌的青睐，肯定使李鸿章不悦。贵州才子黎庶昌，早就名列"曾门四弟子"，跻身外交界则出于郭嵩焘的提携，属于湘系官僚。那时帝国驻外使馆诸官员，都由使臣遴选，也等于使臣的幕僚。马相伯赴驻日使馆任职，按照当时的官场积习来看，就意味着湘系挖取淮系的人才。马相伯回国探亲时，适值李鸿章派马建忠往南洋诸地与英国殖民当局办交涉，而感到"正缺人手"，所以一见马相伯便命他随同北上。那时李鸿章名为大学士，但所兼北洋通商大臣，在体制上属于总理各国事务衙门。然而他只用一句话，便取消了由总理衙门批准任命的一名驻外领事职务，从现代眼光来看是难以理解的，却是中世纪式政坛的平凡小事，比这更古怪的现象不知凡几。

马相伯被李鸿章用一句话由外交官变成直隶总督府幕僚，又被李鸿章用一句话由幕僚变成帝国藩属的国王顾问。原来朝鲜正受日本侵逼，李鸿章便出主意要朝鲜政府与欧美列强签约通商，借以制约日本，也就是"以夷制夷"。帮助实施这个对策的，就是马建忠。1881年冬天马相伯随李鸿章到天津，朝鲜国王派来迎候马建忠赴平壤任顾问的专使已在等待了。李鸿章当即指着马建忠的这位二哥对朝鲜使者说："他可以代眉叔（马建忠字）去走一趟。"于是，马建常（马相伯本名）便作为他的幼弟马建忠的替身，赴朝鲜担任国王的新政顾问。

关于马相伯在朝鲜的活动，除了他本人晚年回忆《一日一谈》外，直接作证的中文材料，仅有马相伯亲笔修改过的两份文件底稿。奇怪的是马相伯既然作为帝国派驻属国的高级代表，在朝鲜的身份又是国王顾问，怎么清政府的官方文件，没有提到过他的姓名？《光绪朝东华录》保存了1881—1882年李鸿章向朝廷报告朝鲜问题处理过程的多份奏疏，甚至这里面也只提马建忠而不提马建常，为什么？通过多种记载的互相比照，我才明白其中奥妙，那就是第一，李鸿章代表清政府派往朝鲜的正式顾问是马建忠；第二，李鸿章指定马建常即马相伯前往朝鲜，确实让他充当马建忠的替身，就是说马相伯赴朝鲜任国王顾问，只是出于李鸿章本人的指派。所以，他既然不是清政府正式任命的驻属国官员，也就没有代表宗主国干预朝鲜与列强之间外交事务的权力。在他任顾问期间，朝鲜与美、英、法、德都签订了通商条约，朝鲜因宫廷政变而招致清、日政府都派兵干涉，代表清政府出面监督和处理的，都是马建忠。马建忠在这一系列外交活动中的主导作用，从清理历史事实的角度看，以高拜石《记丹徒马氏兄弟》(《古春风楼琐记》第十三篇，1966年台湾《新生报》连载）一文，根据中、韩、日三方记载所作的陈述，最为可信，而其中便不见有马相伯出场。以往马相伯的传记研究，多半过分夸大或渲染了他在朝鲜"办外交"的作用。

这当然不是说马相伯在朝鲜没有起过作用。问题是有两个因素限制了他演好国王顾问的角色。第一，他这个角色是李鸿章导演的，但李鸿章在1882年3月突然因其母病逝而离职，北洋大臣兼直隶总督的职位由淮系官僚张树声代理，这就使马相伯作为李鸿章个人意向的体现者的重要性大大减弱。第二，他这个角色的活动舞台是朝鲜的宫廷，而那时朝鲜的宫廷政治状况，比宗主国还糟。国王的生父李昰应被尊作大院君，利用国王年幼而专制国政达十年之久，这时却由于他的权力据点被国王的正妻闵妃的家族一一夺去而恼怒不已。美貌的朝鲜王妃很有政治手腕，她利用国人对大院君执政时期腐败政治和锁国政策的不满，声称也要办洋务新政，并以此获取宗主国主管朝鲜事务的李鸿章一派的支持。可怜的国王性格懦弱，夹在宠妻和生父的中间，不知如何是好。马相伯正是在两派冲突日趋剧烈之时到达朝鲜的，正如他在《我与高丽》（见《一日一谈》）中所说的："原来高丽政府分两派：一派以大院君为领袖，反华亲日；一派以闵妃为之魁，反日亲华。"他立即发现自己与国王一样，处在一个很不舒服的位置。

由于直接的记载缺乏，我们甚至说不清马相伯抵离朝鲜的确切时间。根据他晚年的回忆，他曾努力地想演好自己的角色，帮助朝鲜政府办理"新政"，甚至还主持训练新军。现存的一份《上朝鲜国王条陈》，呼吁朝鲜国王仿照日本的明治维新，从九方面进行内政改革，虽然意见并不新鲜，却证明他是忠于顾问职守的。他与国王夫妇的关系都很好，曾建议闵妃送九岁的王世子去西方留学，以成为未来真能领导改革的国王。然而"高丽政府暮气已深，余虽拼命地卖气力，他们始终口是心非，敷衍搪塞。举凡我所条陈的应兴应革事宜，开头时他们莫不一口应承，即时兴办；然而过了两天再去问他，则又喃喃然答道：'容再商量'，于是百般计划都销靡于无何有之乡了！"与此同时，朝鲜宫廷政争的白炽化，使他的希望变成失望。

1882年7月，大院君发动军事政变，煽动不满于世袭权益被削弱的旧军人占领王宫，大杀闵妃一派并囚禁国王父子，还焚毁日本使馆和杀害日本教官。根据马建忠和水师提督丁汝昌的建议，张树声迅速派提督吴长庆率军入朝鲜，抢在日军之前，擒住大院君并恢复了汉城的秩序。据马建忠日记（见《适可斋纪行》卷六），他在平叛后回国抵达山东芝罘，见到了马相伯，可知马相伯在政变期间回国避难。因此清政府在事后封赏平叛有功人员达四十余人，而不及马相伯，是合乎情理的。但马相伯显然在乱平后又回到汉城，只是角色有变化。由现存《致朝鲜京畿道金宏集书》，表明他同朝鲜宫廷的友好关系已经结束，代之而起的是互相猜疑和争吵，他本人行动也必须受到吴长庆军的武装保护。这时是1882年冬至1883年春。既然没有"新政"可以帮办了,他留在朝鲜还有什么必要呢?

值得注意的是吴长庆部下一名小参谋,非但在镇压汉城叛乱中初露头角,由中书科中书升任同知(副知府),官升五级,还捅了马相伯一刀,向吴长庆密告马相伯在官舍狎妓。事情被证明乌有,他又联合另一名幕僚张謇(后来成为中国著名企业家)替吴长庆划策攻击马建忠,说大院君政变后朝鲜政府被迫同意向日本赔款及同意日军驻汉城,都是马建忠"任性妄为"的结果,于是清廷中权力者借机整了一下李鸿章和张树声。据马相伯说,这名年轻无赖,起初正是由他向李鸿章推荐,才实任驻朝鲜商务委员,从此脱出穷困潦倒境地的。此人就是中国近代史上赫赫有名的袁世凯。

于是,马相伯只好离开朝鲜,重返李鸿章的幕府。据《一日一谈》,马相伯在1883年回到天津,仍然要求李鸿章及早决定保全朝鲜的对策,谁知李鸿章竟说:"大清国我都不敢保他有二十年的寿命,何况高丽!"马相伯因而说出了一个常被引用的判断:"中国者,放大之高丽,而高丽,即具体而微之中国也。"

3. 失败的内外使命

马相伯和马建忠真是难兄难弟。他们参与朝鲜事务,以不同身份替清帝国出了力气,却都没有得到报偿,反而都受到不同程度的猜忌与攻击。他们刚从这里脱身,又双双卷入了招商局事件。

招商局即"轮船招商局",是李鸿章发起创办的近代化企业,属于官商合办的航运股份公司。然而晚清的所谓新式企业,无论是官办还是商办,都极难实行工业化世界的经营原则和管理制度。官办官僚化,商办家族化,而中世纪式的官僚体制,本来是家长专制的延伸。所谓官商合办或者官督商办的企业,没有了家族式的商办企业那种由业主切身利益而导致的潜在危机感，控制者更以损公肥私为能事。招商局成立十多年，经营的扩展与亏损的严重恰成正比。它的总局设在上海，而分局遍布内地、香港和南洋各地，拥有轮船二十多艘，由于主要承运政府漕粮而货源稳定，却每年需要政府补贴白银八十万两左右，才能勉强维持公司生存。

李鸿章是官场老手，深知招商局办不好，根本原因在内不在外，但苦于没有熟悉西方企业管理的能干人才，去对它进行整顿。马氏兄弟在朝鲜出了力而备受攻击，显然是代他受过。尤其是马建忠，刚被清廷表彰援朝有功，紧接着便奉旨查处是否有出卖朝鲜的嫌疑，这更使李鸿章不安。1884年，李鸿章任命马建忠为招商局会办（副总裁，以往研究者都说是"总办"，即总裁，马相伯晚年也屡作此说，不确），主持全局业务，并派遣马相伯前往国内主要分局检查财务，应该说兼有整顿招商局和重视马氏兄弟的用意。

马相伯的调查结果是题作《改革招商局建议》的给李鸿章的一份报告。这份报告只留下残稿。方豪说它作于1885年，不确切，因为1884年8月李鸿章已被迫上长篇奏折，替马建忠在招商局事件中的行为辩护。

原来，1884年7月，中法战争的炮火从越南蔓延到中国本部。法国侵略者的炮舰，要封锁长江口，阻断招商局的漕运出路，并且扬言要劫持招商局的海轮。这使招商局的董事会感到惊慌。于是在马建忠的主持下商定，不妨按照国际惯例，把招商局全部产业转移到美商旗昌洋行名下，用外资企业名义继续营运，条件是事定后由中方以原价收回，但给美商以丰厚的"好处费"。不料这一决定传到北京，在清廷内立即引起一片谴责声。谴责者有的是坚持一概排外的守旧大臣，有的是嫉视洋务新政的清流党人，更多的是觊觎招商局这块肥肉的达官贵人。他们的矛头共同指向马建忠，眼光却共同盯住李鸿章。他们通过总理衙门，用传达圣旨的名义，要求李鸿章供认从这笔交易中捞到多少好处,但旗号是捍卫帝国主权。事态如此严重,以致在北京官场中,把马建忠称作"小汉奸",那意思即李鸿章是"大汉奸"。

在晚清很少有贵胄大臣能同李鸿章相比,一大原因就是凡真心实意替他办事的助手,都不必因他称道过自己是他的左右手而危惧,因为知道他不会在困境中效法壁虎断尾。果不其然,李鸿章是否事先了解马建忠"出售"招商局的决定,虽经马相伯晚年再三回忆仍难以确认。例如马相伯于1932年向凌其翰口述的《六十年来之上海》,曾说马建忠"奉了李鸿章的命,去和旗昌洋行商量","其实这是李鸿章的急智"。但1935年的口述回忆录《一日一谈》则说:"李中堂在天津听说,我们把招商局轮船押给旗昌洋行了,莫名其妙,打电报来叫老三(马建忠——引注)去,老三不能分身,遂叫我到天津去告诉李中堂,为什么要押船的理由,中堂这才放心。"但无论李鸿章事前知与不知,他是了解马建忠此举,对中国权益,利大于弊的。今存李鸿章为此事上皇帝书,就证明他承担了授权责任。不待说,他也明知当时外交纠纷层出,清廷离开他还不行。

那班因反洋务而暂时结盟的势力当然不甘罢休。1884年9月有道上谕,说是"现在总理各国事务衙门需人",要求李鸿章立即密令"熟悉洋务"的马建忠赴京引见。据李慈铭《越缦堂日记》,这时清流党主要人物黄体芳已多次上疏控告马建忠是"洋夷奸细",非处死不可,而当时北京刑场菜市口的摊贩们,甚至纷纷收摊等待观看刽子手杀马建忠的头。但马建忠到了北京,又奉旨说皇帝取消接见,命他即返天津。这使仇洋排外的官僚和市民都很失望,也可见马建忠和马相伯在当时承担的风险。

1885年6月中法战争终于以李鸿章和法国公使在天津签订和约而结束。马相伯再次作为其弟马建忠的替身,出面同美商旗昌洋行谈判，在1886年正式收回招商局的主权。有趣的是这个旗昌洋行，不久便因过度亏损，而将产权卖给了招商局。

就在中法战争结束后四个月，1885年10月，帝国政府决定把台湾府升格为行省，任命淮系将领刘铭传为首任台湾巡抚。刘铭传是马建勋的朋友，得知马相伯的行踪便邀他赴台湾，很明白是为了替亡友的兄弟谋出路，但马相伯不领情。虽然武夫出身的刘铭传在台湾很重视文治，马相伯仍以为他旨在沽名钓誉，挖苦地说刘铭传保荐自己"学贯中西"，无非是因为自己陪他下围棋输多赢少的缘故。

在赴台前，马相伯路过香港至广州，曾向两广总督张之洞献策，主动设置九龙为商埠，建筑由广州通往九龙的铁路，作为对外贸易的通道。可惜张之洞缺乏较开阔的近代化眼光，也许还夹带着清流党人对信洋教者的成见，没有理会马相伯的建议。马相伯从台湾返回天津，又向李鸿章重提开辟九龙为商埠的建议，深得李鸿章赞赏。然而李鸿章又因广东是张之洞总督的辖区，不便出面，以免碰总理衙门的钉子。英国殖民者倒是很快发现了九龙的商务战略地位而予以吞并，并迫使清政府同意兴筑广九铁路，从而使香港成为南国对外贸易要津。这是马相伯终身引为"恨事"中的一件。

一个偶然的机会，使马氏兄弟说动了李鸿章，可以向美国贷款，设立银行，不仅解决兴办海军所缺乏的经费，还可以为各项新政提供经费。李鸿章决定派遣马相伯赴美国筹集资金。这事不见于清代的官方记载。然而马相伯晚年的多次回忆，如陈乐素于1930年笔记的《相老人八十年之经过谈》，前引《六十年来之上海》《马相伯国难言论集》，以及1937年刘成禺的《相老人九十八年闻见口授录》、钱智修的《马相伯先生九十八岁年谱》等，都述及此举。以后更得到马相伯早先"家书"手稿的印证。因此，下述马相伯的回忆应属可信。他说，李鸿章原定的借款数额是二千五百万两银子，没想到他抵达美国，不仅受到国宾待遇，还抵挡不住美国投资者的热情。短期内就有二十四家银行愿意向清政府提供巨额贷款，总金额竟达五亿。吃惊的马相伯打电报请示李鸿章，不料回电显示，李鸿章更被吓坏了，就是"办法甚当，而朝议大哗，舆论沸腾，群矢集我，万难照准"。

不过这事仅见于马相伯晚年的回忆，而回忆的相互记载有出入。譬如说借款的金额，"家书节录"第六十五函，说是赴美"拟纠合华美银行，一席酒后，便得二万万有五千美洋"。此函约作于1918年美军抵欧洲参加对德作战之后。但后来他的回忆，却说是商定借五亿两。但无论如何，他在1885年赴美筹借到的款项，数额太大而条件优惠，致使清政府的官僚们转而怀疑李鸿章是否与"洋鬼子"暗中做了权钱交易，结果吓得李鸿章不敢接受，应该也是事实（说是"应该"，是由于还没有找到当时中美官方记载作证），否则他不会记忆如此深刻。

因而马相伯一再说他当时进退维谷，也应该是可信的。主动提出贷款，人家积极响应，突然又不守协议，怎么向美国投资者交代？于是饱受西方教育的马相伯，只好求助于中国传统计谋的最后一招，所谓"三十六计，走为上着"。他先装病不见客，随即悄悄溜出了美国，至于天真的美国人是否因此觉得中国人不讲信用，他就顾不得了。

这个贷款事件无疑给马相伯以很深刺激。他有次重忆此事，便说："清季外交的失败，半由于满廷官吏懵然于国际情势，应对无方，动辄得咎，至于清季外交界之腐败无常识，举动荒谬，腾笑列邦，实在罄竹难书！"这是来自经验的沉痛概括。所以他狼狈离美之后，没有直接回国，却去漫游西欧。

他到过伦敦、巴黎，又跑到罗马，在梵蒂冈晋见过教皇利奥十三世（Leo XIII）。他那时还没有重返教会，是否他曾钻研神哲学，因而引起号称最后一名老托马斯主义者的利奥十三的晤谈兴趣，还不清楚。这是他毕生唯一的一次欧洲行，没有肩负政治使命，却有可能在东西方政治文化的实际比较中从容思考。他究竟由这回"行万里路"得到了怎样的教益？他在晚年也曾零碎地谈起。例如他在英国曾参观牛津、剑桥等名校，对于英国因袭欧洲大陆传统，重视古典文化教育留下深刻印象。他在巴黎考察法国民俗，发现中国布帛瓷器仍深受法人喜爱，因而感慨中国的政府与商民都不懂改良工业和外贸方法，否则必能占领海外一部分有利市场。他曾据亲身见闻，盛赞拿破仑的"军事天才"，也在批评拿破仑第三侵略中国的同时，指出此人的政治的军事的才能"实在也不可厚非"。此外可能还有别的思想收获，但由于缺乏资料，我们不知道。我们只知道，他在1887年自欧洲返华，在政治上曾销声匿迹了好几年。这以后清法、清日战争相继以失败告终。就在两次战争之间，1893年，他的妻子死了。1895年李鸿章被迫代表清政府，赴日本签订《马关条约》，使中国蒙受了巨大耻辱。马建忠作为随员目睹了屈辱和约的谈判过程。正在这时，他的母亲又去世。据说是接受母亲的临终劝告，他重返教会了。但谁知道他们联袂"退隐"的真正原因是不是对清帝国统治的失望呢？

4. 君主立宪派领导人

马相伯再次现身于政治舞台，已在十二年后。这回他扮演的角色，已不再是清政权中一个派系领袖的秘书或参谋，而是清政权的一个反对派别的名义领袖。这个反对派别，就是1907年10月中旬在日本东京成立的"政闻社"。他应这个君主立宪派团体的组织者

四十岁时的马相伯

梁启超的邀请，前往东京就任政闻社的"总务员"，相当于政党的总书记。次年初政闻社总部迁到上海，同年8月25日被清廷查禁，十天后宣布解散。马良（马相伯名）共做了十个月的总务员。

很奇怪，马相伯的晚年似乎把这段经历忘记了。根据他的回忆串联而成的若干传记，如夏敬观的《马良传》、张若谷的《马相伯先生年谱》等，或只字未提，或说他1907年东渡日本是为了平息那里的留学生学潮。即如方豪，搜集马相伯的文稿信件虽多，也多次以讹传讹，直到晚年修订的《马相伯先生事略》，才予以订正，但依据的似乎只是赵丰田对张若谷所作《年谱》的一段批评，也没有得知丁文江、赵丰田编纂的《梁启超年谱长编》已有政闻社始末的详尽资料，更没有查阅1907至1908年的政闻社的机关刊物《政论》、同盟会的机关刊物《民报》等资料。这里有必要就此事的来龙去脉，作一番简要陈述。

马相伯初识梁启超是在1896年。这年8月梁启超在上海担任《时务报》主笔，结识了仰慕十年的马建忠，也结识了马相伯。那时梁启超只有二十四岁，而马建忠四十八岁，马相伯则已有五十七岁。他们很快成了"忘年交"。马建忠的名著《适可斋纪言》《适可斋纪行》，在这年结集，便请梁启超作序。而梁序盛赞这两种著作，"每发一论，动为数十年以前谈洋务者所不能言；每建一议，皆为数十年以后治中国者所不能易"，甚至说如果帝国当局早用其言，则清法、清日战争的耻辱结局就不会有了。

马氏兄弟对梁启超都十分赞赏。《时务报》是黄遵宪、汪康年、梁启超等改革派人物联合创办的民间刊物，一出版就风行全国。其中梁启超的论文最引人注目，他很快成了维新运动的舆论明星。但马相伯又很惋惜梁启超对近代西方政治文化的认知程度肤浅，以为他应趁年轻学好一种欧洲文字，不该太早卷入实际政治，并因而责备极力扶植梁启超问政的黄遵宪是孔子早就指斥的子路那样的冒失人物，所谓"贼夫人之子"，在年轻人学业没有成熟前便急于让他从事政治活动，不是爱护他而是戕害他。于是梁启超决定学习拉丁文，而马建忠也自愿充当义务教师。从这时起，梁启超只要在上海，便与康门弟子麦孟华等，每晚前往马宅学习拉丁文，当然也纵谈时事。也由于马氏兄弟的介绍，梁启超相继结识了徐建寅、严复、盛宣怀等一大批所谓洋务名人。因而，严复译述的《天演论》，即自称达尔文的"咬狗"的赫胥黎的《进化论与伦理学》的中文改编本，还没有出版就已被梁启超读到。严复借此书宣传的斯宾塞的社会达尔文主义，特别是那个"天演"公例，所谓"生存竞争，优胜劣败"，迅速被拥护政治改革的知识分子所接受，成为"维新变法"和后来的"排满革命"的哲学指导，也同梁启超的努力介绍有密切关系。有趣的是马相伯作为天主教徒，经常表示反对猴子变人的进化论，但他去世前也与赫胥黎用了同一譬喻，说是："我是一只狗，只会叫，叫了一百年，还没有把中国叫醒。"谁都知道中国人的传统是鄙视狗的，将人称作"巴儿狗""走狗"等意味着侮辱，而马相伯居然自比为狗，岂不是赫胥黎的理论早在他心中留下深刻印象的一则佐证？

马氏兄弟似乎都没有直接参与康有为、梁启超一派人物的"变法"宣传活动。但据《震旦大学二十五年小史》等记载，1898年"百日维新"期间，梁启超曾请中国驻法使馆向天主教的江南主教转达一项要求，即同意马相伯出来主持新政拟办事业之一的译学馆。据说马相伯表示同意，但要求清政府将译学馆设在上海，并延聘徐家汇的耶稣会士襄理馆务。

1898年的政变，使支持改革的光绪皇帝成为慈禧太后手中的囚徒，也使康有为、梁启超成为长期流亡海外的保皇党领袖。马氏兄弟没有受到政变的株连，但马相伯筹设译学馆的活动，刚开始便告终。紧接着北方闹起了义和团。八国联军侵占北京，逃亡到西安的慈禧太后被迫起用李鸿章主持"和议"。李鸿章途经上海，立即要求马建忠再度担任他的外交助理。马建忠冒暑翻译文电，突然病逝。一年后即1901年，李鸿章也在同八国联军签订《辛丑条约》后去世。马相伯真的孤立了。

但在上海的新派朋友没有忘记他。应蔡元培的要求，马相伯接受了南洋公学的一批学生，开始从事世俗教育。由教授拉丁文为起点，而扩大设置震旦学院。1903年他又同情震旦学生中反对欧洲教士强迫遵守教规的那些青年，支持他们另办复旦公学并出任校长。这就是后来的复旦大学。它的头几届学生中，曾经出了如于右任、邵力子那样的著名政治家，也曾经出了如陈寅恪那样著名的学者。与此同时，他在上海还相继支持建立了大同大学和几所女校。

梁启超在1898年秋天逃亡海外以后，成为康有为创办的"保救大清皇帝公司"即俗称保皇会的二号领袖。但老师康有为虽懂得把皇帝作为吸引海外华侨资金建立公司的信托，经营却并不顺利，他在美洲的投资，非无效即失败。相反学生梁启超在日本的事业倒是相当成功，他主编的《清议报》仍然在国内秘密流传，他的朋友如唐才常等仍然在国内积极活动。

1900年八国联军把慈禧太后及其朝廷赶出北京以后，国内一批改革派名流聚集上海，举行"国会"，讨论中国的前途等问题。这是他们要求中国实行议会民主的一次预演。接着上海国会的组织者唐才常便在武汉发动了一场不成功的起义，这次打着保护光绪皇帝旗号并使唐才常丢了脑袋的起义，同上海国会一样，幕后导演都是梁启超。马相伯没有参加国会，也没有证据表明他这时仍和梁启超有直接联系。有的传记说梁启超在1902年曾再次跟随马相伯学习拉丁文（如方豪在台湾《大陆杂志》发表的《马良先生事略》），是没有根据的。

不过梁启超仍在关注马相伯的动向，则是确实的。1903年梁启超在《新民丛报》上发表题为《祝震旦学院之前途》的署名文章，热情称赞马相伯创办这所专以研究人文学科为目的之私立学校，给中国青年"广求新知识于世界"提供了基础教育。

这以前，即1902年，清政府已迁回北京。自感"纸老虎被拆穿"的慈禧太后，急于向列强表示她对支持义和团排外行为的忏悔，接连颁布了一系列许诺"维新"的诏书。马相伯于是打破政治沉默，强调说要洗刷列强"夺我疆土，凌我黎民，占我政府，拒我使臣"造成的国耻，然而"中国若不图强则已，苟欲图强，必以开铁路为枢纽"。

马相伯将发展铁路事业看作"转移国是"的最大关键，强调"以中国财，办中国事"。在20世纪初，铁路由政府作主交给外国人办，还是由地方绅商集资自办？这一直是帝国当局和地方士绅争执的焦点。为了"保路"，形成了地方议会的雏形，并进而要求清廷实行立宪以限制统治者的专制权力。所以，马相伯从主张铁路经营自主权出发，成为江浙士绅敦促清廷实行君主立宪的活跃人物，就是合乎逻辑的。

在1898年10月逃亡海外以后，梁启超很久拿不定主意，是继续追随康有为"保皇"呢，还是同孙中山一派合作"逐满"？他的摇摆的中止，却是双重的后退，既公开反对"排满革命"，又暗中脱离"保皇"即反对慈禧太后的立场，就是说要成为合法的反对派，促使这个政权由君主专制和平演变为君主立宪。1906年9月慈禧太后用光绪皇帝名义通告全国"预备立宪"，梁启超迅速作出回应，说服康有为同意把保皇会改名为"国民宪政会"。对于慈禧太后为核心的满洲特权阶层来说，这个政敌化作盟友，甚至更可怕。因为梁启超的策略很明显，就是要利用他们的"立宪"许诺，设法弄假成真，那代价当然是皇室权贵的世袭特权必须受到愈来愈多的制约。

然而马相伯显然赞许梁启超的转变。1907年夏末他给英华即英敛之的《也是集》作序，大谈立宪，没有只字提到梁启超，但劈头便强调实行立宪是举世公认的"国民权利"，"故我国不言立宪则已，言立宪而不虚心'预备'，言'预备'而不实力奉行"，就和不讲民权的野蛮民族或殖民地没有区别。接着马相伯针对满洲亲贵替慈禧太后的假立宪诏书辩护的三大理由，逐点予以驳斥。第一他们说诏书所以不规定立宪的"预备"期限，是因为人民的程度太低，需要时间训练人民怎样实行宪法。马相伯说：错了，人民的权利观念差，正是暴虐政治的恶果；立宪本身就是明确人民应该具有的权利和义务，因而"宪法亦能造国民"；借口程度不够而继续褫夺民权，无非要使人民永做奴隶。第二他们说制定宪法有西方先例可以仿行，政府完全能够胜任，用不着通过普选召开议会。马相伯说：又错了，Constitution的原意就是"共立"（共同构造），人民只有选举能够表达自己意向的代表参加制定和修改宪法，才能保障应享的权利和明确应尽的义务。第三他们说立宪既是政府的事，更用不着报馆说三道四。马相伯仍然说：错了，报刊和议会都是沟通民意、监督政府的机构，都是人民的耳目喉舌，只是一在民间，一在政界，相辅相成；拒绝实行新闻自由与拒绝实行议会民主一样，都是要使人民在政治上继续充当盲人、聋人和哑巴。

以上驳论，假如与梁启超在1906至1907年发表的宪政言论对照，可以见到马相伯的见解不但相符，而且表达更简单有力。

不过马相伯应梁启超的邀请，于1907年12月中旬由上海抵达东京，就任政闻社总务员，则是明白地是为了帮助梁启超摆脱困境。

原来，政闻社筹备已近一年。筹备过程困难重重。清政府"预备立宪"的主要策划人杨度，先同意与梁启超合作，又中途翻悔。原保皇会首领康有为早已声名狼藉，梁启超若要自任政闻社党魁，一则必然冒犯康有为的权威,二则他仍是清政府通缉的国事犯,出任党魁必定妨碍新党取得合法地位,三则是自从同盟会机关刊物《民报》与《新民丛报》论战,结果是反对"排满革命"的《新民丛报》被迫停刊。梁启超历经辛苦,总算在1907年11月在东京正式举行政闻社成立大会。岂知同盟会的著名斗士张继、陶成章等率领大批留日学生冲击会场,大打出手,连梁启超也在逃跑中挨了耳光。

显然迫于内外压力,梁启超急中生智,想到要求学贯中西、德高望重的六十八岁老人马相伯出面帮助他渡过难关。那时马相伯正与上海一批士绅为了争取铁路民办权而忙得不可开交,但立即同意前往日本。可以想见梁启超多么感激。"此公之持积极主义,其勇更逾吾辈","已承许以全力担任社务,此真吾社前途之最大之幸福也",如此等等见于当时梁启超兄弟的私信,可知他们真是把马相伯看作政闻社抓到的一张王牌。

然而马相伯既非保皇会元老,又非政闻社实际组织者,临时被梁启超拉出来充当"总务员",也只能享有虚名,是不消说的。梁启超决定将政闻社总部迁至上海,一个理由是希望使马相伯成为"实际的总务员"。问题是他也无法控制他的同事们各行其是,于是马相伯只可能充当名义领袖。

不过马相伯加盟政闻社,也使这个组织增添了活力。马相伯东渡日本后,曾以政闻社总务员的名义发表长篇演说。他自少年时代便学习古罗马西塞罗的辩论术,似乎在年及六十八岁时才得到充分发挥。他的这次演说,经过梁启超的记录润色,刊登于《政论》上,曾给革命派以很大震动,致使《民报》总编辑章太炎不得不亲自撰写《驳神我宪政说》的长文,专门破除马相伯论证君主立宪有理的哲学依据。而时任湖广总督的张之洞,读到这篇演说,见到其中"爱国不忘读书,读书不忘爱国"二语,不禁击节赞赏,叹为"中国第一名演说家"。然而最令梁启超得意的,也许正是马相伯的加盟,使成员日益增多,甚至吸引了现职官员入社。但也许"福兮祸所伏"吧,正是担任清政府现职官员的一名社员的冒失行为,毁掉了政闻社好不容易取得的半合法地位。此人名叫陈景仁,是清政府法部主事,忽然在1908年7月以政闻社成员名义发电报,要求清政府在三年内召开国会,而且指名要求清政府将考察宪政大臣革职问罪,惹得慈禧太后大怒,除了将此人革职,还以"阴图煽乱,扰害治安"的罪名,查禁政闻社,并下令通缉该社成员。政闻社被迫宣布解散,马相伯也就失去了他的名义领袖地位。

就在政闻社被禁的同月,清政府颁布了各省谘议局及议员的选举章程,次月又颁布《钦定宪法大纲》。在1909年10月成立的江苏省谘议局的议员名单中,没有马相伯,是可以想见的。但这并不表明他在清末立宪运动中丧失了影响。相反,由于专制国政长达四十六年的慈禧太后,已在1908年11月与光绪皇帝同时死去,帝国政府的控制力越发削弱。摄政王的政府被迫屈从各省谘议的联合压力,于1910年10月举行了"资政院"的首次会议。这个资政院名为预备立宪的咨询机构,实则颇似法国大革命前的"三级会议",二百名议员半由钦定、半由民选。马相伯的姓名便出现在江苏省谘议局推选的民选议员名单中间,那时他又已回到复旦公学担任校长。这个资政院的活动,至今仍缺乏详密研究。我们知道它存在的一年多里有两件事引人注意,一是迫使清政府把预备立宪的限期由九年改为五年,二是1911年10月武昌起义后推举袁世凯任内阁总理大臣,以同南方革命军议和。然后它就和清帝国一起在历史上消失了。至于马相伯作为资政院议员起过什么作用,同样不清楚,但他似乎没有出席这年10月推举袁世凯组阁的会议,因为接着他的名字就出现在江苏军政府的成员中间。

5. 为了宪法和民主

1911年10月革命，使清帝国的统治体系发生了多米诺骨牌效应，只有一个多月便有十四个行省宣布脱离清帝国而独立。11月初上海、浙江、江苏在三天内相继独立，并迅速组成江浙联军攻克南方政治重心南京，给清帝国的打击最重。独立后的各省军政府代表立即决定把南京作为拟议中的中华民国的临时首都。这个临时首都的第一任市长即南京府尹，就是由江苏军政府都督程德全委派的马相伯。

那时中国的南北双方仍然处在战争状态。中华民国第一任临时大总统孙中山已在1912年1月1日在南京宣誓就职，但新独立的各省还是联而不合，各行其是，新旧地方势力为了争夺军政权力闹得混乱不堪。孙中山只做了四十四天临时大总统，便宣布辞职，让位给表示赞成共和的袁世凯。紧接着就发生首都所在地的争论。南方政府组织的参议院，被迫同意首都仍然设在北京。

我们不知道马相伯做了几天南京"市长"。关于这段历史，马相伯本人记忆最深的，则是"和几百个鸡毛帚周旋"——那时的革命军将领的军帽都插着一朵白色翎毛，因而马相伯戏称他们是"鸡毛帚儿"。他说，那时云集南京的新式将领们互相争功大闹都督府，只好由他出面泼冷水。他的说辞详记于《一日一谈》两则文字中，未必就是当时的原话。然而他指出"革命"为什么，为国家为民族呢，还是为自己而"自居革命的功臣"，却符合当时南京政府面对的实情。但除这事以外，马相伯还办过哪些事情，至今也不清楚。我们只知道民国成立后，他的职位已变成江苏都督府的外交司长，并由今存的一份布告《劝勿为盗》，得知他1912年3月袁世凯就任临时大总统以后，还在代理江苏都督，代替原来曾任清朝江苏巡抚

1913年的马相伯先生

的程德全担任革命后的省军政首脑。

马相伯的传记作者们都很重视他的这份布告。的确,这位已届七十三岁的代理都督,在布告中既表达了他对专制君主的憎恶,也表示了他对民主政治的渴求。"专制之君,可以领土为私有;专制之官,可以所辖为私有。"现在是"民国"了,一切官员都应该成为"大众的公仆",因而没有各级议会的决定,任何政府官员都不能假公济私,把属于人民的公产的土地随意处置。但传记作者们都忘记指出,这种孟德斯鸠式的政治见解,只对一个人有约束力,此人就是马相伯自己。那时的"革命",已经显示有军就有权,有权就有法。此老居然对这班只知道中世纪的权力即法律原则的新旧官僚军阀,讲什么"三权分立",岂非如同聋子对话吗?于是马相伯不得不下野。他何时卸任江苏代理都督,同样不清楚。不过不会迟于民国二年,因为这一年马相伯已应教育总长蔡元培的聘请,出任国立北京大学校长。虽然很快辞职,却是由于就任总统府高等顾问的缘故。袁世凯与马相伯是三十年前在朝鲜的故交。马相伯一直讨厌袁世凯,但袁世凯没有忘记马相伯,不消说是觉得这位德高望重的耆老对他仍然有用。1913年袁世凯以大总统的身份召集"中央政治会议",特别在各省各部选派的成员之外,指定八人列席,其中就有马相伯。接着马相伯就获得了袁世凯赏赐的一连串头衔,除总统府高等顾问以外,还有约法会议议员、参议院议员、平议院平政等。

假如不抱成见,我们考察1912年民国成立以后历任统治者的文化政策史,则不能不惊异当年鲁迅的批评是有道理的,这中间唯有袁世凯略知怎样对待知识分子较对稳定统治有利,相形之下后来的统治者一个不如一个。革命如章太炎,保皇如康有为,善变如梁启超,守旧如王闿运,叛变如刘师培,颓废如严复,有个人野心如杨度,加上有天主教背景的马相伯,诸如此类在信仰和政见方面绝不相同的人物,袁世凯居然都能容忍乃至利用,确实比他后起的段祺瑞、蒋介石高明。

在袁世凯企图利用而没有驯服的名流中间，马相伯既不如甘作囚徒也不屈服的章太炎，也不如表面顺从实则反袁的梁启超，甚至不敢像康有为、王闿运那样给袁世凯造成尴尬。由此可见他在政治上至多不过具有中国传统所谓的"中人"素质。

然而中国传统所谓的"中人"，本来指个人选择可上可下。马相伯尽管不敢在政治上公然反对袁世凯，有两点却表明他不愿与袁世凯同流合污。

袁世凯在清帝国危难之际出卖清政府，利用南方政府没有站稳脚跟，由帝国总理大臣而变为民国临时大总统，由临时大总统而变为正式大总统。下一步就必然如日本诱使他签订全面出卖中国主权条约的使者所说的，"愿贵大总统高升一步"，不消说就是由总统变为皇帝。

马相伯不是政治"鸟人"，没有落入正在得势的权力者的门庭，也许同他憎嫌袁世凯有关，但也许更重要的是他恪守自己的政治信念。中国俗谚有"七十老翁何所求"的说法，但清末民初年逾古稀的老人为了保全身家性命而向袁世凯上书请求他"帝制自为"的事例多得很。这时马相伯虽然不敢公开反对袁世凯复辟帝制，但第一他坚决反对把"孔教"作为"国教"，第二他不理袁世凯要求学术依附政治，而为建立独立的中国人文科学院即"函夏考文苑"而奔走吁求，这正表明他在困境中"取法乎上"的一贯态度。

关于反对把孔教作为国教，留下了1916年马相伯写作的很多文章，需要略加陈述。

这些文章至少有十篇以上，集中讨论宪法中应否规定国教的问题。马相伯坚决反对宪法规定把孔教作为国教。由于他的家族和本人的宗教信仰背景，人们很容易认定这种意见是天主教徒的偏见。马相伯确实有宗教偏见，他宣传宗教的论说，在教外人看来可以理解而难以苟同。但他对传统的儒学倒没有晚清在华传教士那种常有的偏见，而是如晚明的利玛窦、徐光启那样，对儒学抱着尊重而同情的态度。我不能判断马相伯的神学造诣的深浅，却可以指出他的传统儒学修养并不像人们所说的那样贯通。他熟读过《四书》，时常引用其中所载的孔孟言论，但只是以王阳明式的态度拿来为"我"所用，就理解的全面性来说不如徐光启。他也读过中国史著，时常引用历史的典故和名人的言论来支持或反对某种政见。但他最爱引证的是《墨子》《公孙龙子》等古籍中的哲理，而他服膺的历史名人，首先是北宋的苏辙，其次是唐代的陆贽。而墨家、名家都曾与儒家辩难，陆贽、苏辙等人在中世纪也不算是儒家学者，正如他引用最多的古罗马政治家季宰六（Cicero，今通译西塞罗）并非基督教圣者一样。尽管如此，马相伯仍有资格从学术和历史相结合的角度批评孔教论，因为他的主要对手康有为及其门徒、孔教会总干事陈焕章，一个是坚持复辟亡清帝制并成了历史伪造者，一个是中西学问都不通而且言行荒诞更胜过其师。而马相伯从捍卫民主政治和信仰自由的角度，反对把孔教定为国教，并且同批评袁世凯以国家元首身份主持祭孔大典一事结合起来，更使他在这场政治争论中处于有利地位。

这一争论并不新鲜。还在清末，革命和保皇两派的报刊，已就所谓孔教问题吵了十年。新鲜的是康有为、陈焕章等组织的孔教会，在民国既建后非但旧案重提，要求政府定孔教为国教，而且将它同民主共和制是否适合"国情"的问题联系起来。孔教会的总会长康有为坚持宣称民主共和不合中国的"国情"，并且与名誉会长、一个连《三字经》都没读完的文盲将军张勋一样，都拒绝剪辫子以表示他们的意向在于恢复清帝国。然而他们的复辟君主制的喧嚷，同样投合袁世凯的心意。于是袁世凯在重用张勋大杀南方革命党人的同时，任命孔教会主任干事陈焕章做总统府顾问，并在把孙中山一派再度赶到海外流亡以后，亲率政府文武百官举行祀孔典礼，那就不奇怪了。

马相伯本来在专心筹办"函夏考文苑"，这时也忍不住了。现存他亲笔拟订的《考文苑名单》，就有一条附注，指名把"说近妖妄者"三人排除在未来的科学院院士行列之外，其中就有康有为和替袁世凯设计祭天祀孔仪式的夏曾佑，另一人则为治学善变出名的廖平。但马相伯憎恶廖平的理由，显然在于廖平曾应邀出席孔教会第一次全国大会发表主旨演讲，所谓"孔经哲学发微"。1914年9月袁世凯主持祀孔仪式前后，马相伯又公开发表《一国元首应兼主祭主事否》一文，批评袁世凯不该违反民国"约法"，否定不同种族、阶级、宗教的人民一律平等。文章写得很隐晦，一个原因就是马相伯仍在北京处于袁世凯的密探监视之下。

1915年袁世凯承认日本提出的掠夺中国大量主权的秘密条约"二十一条"而换取日本对帝制的支持，把中华民国改成中华帝国的锣鼓就公开敲响了。这年10月袁世凯迫使参政院通过法令召开"国民代表大会"，以后帝制复辟"合法化"。马相伯身为参政院议员，当然是出席参政院会议的。方豪曾在《马相伯先生文集》所收《民国民照心镜》一文的"编者按"内，说"袁世凯称帝时，其徒党曾伪造先生赞成之说，但先生此文上、中、下三段中，皆痛斥袁氏，读者可以恍然矣"。可惜方豪这个辩解靠不住。第一此文作于1918年，那时"袁皇帝"已死去两年，受到举国痛斥，马相伯骂得再凶也无妨。第二马相伯作《国民大会说》一文，据方豪说是1916年所作，然而此说内容分明显示它是马相伯在参政院讨论《国民大会组织法》时的一件提案，其中第五项提出"大会所议之事，假令大会而欲改共和为君主制，可乎？"马相伯说可以的，既有比利时的先例，又有英国君主制可参照。尽管他把英国国王说成等于中国总统是为了把帝制复辟后的君主限制为"虚君"，但他确在参政院和国民代表"全体"赞成君主立宪时都没有投反对票,则并非袁党伪造的事实。

据方豪说:"袁世凯欲称帝,先生力争不听,密探已周布寓宅,乃化装买菜老家人,带一竹篮,逃出北平。"(《马相伯先生的生平及其思想》五)这很有传奇色彩,可惜至今也得不到旁证。当时在北京曾化装逃出袁世凯控制的,成功的有两人,即后来发动讨袁战争的蔡锷和他的老师兼参谋长梁启超;大骂袁世凯而企图出京不成功的有一人,即缔造民国的元老之一章太炎。没有任何记载说到当时马相伯也曾有这样的壮举。

马相伯在八十岁后曾多次回忆他的生平,无疑都是珍贵史料。然而老人往往记忆不清,回忆生平时又往往遗漏自身经历之外的真正大事,因而提供的材料可以供历史研究参考,但必须"征而后信",就是说没有相应的直接记载作为佐证,则不能轻信。例如《相老人九十八年闻见口授录》回忆李鸿章之死,说是李鸿章在1901年与列强签订和约后,每有新政建议都被满洲王公批驳,有天争论后愤怒回府,"连食粽子十九枚,大病不起"。李鸿章好吃糯米食品是有名的,而马相伯又曾长期担任李鸿章的幕僚,这则"秘闻"似无可疑,岂知随即引起李鸿章之孙的抗议,说李鸿章死于内脏大出血,晚年甚至连糯米食品都不吃。其实马相伯并非没有根据,因为据袁世凯死后流播颇广的一则传闻,袁世凯称帝后忽然听说他最亲信的将军也背叛了,惶乱中连吃十几个大馒头而不自觉,从此病死,而马相伯显然记忆不清,张冠李戴。但方豪的问题,在于他没有摆脱"为尊者讳,为亲者讳"的传统,因而搜集保存的马相伯的手稿最多,但作出判断时却唯恐损害他心目中的中国天主教徒"圣者"的形象,而有意无意地予以辩护。其他研究马相伯的也有同病。在20世纪50年代以来的马相伯研究,虽然不像方豪那样具有宗教忌讳,但有政治忌讳。害怕承认国体政体讨论具有学术意义，因而避免涉及 1915—1918 年马相伯政论著作所表达的政治见解，这说来奇怪，实则不奇怪。

袁世凯做中华帝国皇帝，只有八十一天，便在全国反对声中取消帝制，仍称大总统，随即在 1916 年 6 月死去。但紧接着控制北京政府的段祺瑞、冯国璋、张勋等，没有一个不是袁世凯的老部下。段祺瑞曾赴德国克虏伯康采恩实习，在北洋军阀中堪称见过世面的人物。他在袁世凯死后出任国务总理，立即宣布恢复国会，继续制定宪法。1916 年 8 月国会在袁世凯颁布的《中华民国约法》的基础上，提出了一部新的宪法草案，称作"天坛草案"。

表面看来，这部天坛宪法草案，又恢复了被袁世凯否定的基本准则，即重申中华民国"永为民主国""人民均为平等"。承认民主和人权是宪法的基础，不是很好吗？奇怪的是草案第十九条，出现了这样的规定："国民教育，以孔子之道，为修身之大本。"所谓国民教育，指的是强迫性的初等教育。所谓修身，指的是人人必须具有的道德政治信仰。所谓孔子之道，当然不是指两千五百年前孔子办私学时教给学生的做人道理，而只能是已被 1911 年革命取消了的清帝国统治者肯定的那些中世纪晚期的伦理原则，例如"君要臣死，不得不死，父要子亡，不得不亡"，妇女必须"在家从父，出嫁从夫，夫死从子"之类。假如宪法规定这套道理必须成为全民道德政治教育的"大本"即理论基础，只许盲信盲从，不许怀疑批评，岂不是要国家返回中世纪君主专制的前奏吗？这一项列入天坛宪法草案，正是康有为、陈焕章和孔教会那班旧官僚政客活动的结果。他们有恃无恐，因为"辫帅"张勋在袁世凯死后已擢居北洋军阀的大军头，越发横行无忌。

针对天坛宪法草案第十九条，马相伯写了一系列驳论，共同主题就是人民应该享有信仰自由的权利。例如《宪法草案大二毛子问答录》《书天坛草案第十九条问答录后》《书请定儒教为国教等书后》《保持约法上人民自由权》《约法上信教自由解》《宪法向界》，还有代天主教各教区信教公民草拟的"反对孔道请愿书"等，总共有十多篇。除请愿书外，有的是通俗小册子，有的是学术性很强的政论文，而且都是洋洋万言以上的鸿篇巨制。可以说，1916年是马相伯一生中政论写作最活跃的一年。他的论敌，就是孔教会的康有为、陈焕章。

需要指出，马相伯不是这时首先驳斥康有为的。还在1915年9月袁世凯的帝制运动进入狂热之际，在上海便出现了一家《青年杂志》。它的编辑作者似乎不屑议论帝制是非，却努力宣传科学和民主，公开提倡"破坏孔教"等等，并且一再刊文驳斥康有为提倡孔教和复辟帝制的言论，因而很快引起人们注目。这份杂志在袁世凯死后不久便迁到北京，改名《新青年》。它的主编就是陈独秀，一位老资格的革命党人，在1916年被蔡元培聘为北京大学文科学长，与胡适等共同领导了"新文化运动"。

我们不知道这位三十六岁的"新青年"和七十七岁老人马相伯是否相识。他们在宗教上没有共同语言。但都反对定孔教为国教，都反对强迫青少年尊孔读经，都提倡民主与科学。他们的分歧在于马相伯不赞成把革命理解为首先要破坏一切，但那时还没有凸显出来。相反，当《新青年》打着拥护德先生和赛先生的旗号，反对孔教、礼法、贞节、旧伦理、旧政治、旧艺术、旧宗教以及所谓国粹和旧文学的时候，马相伯则扭住孔教会要把定孔教为国教载入宪法这一点不放，坚持信仰自由是实现政治民主和保护基本人权的必要条件。在这方面，他仿佛与陈独秀们有默契，一则专攻要害，一则全线出击。

崇拜西塞罗的马相伯很懂得辩论术，善于抓住论敌的弱点进行批评。他熟知清末思想界的论战史。康有为的孔教论，本来是对德国马丁·路德的原教旨主义的一种模仿，借口恢复儒家学说的原始教义，来贯彻自己的政治主张。康有为把孔子说成中国的耶稣，随意割裂穿凿儒家经典乃至伪造历史，早在清末就受到各派学者从不同角度的否定，连梁启超到后来也不再附和他的"保教"论。在这方面，马相伯和陈独秀一样，都把康有为的经学主张看成是已经拆穿的纸老虎，而主要从反民主反人权的角度对其展开抨击。

马相伯认为，康有为等硬说孔子是宗教家，硬说儒学是中国人唯一信仰的宗教，非但违反历史，而且否定人所共知的现实。占中国人口最大多数的农民，什么神都拜，就是不入孔庙拜孔子，什么佛道巫术的古怪道理都信，就是不信政府提倡的所谓孔子之道。即使清朝的皇帝官员乃至死后从祀孔庙的著名道学家，"大都孔亦拜，佛亦拜，拜了佛，仍不失其为尊孔子"，"虽将天下之教，一一崇拜，一一信从，于为名士、为名儒，一无所损"；可见这些叫人信仰孔子的上流人物，都口是心非，自己并不真正信仰。

康有为等要在宪法中明定孔教为国教的一则理由，即有欧美宪法的先例。马相伯驳斥说，第一中国传统所谓教，指的是饮食男女、伦常日用的守则，不是西方传统那种具有超越意义的信仰体系，因而从孔子以来所谓的教，其实是学，二者不能混同；第二，即使在欧美，政教分离早已成为潮流，不承认国民教育应该把超越性的神学作为修身的根本。"今日欧洲各国，若法、若奥、若义、若德等国，纷纷逐出学校中之耶教，置诸学校之外，即为此故也。何我国人尚不明世界大势之所趋，而必奉孔子之道，为国民教育修身之大本，且规定于刚性之宪法中，使之不可动摇哉！"马相伯嘲笑陈焕章的一个荒唐说法。陈焕章说孔教会所以坚持定孔教为国教，是因为考虑到中国若被外国灭亡，"入主中国者，必立孔教为国教"。马相伯说那可能是真的，但那时孔教也成了"外国教"。

中国俗谚说"姜是老的辣"。从清末到民初，抨击康有为的孔教论的论著不胜枚举，但没有人把这种理论与主张者的经济利益挂钩的。我们只发现马相伯作过如此揭露。

当年义和团曾宣称在华的欧美人士是"大毛子",中国的基督徒则是"二毛子",应该一概格杀勿论。十七年后孔教会的活动,使马相伯不由得想起义和团的先例。他说,假如规定教育的唯一根据是所谓孔教,则不信者"不谓之大二毛子,其可乎?犹不施以庚子年之杀戮,不成其为中华民国矣!"以后的中国史证明他的忧虑并非过虑,但1916年的中国环境仍然允许他假托大毛子和二毛子的对话,用嬉笑怒骂的口吻斥责天坛宪法草案的荒谬,并揭露"国教与国库之关系"。

> 大毛子曰:其关系人民之负担,殆有甚矣!西报载民国二年(1913),有人呈请政府,令凡婚配者皆到孔庙,仿到教堂礼,每起收四圆,以四万万人数计之,一年婚配者可三千万,应收一万万又二千万圆。又凡纳妾者皆富户,初次征二百圆,以后依次加倍,计通国纳妾者,每岁不止二三万户,是收数亦颇可观。愿以一半归政府,余归孔教会。
>
> 二毛子不禁大声曰:好贪心!好贪心!原来请定国教,止为金钱计耳!(《宪法草案大二毛子问答录》)

这不是马相伯的夸张,而是曾以《孔门理财法》获美国博士学位的陈焕章的算计,因而马相伯屡屡讥笑陈焕章,说孔教会与其奉孔子为教主,不如奉财神为教主。

康有为和张勋被孔教会徒谀作文武二圣。笔者曾指出,在清帝国,"武圣"关羽的地位已超过"文圣"孔子。历史进入中华民国七年(1918),中国再次发生了"武圣"指挥"文圣"发动的帝制复辟事变。康有为紧跟张勋,用武力拥戴亡清末代皇帝重坐龙廷,没想到只有十一天,政变就失败了,比袁世凯做皇帝还少了七十天。在这次复辟事件中，康有为非但没有捞到孔教教皇的地位，只由武圣张勋封了个弼德院（上议院）副院长，却要成为这次政变的殉葬人，以后逃到青岛，在德国人的庇护下郁郁而终。他从此被永钉在历史的耻辱柱上，不管后来某些人怎样从政治上替他"翻案"。至于陈焕章，以后还依仗见风使舵的本领，在北洋军阀统治下混了十年，做过北京孔教大学校长，然而终于也成为北洋军阀的殉葬人，在1928年后躲到香港，于1933年在寂寞中死去。

6. "民国民"的沉思

马相伯在1918年写了一部《民国民照心镜》，概括他从民国以来的政治见解。

这时中华民国虽然只有七岁，却已经换了五任总统，十名总理，遭受两次帝制复辟，打过三场全国性的战争，并且正站在协约国一方参加第一次世界大战。不宁唯是，国家在清帝国被推翻后从没实现过真正的政治统一，而在上一年又再度陷入公开分裂，出现了两个国会，两个政府，双方都自称是中华民国的合法代表，正在酝酿新的内战。

行将八十岁的马相伯，已从北京回到上海。他在南北对峙中，既不支持北京政府，也不支持广州的军政府。"南风虽不竞，其足以致亡与北强同，容非一年半年所能解决者"（见"家书节录"二十六），这是他对当时的形势估计，着眼点并非哪一股势力更强些，而是谁能挽救中华民国。他的看法是双方都不行，因而他更认真地筹思有没有避免"致亡"的出路。

马相伯是个认真的人。他反对所谓孔教，却佩服孔孟所提倡的"士尚志"，以为孔子说的"匹夫不可夺志"，孟子说的"大丈夫"精神，很合乎欧洲宗教伦理所谓 La Liberte de Conscience 的精神，应该成为知识分子的行为准则。"故不志则已，既志焉朝秦暮楚，非人矣！"他十分憎恶中国读书人中间的这类"非人"，指斥他们"遇事接物皆无诚心"。显而易见，在他看来，陈焕章之流孔教会、孔道会徒众，多半就属于这类动物。结果，社会风气如此之坏，"举国崇拜大盗大骗，愈无耻，愈得意，尚何望来？"（均见"家书节录"）确实的，在近代中国的著名学人中间，马相伯的政见决不属于激进者流，但自从1911年站到共和一方后，他对中国必须实行民主制度的必要性的信念，从来没有动摇过。他始终把自己看作民国公民，用普通公民的尺度来衡量民主共和制的问题和前景，这在当时政治家中确属罕见。

"八十老翁，宿抱外洋政治主义（即有人此有土节）办法，余非所知。"这是马相伯在1919年一通家书中的自白。其中夹注"有人此（斯？）有土节"，使我们可以断定，他所谓的"宿抱外洋政治主义办法"，指的正是他在1918年所著《民国民照心镜》中所陈政见的出发点。

《民国民照心镜》，分上中下三篇，用汉语的文言文写成，白文（不含标点符号的文字）共一万八千字。八十老人，能够亲自写成如此长篇的论文，而且逻辑相当严密，是令人惊奇的。

全文导言很简短："照心者，反躬自省也；镜者何？即一点灵光，'民国民'所用以自照也；自照于'民国民'三字，名与实相符否耶？一照何谓'民国'，二照何谓'民国'之'国'，三照何谓'民国'之'民'。"

灵光原是禅宗的术语，意思是人人固有的灵性光明。17世纪后入华的耶稣会士，借用它来指基督教经院哲学所谓的灵魂的认知职能，并把这种职能比作镜子，后者同样是中国人爱用的譬喻。然而，马相伯提出，身为中华民国的公民，应该自我反省"民国民"三字所涵泳的概念和事实的相关度，所谓"名与实相符否"，却并非神学的问题。就概念和事实的相关度而论,中国古典时代的各个学派都曾作过探讨,而马相伯的看法,更接近道家庄子学派提出的"名者实之宾也"的结论。

马相伯解析的三个问题,在1916年他写的《宪法向界》一文中,即已提出。"向界"(object),也是17世纪耶稣会士参照佛学语言所定的译名,在现代汉语中常说成是"客体"或"对象"。马相伯以为,宪法的对象有三点,一是国体,二是政体,三是国权和民权。《民国民照心镜》三篇,所讨论的也是这三个问题,但把研究由客体移向主体,就是说前一文研究的,是民国的宪法应该包涵怎样的内容,而这三篇研究的,则是作为民国的公民应该认知的根本问题。早在欧洲中世纪,托马斯·阿奎那的国家论,已从主体和客体的关系探究过政治目的和政治秩序的因果联系问题,以后这类问题,在教权主义者和国家主义者之间,进行过长期争论。熟悉经院哲学兴衰史的马相伯,显然偏向于国家主义者一边,主张教会不可干预尘世统治权。这实际是他坚决反对以孔教为国教的一个出发点,而且也是他在教会内部具有"排外"倾向的一个出发点。但在国家和人民的关系方面,马相伯在民国初期,则越来越背离托马斯国家论的一个主要观点,那就是中央集权的政府或君主政体,是实现国家以公共福利为目标的最好工具,人民在任何情况下弒君或革命都是不正当的,只能诉诸立法手段,即通过宪法来建立神圣的政治秩序。我们已经看到,马相伯在1911年已从君主立宪论者,转变为民主共和拥护者,在1916年还力求制定完善的宪法,以否定教权和制止君主制复辟,可是南北再度分裂,制定统一的宪法以防止暴政已不可能。这就迫使马相伯把眼光投向民主政治的主体,即"民国民"涵泳的意义问题。

由《宪法向界》到《民国民照心镜》,讨论的内容是一致的,讨论的范畴则由客体转向主体。这无疑表征着马相伯对民国以来政

八十岁时的马相伯

治的失望。他没有放弃对于完善的宪法的追求，但他以为不首先解决民主主义的启蒙问题，任何法律都将变成"儿戏"。证据就是他在《民国民照心镜》三篇论文中，都猛烈抨击"袁皇帝"及其开创的武人暴政，比作不知法律的禽兽，而抨击所依据的学说，已是耶稣会士极力反对的卢梭的"天赋人权"论。

《民国民照心镜》三篇，提要如下：

上篇。问：什么叫"民国"？答：民国就是国民是国家的主人。民国比君主制的帝国，符合"先天之理"，即先于人类社会存在的自然法则。这个法则，规定人和人生来是平等的。任何国家出现君臣等级，都是"后天之事"，也就是人类社会出现以后的行为变化。君主在任何时候，都只能主宰一国的政权，但民主却能主宰包括政权在内的领土和经济的主权。所以人权先于君权。任何君主，特别是自称由于得江山而有权坐江山的皇帝及其依赖的武人，都只能称作最大的"天下之大盗"。不消灭这帮东西，国民主权是没有保障的。但消灭了这帮东西，"后天的君主"仍然可以用总统之类名义，专制行政权而实现复辟。因此，人民必须人人有国家思想并懂得自治，人民必须懂得法理，而自觉守法，人民必须人人懂得破坏旧事物只能限于以前的不平等，而不能借口革命而危害生命、财产和自由等公民权利。"袁皇帝"的可恶，在于他利用中世纪旧有的迷信，非但侵犯人民固有的政治权，而且侵犯政治权赖以产生的经济管理权，侵犯人民世代所有的物主权即财产所有权。结果在清帝国专制之下，人民还可以控告不法官吏乃至对不法官吏复仇，在袁世凯时代反而一切由持枪的武夫决定，所谓"国民为主"，名和实都不存在。

中篇。问：什么是"民国"的"国"？答：相对于异国，则本"国"是全民族的法人代表。就自身性质而论，则本"国"是全社会谋取共同利益的主权代表。但国家不等于国体。国体是谁为全社会至高无上主权的寄托。寄托给个人及其家族者是君主制，寄托给一个群体者是共和制。共和制则分民主共和与贵族共和两类。所谓立宪，就是由民选的群体组织同意行使主权，最高主权不分割的是一统制，可分割的是联邦制。国体也不等于政体。无论国体是君主还是民主，在政体上只有两种："任心"即从礼俗出发而凭良心为政的是专制政体，"任法"即制定各种法律引导主权行使的是法制政体。法律的精髓是保障自由权，有人民的自由才有国家的自由。法律的制定权和执行权要各自独立，立法权应重于行政权，法制政体就是要使两种权力互相依存。宪法是保证民治的，民治的最要点是地方自治。中国政体向来只有专制而没有法制，但民国以来的统治者不要任何礼或法，只凭个人喜怒或伺察他人喜怒为政，连专制政体也不如。他们植党营私，非袁派不用，非军阀不用，滥用国家名义，专恃武力压制人民应享有的一切自由。他们眼里的国家只是可买卖可发财的权位分配工具。所谓中央集权，实为"中央集钱主义"，所谓中国政府简直是一个"伸手大将军"。

　　下篇。问：什么是"民国"的"民"？答：第一，这个名称的涵义只问一个人有没有国籍，只是"国"的对称。所以，"民"不是"君"的仆人，不是"官"的下人，不是"无爵禄"的专称；人和民在概念上没有区别；无论劳力者劳心者都应是生产者，也就是人民。但这层道理在中国不受重视，于是那班君主官僚贵族武人政客，作为国贼民贼，便难以根除。第二，"民"的自身就是全民族，民国民的表征便是贵自治贵自立贵自由。无论是总统、督军还是议员，首先都是民国之民，因而他们贱视人民，摧残人民自由，便是自外于民族；人民当然认定这种政府绝非我四万万人民的一统政府。第三，"民"的自性（不变不灭的天性）就是要图自治图自立图自由，不能做他人的奴隶。国所以不配称为民国，就是政府不断在出卖民族出卖祖宗出卖国土,将使人民化作异族的奴隶。因此,人民应该秉诸自性,决不能听这种政府的支配,以成为当之无愧的民国之民。

以上《民国民照心镜》的诸要点,在当时远非激进的见解,甚至可说卑之无甚高论。我们知道,1918年正是俄国十月革命消息传来的初期,一些激进人物正以为这是"庶民的胜利",而被社会主义到无政府主义等理论所吸引;日本乘欧战之机不断加紧掠夺中国主权,青年学生和知识分子都愤怒不已,中国正处在"五四"运动前夜。域外各种思潮和主义,如潮水般涌入中国,很快将马相伯的声音淹没其中。

然而,一种见解,在同时代没有受到注意,不见得是不值得注意。我们把马相伯的上述见解,与同时代的各种政论略加比较,便能发现他在其中还是相当出色的。

例如,1919年10月孙中山在上海基督教青年会发表过一篇著名演说,指控中国的政治腐败已到极点,以为这不是革命之罪,而是因为革命单破坏地面,没有掘地底的陈土,而地底的陈土便是前清遗毒的旧官僚、武人和政客。这同一年前马相伯的看法很相似。怎样改造呢?孙中山否定了三种着手方法,即提倡教育、兴办实业和地方自治。他否定的理由都是说官僚要阻挠和反对。因此,他强调首先要用革命搬去那三种陈土。他演说的题目就是《改造中国之第一步只有革命》。他所否定的三种意见即:"又有人说,立国根本,在人民先有自治能力,所以地方自治为最重要的事,现应从一乡一区推而至于一县一省一国,国家才有希望。"这个"又有人说",其中便包括马相伯的《宪法向界》《民国民照心镜》诸文的说法。

原来地方自治并非马相伯的个人意见,而是当时相当一批著名的学者、政治家和实业家的共同主张。其中包括清末的立宪派和革命派的名流，如章太炎、蔡元培、张謇、张元济、汤寿潜等，多半是江苏、浙江二省人士。他们的具体意见有差异，但都倾向于仿照美国的体制，将中华民国的国体确定为类似联邦制，称作"联省自治"。马相伯对于这一设想十分热心，今存论证"联省自治"可行性的论说，也以他为多。

马相伯认为，中国的难治，在于地方太大，人口太多，而土地、物产、民俗等等空间差异更大，所以即使在真正大一统的元明清三代，也不能不在内地分省治理，在边疆分省统治。从中国历史来看，"合久必分"，况且世界政治潮流"已趋于国内联邦制，国外联盟制"，如美国、英联邦及奥匈帝国等。"每见兄弟分居，违言必少，又恶知一分再分，统一反出于真心耶？"（《书分合表后》）在袁世凯和张勋两次帝制复辟以后，马相伯认为南北已有两个政府，而各省都一独立再独立，事实上已形成南北分治和区域自治，为了兼顾全民族利益和促使地方在竞争中发展，不如实行联邦制，既能抑制把中央集权变成"中央集钱主义"，又可激发人民自觉保护财产权、管理权和政治权的意识（《宪法向界》《民国民照心镜》上篇）。他认为自治单位应该由小到大，即孙中山所引用的"从一乡一区推而至于一县一省一国"。

孙中山否定这个方案，只有一个理由，说是："现在官僚，何尝愿意人民有自治的能力？"奇怪的是，在同一演说中，他不谈马相伯等提倡地方自治由小到大也是为了养成人民自治能力的论证，相反却把他当年把临时大总统职位让给袁世凯归咎于"人民的訾议"，说是："革命破坏清政府以后，一般人民每訾议（革命党）只有破坏的能力，没有建设的经验，所以一般议论，都希望官僚执政。如袁世凯时代，几乎大家都说非袁不可。革命党自审中华民国主权，属于国民全体，既舆论说非袁不可，只好相率下野，将政权交与官僚。八年来造成官僚与武人政治的原因，就在这一点。"真的"就在这一点"吗？孙中山把责任统统推给人民，似乎非常尊重"国民全体"。但他在1911年10月革命以后迟迟不回国，回国就任临时大总统后只考虑如何调虎离山，在袁世凯口头表示赞成共和的当天便声明让位，问过"国民全体"吗？所以同样认为人民捍卫应享的民主和人权的自觉性不够，马相伯希望通过由小到大的地方自治予以培养，孙中山则认为这班愚氓，首先得军事管制若干年，其次得狠狠教训若干年，最后才可以允许他们有事可以诉诸宪法。后者就是孙中山"建国大纲"的三阶段论，即军政、训政、宪政。他的接班人蒋介石忠实执行，用军政实施训政，训得越来越多的知识分子都变成反蒋派，最后想实行"宪政"也来不及了，只好滚出大陆去行宪。在这一点上，没有把理论付诸实践的马相伯，在中国的有识之士中间，赢得比孙中山更多的同情，可能不仅是机遇。

7. 在非基督教运动中

按照某些研究者的说法，马相伯从袁世凯复辟帝制后期逃出北京回到上海，就已经"摆脱了政治生活"。《民国民照心镜》已给我们提供了一个否证。不过，据马相伯晚年的言论和回忆，他在1919年后的十年间，退隐修真，不过问时事，连报纸也不看，则大约是事实。

那以后的二十年，马相伯仅两度担任过短暂时间的公职。1922年他八十三岁，被推举为江苏财政交代核算委员会会长，但很快因军阀孙传芳占领南京而弃职回沪。1937年1月4日，他以九十八岁的高龄，被任命为国民政府委员，直至去世。

据现存的马相伯给亲属的函件，他曾指望在第一次世界大战结束以后，出任中国驻梵蒂冈的使节。这是他主动的要求，还是别人的推荐？已不清楚。但第一，他谋求这项任命，曾得到法国和美国驻华使节的支持；第二，他对任命未遂，感到失望，并以为这是曹汝霖在暗中阻挠的缘故。

马相伯退隐后住在上海。他摆脱了世俗政治，却又介入了教会事务。他虽然早已不是耶稣会士，不是天主教司铎，但已是中国教徒中政治地位最高的耆老。他对当时在华的外国天主教士很不满意，不仅是因为以法国人为主的这班外籍教士把持教权，在教会内给人种族歧视印象，更因为在他看来，他们都背叛了利玛窦、艾儒略、汤若望、南怀仁等先后相继的良好传统，即传教时与中国人完全平等。他在这方面的争论，不属于本文讨论范围。但由此可知，他在参政时竭力争取社会平等和政治平等，是里外一致的。

毋庸讳言马相伯不喜欢共产主义。这可能由于他憎恶康有为，由康有为的《大同书》追溯到《礼记·礼运》，误以为近代共产主义与儒家大同说教是一码事的缘故。但马相伯似乎更被俄国的"过激派"所震惊。他以为俄国正在实行的军事共产主义政策，在中国古已有之。前引《民国民照心镜》下篇，他讥讽军阀武装时就曾说"中国之兵，自古皆过激派实行家，均贫富，共男女，而淫掠则过之"。1919年他为陈垣重刊的《灵言蠡勺》作序，又把二者相比。《灵言蠡勺》是17世纪入华的耶稣会士毕方济申述灵魂观念的中文著作，由马相伯和英敛之共同校订。马相伯说此书证明，人和其他动物的区别，就在人有灵魂，有良心："否则为兵匪，实行无政府可也；否则为过激党……"那将导致夫妇关系和家庭关系的崩溃，破坏人类社会的基本组成。但在这以后，中国真的出现了"过激党"，马相伯却不多公开批评了，理由尚待研究。

马相伯说他在八十岁后便"厌闻时事"，除宗教书以外，有时会翻翻有关科学的刊物。如此渡过了十年。那十年他一直幽居在上海徐家汇由教会管理的一所孤儿院内，生活由震旦大学补助，相对地说比较平静。然而外部世界并不平静。1919年的"五四"运动曾给中国的社会带来很大的震动，但没有带来人民所需要的科学和民主。南北依然分裂，军阀们互相混战。北方三大派系的军头争夺北京政府的权力闹得如此火热，致使这个政权在1928年底垮台前的九年内换了二十八任国务总理，其中还有一年多不设此职。同北方的黑暗相比，南方似乎稍微光明。孙中山在广州组织政府，一再上台又下台，靠着共产国际代表的帮忙，实行国民党和共产党的合作，在广东开始站住，接着在1925年去世。然后国民党组织北伐，然后国民党内部又分裂出两个政府，然后国民党和共产党合作破裂并开始内战，然后蒋介石下野又上台并与同样打着国民革命军旗号的各派系军头大打出手。这就是马相伯九十岁前的中国情形。他说讨厌听闻时事，可见这时的心态并不平静。

其实马相伯的隐修生活也不平静。当年他曾坚决反对定孔教为国教，这是"五四"时代新青年们的共同要求。然而事态很快就变得异样。马相伯要否定的只是一种"国教"，目标是实现信仰自由。但在"五四"以后却有越来越多的知识分子和青年学生倾向于否定一切宗教，急切地要消灭宗教。北京、上海等大城市都出现了"非宗教运动"，鼓吹在"打倒孔家店"的同时，反对所有宗教"迷信"，尤其反对基督教。

卷入非宗教运动的成员十分复杂，有无政府主义者、自由主义者、列宁主义者和民主主义者，有学生、教授、学者、科学家和各类政治人物。马相伯的老朋友蔡元培，在1917年就任北京大学校长以后，发表了《以美育代宗教》的著名演说，根据孔德的实证主义公式，宣称宗教只能满足人类低级阶段的精神需要，如今要陶冶青年的高尚情操，已不必借助超自然的信仰，而代之以美育。这篇温和的演说，竟使蔡元培被看作非宗教运动的领袖。孙中山本人是基督徒，但他的主要发言人之一朱执信，也于1919年在上海的国民党报纸的一期基督教专号上发表《耶稣是什么东西？》，抨击耶稣是个偏执而自私的伪善者，是座被基督徒捧出来的偶像。这篇激烈的文章，连陈独秀也觉得过分，而接着在《新青年》上著文称道耶稣的人格是好的。但朱执信文却受到非宗教运动的青年们很大欢迎。

马相伯可以不理睬各种报刊所登载的辩论文章，但不能不注意 1922 年形成高潮的非基督教运动也波及教会学校及至危及教堂的活动，也不能不阅读上海一些大学生投给他的《非基督教旬刊》之类宣传品。他的《尤其反对基督教理由书后》等文，就是对这些激烈反教的言论的回应。

然而这场被马相伯称作"誓反教"的非基督教运动，无论参加的成员、追求的目标，还是发生的原因，都和当年的义和团运动大不相同。这是马相伯由开始起就清楚的。我们已经了解马相伯在半个世纪以来，曾经同自己教会的西方教士屡起冲突，他曾经付出沉重的代价，被取消了神父职务，被开除出耶稣会，回教会后捐献全部家产创办震旦公学，又被迫两手空空离校而另办复旦公学，退出政坛后生活没有着落，反而要依赖他创办的震旦大学的"施舍"过活。但作为虔诚的信徒，他对此都没有怨言。他不能不生气的是那些外国教士对待中国信徒的不平等态度，特别是对于中国文化既无知又蔑视的沙文主义态度。他与英敛之、陈援庵等一再设法校印 17 世纪入华的耶稣会士利玛窦、汤若望等人的论著，正是对他同时代外国一般教士的批评。这在民国初他致英敛之、英贞淑兄妹的多封书信中已有清楚的表露。

1920 年 2 月马相伯《代拟北京教友上教宗书》，更是以正式答复罗马教廷巡阅使光主教询问的形式，直接批评外籍传教士的行为是造成中国人反基督教的主要原因。例如说，西方教士总是依仗本国官员控制教务，所谓依仗强权谈道，怎能使华人不疑忌不反感？

例如说，某国人任主教，他的辖区便成为本国本会修士独占的地盘，即使人数不多，"又不准他会或他国修士，设立高等学堂，及关于科学等种种建设，而又不能抵制誓反教人"，怎能使教外华人相信？例如说，华人司铎在教会内不但没有选举权和被选举权，而且由于外籍教士书信往来都以嘲笑中国人、中国官、中国事当作时髦，则他们在教外人眼中怎么不被看作外籍教士的"小小当差"？马相伯特别指出，到中国传教，就理应学习中国的普通语言，使用中国的通行文字，然后才能对社会情形不隔膜，互相交往不猜疑；"可惜西教士十无一二可说普通语言，华教士十无一二可写普通文字，至今教与教外，判然两国，格不相通"，著书讲道，没几人明白，而主教也更加躲着不见教友。结果呢？他们根本不懂，如今的反教者目标与从前大不相同："誓反教颇能迎合现今社会，结交官长，征集会友，广立学堂，培养科学适用之人才"；而传教士则只会说大话，声称那班人反正得不到天主恩宠，"听其下地狱可也"。

马相伯警告说，这种情形再不改变，传教士与反基督教者之间已经逆转的优劣对比便无法扭转：

> 颇闻修道院内，中国文程度本不甚高，而拉丁文程度较前更低；圣教历史且不讲求，科学更无论矣！但中国现今批驳教友者，不独教外人与誓反教，诚以游学欧美，能英语者有数万人，能法语者有数千人，或于报纸，或于杂志，译有欧美教育家、政治家、社会家、历史家、科学家等等名姓书籍（名姓犹言"名家"——引注），以批驳圣教会者，往往而有。传教之士，学问不高，何以开启华人，维持教务？

在这道上书中，马相伯等人提出，中国教务应由中国籍人管理；外籍主教和各修会会长如要在华传教，应该改为中国民籍，应该同他们的本国政府断绝关系；传教士必须通中文；各主教区必须多多设立学校和从事公益事业，包括通力合作，研究学问，等等。

人们一看便知，这个建议就是后来中国的天主教"三自"（自立、自养、自传）的先声。研究过1914—1918年马相伯言论的学者，当然可以发现这样的意见在他已经酝酿已久。例如1918年9月9日他致英敛之的一封信，在又一次批评某些外籍司牧背离利玛窦、汤若望、艾儒略、南怀仁传统的同时，更严厉地斥责他们"以国力传教"，背离《圣经》教义，而反如"虎狼入羊群"；因而他认为应栽培华人司铎主持各方教会，"不当使中华教会，常为寄生物、殖民地之类也。"

孔汉思曾把"三自"首倡权赋予英国圣公会教士罗兰·艾伦，说："早在第一次世界大战期间，艾伦便诉诸《新约》要求各国的教会独立，自立、自养、自传。早在共产党之前，我们已有了'三自'主张！"（见秦家懿、孔汉思著，吴华译《中国宗教与基督教》，北京三联书店1990年版，页223）最后一句俏皮话犯了双重语病：第一，"三自"主张不是中共创议的，现存中国基督教"三自"运动著名领导人之一吴耀宗的日记手稿证明，他开始从事"三自"运动，是在1927年由美回国以后，那时同中共没有联系；第二，早在第一次世界大战期间，马相伯便酝酿中国天主教会自立，至1920年正式提出，没有任何资料可证他曾汲取艾伦的主张，却有确凿资料可证他在那时（中共尚未成立）便反对苏俄式的共产主义。

因此，在20世纪20年代形成高潮的非基督教运动中，马相伯便陷入困境。一方面，作为宗教信徒，他必须保卫自己的信仰自由的权利，必须反对任何的消灭宗教的企图。另一方面，作为民主与科学的主张者，他又不能不承认非基督教运动的参与者绝非义和团式的"愚民"，而是当时中国的文化精英；他们指责基督教与中国的现代化的变化取向相悖，指责西方传教士依仗强权贱视中国人和中国文化，都是有充分理由的；在这方面马相伯本人的批评甚至更严厉。既要坚持信仰自由，又要坚持民主进步，然而又受到教规和誓约的束缚，对非基督教运动大加谴责或公开同情都不行，这个处境实在令人不会感到舒服。也许这也正是马相伯在那十年"厌闻时事"的一大理由吧？

马相伯不是那种任凭困境摆布的人。他尝试解困的意向，一见于前引1920年《代拟北京教友上教宗书》，希望从内部改革教会组织和传教方式，但这等于要突破梵蒂冈控制世界教务的中世纪传统，因而他的建议如泥牛入海是必然的。怎么办呢？1924年北京政府迫于全国性的非基督教运动的舆论压力，明令禁止各级学校设置强迫学生修习的基督教课程，首当其冲的就是天主教学校。这使八十六岁的马相伯不得不出面帮助拯救天主教的公众形象。1926年上海天主教友创办《天民报》作为自己的言论机构，由马相伯任总主笔，他撰写的《发刊词》，长达二万字，首先不是引《圣经》而是引《孟子》，大讲办报是为了发扬中国古老传统，"以先知觉后知，以先觉觉后觉"，但要始终以"民国民"自居；然后大讲在中国实现民主与科学的迫切性，要点仍是重申《民国民照心镜》的主张。至于宗教，在这篇文章中只有短短数语，将它列为与合乎天理人道的道德同一范围，说是属于救世精神，而不属于物质性的科学之列。"以故凡言形下之科学愈发明，形上之真道德、真宗教愈无用者，皆呓言也，梦话也。"但接着马相伯又说，这类"梦话"还算上等，比把淫画当作美术品、淫药当作长生药等等要高级得多。他以此来暗示非基督教运动攻错了方向，放过了危害社会最大的恶行，反而攻击有利改良风尚的善教。然而这样的辩护淹没在强调社会政治改革的大量言辞之中，不正好表明这位八十八岁的老人没有真正摆脱心态失衡么？

非宗教运动原是"五四"运动的一种继续。那时互相厮杀的北洋军阀各派首领无不有外国势力支持，而除苏俄以外的欧美各国政府大都对南方革命力量抱着敌视态度。因而非宗教运动在政治上表现的"排外"倾向，在很大程度上体现了知识分子和青年学生的政治选择，实际上是把基督教看作他们认定的帝国主义阻挠中国进步的精神侵略工具。1927年4月国民党在南京建立政府，蒋介石左右开弓，先驱逐了苏联顾问并把共产党赶入地下，又用武力击溃北洋军阀并迫使北洋军阀中的最后控制北京政府权力的张作霖退回东北，随即这名土匪出身的大元帅被日本关东军谋杀，他的继承人张学良宣布归顺南京的国民政府。这期间欧美各国纷纷承认南京政府。非宗教运动既失去了原来的政治攻击目标，又由于蒋介石反共而失去了极端反教斗士。于是这个运动不了了之，便是不奇怪的。

1928年5月上海各界人士举行盛大集会，按照中国传统，提前一年祝贺马相伯的九十岁生日，可以看作是反基督教人士和中国基督徒和解的信号。集会的发起人首先是蔡元培、于右任。蔡元培原是非基督教运动的领袖，时任国民政府常务委员。于右任时任国民政府常务委员兼审计院长，他虽是马相伯的学生，但对天主教素无好感。参加祝寿活动的还有非宗教运动的著名学术界领袖胡适等。当时上海、天津、北京的教会报刊都非常兴奋地报道了这次集会。天津《益世报》在次年为马相伯正值九十岁发表的社论，还特别重提上一年预庆会时蔡元培的代表祝词，说是中国科学的发展，出于宗教家而提倡科学的马相伯早年宣传的力量。

看起来，马相伯真的可以不问政治，安度余生了。谁知天算不如人算，形势到底使年过九十的马相伯也不得安宁。

8. 呼号抗日的"老青年"

马相伯首次出国是去日本担任外交官，再次出国是赴朝鲜而与日本势力抗争。他毫无疑问属于近代中国的"知日派"。他本来对日本没有恶感，相反对日本的明治维新有好感，在朝鲜时曾劝闵妃仿效日本送太子赴欧洲留学。但至迟从民国以后，马相伯的政治态度，就越来越倾向于反日，终于在八十岁后成为坚定的反日派，凡日本的一切都予以否定，包括对法国在华天主教传教人士的态度，也以法国政府支持日本与否作为衡量的尺度。在他的教友看来，这迹近"排外"，但在他的教外朋友看来，这正是"爱国"。

马相伯当然是爱国者。他早已表明，如果由外籍教士控制的教会当局，强迫他在做中国人还是做耶稣会士二者中间选择其一的话，他宁愿舍弃用了二十年才博取的司铎职位。用中国传统尺度判断，他是真正的爱国主义典范。

然而晚清慈禧太后的政府残酷镇压"排满革命"的事实，使温和的改革论者马相伯，也发现他很难彻底否定同盟会报刊的革命言论。1907年马相伯出任政闻社总务员之后，曾在政闻社机关刊物《政论》上发表长篇论文，讨论政党的责任。其中为了回避他无法回避的一个问题，即腐败透顶的清政府用假立宪欺骗国民的阴谋早已揭穿，而梁启超等仍然宣称这是中国人的普遍要求，谁对呢？马相伯显然发现右视则取媚专制，左视则伤害民权，总之最终信念和渐进策略难以调和，于是不得不诉诸良知，就是他不满君主专制而又主张君主立宪，完全是受到同情苦难人民的良知驱使。"吾侪以求神我之愉快，故而组织此政闻社；吾侪以遵良知之命令，故而组织此政闻社。"没有料到这个说法受到《民报》主编章太炎的大大奚落，指斥马相伯的"神我说"，不过是附会印度的数论哲学，变相地稗贩罗马教的灵魂论，用它来说明国家起源，更是不通之论。至于用王阳明的致良知论，替满清的民族压迫和君主独裁辩护，其实替罪恶开脱。这使马相伯大为丧气，很长时间从事反帝制运动，却不再强调出于良知。

然而马相伯始终以为人应有"良心"。他以为朱熹强调《孟子》所说的"良心",王守仁强调《孟子》所说的"良知",是一回事,即都是指上帝赋予人类的区别善恶和行善赎罪的本能。他在出任《天民报》总主笔后又特别强调良心说,应该说是他没有放弃早先信念的例证。

至少在九十岁前后,马相伯仍然可以用自己没有脱离隐修生活的说法自慰。哪知中国儒家定命论者常说的"天不从人愿",竟在反孔教的马相伯身上获得应验。

1931年9月18日,日本强行驻扎在中国东北三省的关东军,突然进攻沈阳,随即侵占中国东北三省全境,并宣布建立由亡清末代皇帝溥仪为君主的"满洲国"。这个消息激怒了全中国人民。略知历史的正直的中国人,包括原隶汉军八旗的非中原汉人,都群起坚决反对。

于是我们看到,隐修已十二年的马相伯也怒吼了。他在隐修期间抑制的民族情感,犹如突然遇到了宣泄的缺口,从此一发不可收拾。

在"九·一八事变"后,马相伯立即同意出任支援东北抗日义勇军的协会领袖。紧接着用他的名义发起组织了多个支援抗日战争的团体。在1931年他已有九十二岁,如此高龄而投入如此紧张的救亡活动,用于右任的赞语形容,他的确是一位"老青年"。

马相伯在晚年自号"华封老人"。汉语中的"封"字,有国土、祖先坟墓等多重涵义。华封老人的命义,显然与他先前自称的"民国民"意思一致,即以"中华民国老人"自居。这位"华封老人"投入抗日活动,其活跃程度真是令一般年轻人自愧不如。他用笔和舌鼓动人民奋起抗日,拯救危急中的祖国,那些言论在当时的报刊中屡见不鲜。

假如马相伯的言论仅止于抨击日本侵略,那么纵然由于他年

还我河山

"九一八"事变一周年时,马相伯手书"还我河山"

高德劭，在众多的抗日言论中引人注意，但注意的理由也不过是偌大年纪的老人仍不忘爱国而已。出人意外的是这位华封老人在严厉谴责日本侵略的同时，不仅积极参与组织救援难民和抗日伤员的活动，而且发表宣言和广播演说，追究引狼入室的责任，声讨对日本侵略军不抵抗的祸首，并且大嚷要动员全民抗战必须首先在国内实行民主改革。

从1932年1月到1933年夏天，马相伯和政界元老章太炎、熊希龄、沈恩孚等，左一道"三老通电"，右一道"二老宣言"，都是谴责国民党当政后厉行一党专制，政治腐化透顶，官僚贪污空前，"党已显然破产"；除非立即结束所谓"训政"，把政权还给全体人民，召开国民大会，选举真正能够实行全民总动员的救国政府，则中国不会有救。他们警告蒋介石等国民党头目说，如果蒋介石们在大难临头之际还不用事实表明自己的悔罪诚意，那么"全民悲愤，不甘坐毙，恐有采用非常手段，以谋自救救国者"。所谓"全民悲愤，不甘坐毙"，当然是指人民将用革命手段推翻媚日专制的国民党政权。这样的声明肯定不会使蒋介石感到悦耳。

1932年4月蒋介石在洛阳召开"国难会议"，马相伯委派他的门人徐景贤携带他拟订的提案出席。这份提案得到上海出席会议的十四名人士的赞同，题目就有挑战性，唤作《提议实施民治，促成宪政，以纾国难案》。提案的理由和附加说明，更不会使蒋介石愉快。马相伯在提案理由中劈头就强调"民治为举国一致之要求"，附加说明中更说他认为理想的民主政治，就是根据美国林肯总统的"正义造成力量"的原则，仿照华盛顿创建的"州联宪法"，在中国也实行由乡而县、由县而省的"州联"制，人民有"天赋人权"，政权由直接选举，土地基本归于国有。如此等等，表明九十三岁的马相伯，还是坚持他在反袁世凯时期的基本政见。因此，他署名的种种政治改革宣言，并不是出于随和朋友的行为，而是由于其中意见真的符合他的看法。

在蒋介石看来,马相伯老人非但在民主政治问题上固执己见,更糟的是被反对派组织拉拢。例如1932年12月孙中山夫人宋庆龄和蔡元培等建立"中国民权保障同盟",马相伯居然应邀加盟表示支持。1935年12月沈钧儒、章乃器等在上海组织各界救国会,马相伯也同意出任名誉领袖。他的年龄使他不可能从事任何实际活动,但他的名望却足以被用来号召景仰他的正直人品的各界群众。最难得的是这位老人对自己承诺的每个名义职位都认真对待,都要就名义而发表言论,那内容也就是他从《民国民照心镜》到《天民报发刊词》的一贯主张,就是中国要抵抗外国侵略,必须内部团结自强,而自强的关键就是保障人权,实行民主,不消说必须结束个人或一党专制。

9. 国民政府委员

1936年12月马相伯由上海移居南京。移居的理由,据以往马相伯的传记作者的解释,是由于天主教南京教区新任主教于斌邀请他前往帮办教务。十分熟悉马相伯晚年历史的方豪,则说他移居南京是由于蔡元培、于右任的建议。到底为什么?马相伯的孙女提供了另一种说法,即1936年12月11日救国会的领导者沈钧儒、章乃器、王造时等七人,被南京政府以"危害民国"的罪名逮捕下狱,马相伯极为愤慨,与宋庆龄等联合发表宣言,为"七君子"辩护。蒋介石对于右任说:"你的先生闹得实在太凶了!"于右任不得不借于斌的手,请马相伯移居南京帮办教务(参看马玉章《怀念先祖父相伯公》,《上海地方史资料》第四辑,1986年12月)。

后一说法仍有待佐证。但马相伯"闹得实在太凶了",则不但

救国会七君子出狱后与杜重远一起和马相伯合影

有宣言通电之类文献可证,还有马相伯那些口授作品可证。例如1935年冬天,天津的《益世报》逐日连载马相伯的《一日一谈》,时间长达三个月,1936年2月还在上海租界内结集出版。在这部口述的著作中,马相伯显示了超凡的记忆力,并证明他已九六高龄,仍然思路清晰,目光敏锐,每篇谈话虽短,却在评论政治现状时庄谐杂陈,往往一语破的。而他所集矢之"的",正是蒋介石的内外政策及其效应。

不妨略举数例。

当时国民党正在制定宪法。马相伯却说那是自欺欺人:"宪法的第一任务在规定人民的权利与义务,然而现在的宪法,本来就不是由人民大众的意思来写成的。至于'非依法律'不得怎样怎样的法律,更是由少数人任意规定的,于宪法上所许给人民的自由平等,都可由少数人订定一种法律把它取消得一干二净。"

当时南京政府颁行法币,禁止"行使现金"。马相伯立即从物价腾贵、纸币贬值的现象,指出这种新货币政策违反"民心","最苦的是小本经营与劳苦的人民","现金外流并不是小百姓所能干的,都是富商大贾干出来的,他们的神通广大,'苞苴夜进,贿赂公行',什么关节都能打通","虎兕出柙,是谁之咎"!

当时蒋介石正在亲自出马提倡"新生活运动",一时全国到处尊孔,党国要人纷纷出面鼓吹"礼教"。马相伯对此尤其大加批评,连续多次谈话,都以坦率而尖锐的语言,指责"孔子的学说不成为一种哲学","他一生最大的功劳就在'正名定分',替宗法社会的封建制度做了两千多年的'叔孙通';正名定分的流弊便是率天下后世以伪相欺,用现在的话说就是说谎","中国历代专制帝王莫不尊孔,就是觑破了这一点;东邻某国与所谓满洲国之尊孔,也是觑破这一点","以我经验看来,真正能懂得中国旧礼教的能有几人!至于真正躬行实践的更是凤毛麟角"。"他们提倡礼教，自有他们的用意，因为他们心目中总横着一个不可告人的糊涂主意，以为提倡礼教便可使中国人民俯首帖耳，听他们摆布。这么一来，他们便可稳坐江山，子孙万世，实则大错特错"！"所以我说果真实行礼教，则第一个受裁判的绝不是我们人民，乃是'监守自盗''知法犯法'的若而人！"——最后一语也是《一日一谈》的结束语。

诸如此类言论，怎能使蒋介石受得了呢？可是对这一位年高德劭的爱国老人，怎么办呢？唯一可行的办法，就是仿效明朝正德皇帝的故伎，将他讨厌的元老"一脚踢到楼上"。

1937年1月，南京国民政府任命马相伯为国民政府委员。任命的具体理由不清楚，但在任命前两天，国民政府已根据于右任的建议，准备对马相伯毁家兴学、造就人才的贡献颁令嘉奖。所谓毁家兴学，就是马相伯捐献全部家产创办震旦大学的往事。因此，下面的说法应该是可信的：马相伯住在上海的生活费，本由震旦大学按月供给，但去南京后，法国传教士便违反诺言停止发钱；于右任闻讯大怒，说："以后不用他们的钱！"于是设法安排马相伯担任政府委员。如此说来，九十八岁的马相伯出任他一生的最后一个官职，当然可说他德高望重，直接原因却是南京政府对法国人和教会当局的行为表示不满。这种不满固然可说是南京政府的民族主义情绪的一种表现，但既已认定法国传教士违反诺言，便理应支持马相伯及其家属通过法律手续予以解决。而南京政府却用安排马相伯做官的方式，达到既解决马相伯生活困难又向法国人表示不满的效应，恰好反证当时南京政府没有实行法治，把官职作为酬应和调节人事关系的手段，却不论任职者是否有能力承担这种责任——谁都知道一位年届百岁的老人不可能从事政务活动。因而上说不可能是唯一的理由。

对于马相伯来说，做了国民政府委员，固然意味着有了饭碗，

Mr. Joseph Ma Siang Pei

震旦杂志 1939 年第 40 期刊登的马相伯先生像

但也意味着成了蒋介石的"花瓶"。从此他是政府官员了，再也不能以民间人士或民间社团领袖的身份，站在政府外面指手画脚地批评政府的不抵抗主义或压制民主之类政策了。"马"被套上了笼头！

从马相伯做了政府委员之后，虽然"国难"愈加严重，他的声音反而小了。有记载说马相伯在九十九岁那年，"亲自撰写《停止党争，一致对外》一文在各大报发表，其中有'慨然甘抛弃一条老命，与广大爱国民众携手前进，共同抗日救亡，直到胜利'等语"；然而本集编者几年来遍查1938至1939年的在当时后方出版的主要报刊，均未发现这篇文章或有那几句话的报道。马相伯由激昂地呼吁抗日救国，到相对地变得沉默，无疑是因为他更加年老体衰，但分界线出现在他任政府委员的时候，便很难令人不会想到那也可能是蒋介石的"花瓶"政策的效应。在用高官厚禄当作羁勒套住反对派人士这点上，蒋介石虽然不如袁世凯玩弄得高明，但他在执政初期至少在表面上还尊重所谓社会舆论，而且还懂得学者名流都需要吃饭，就比他在退出大陆前那几年只会依仗军警特务镇压反内战的知识分子的手段高明。

1937年11月12日南京政府弃守上海，除被称"孤岛"的外国租界以外的地区都被日本侵略军占领。同月20日蒋介石便仓皇地用国民政府的名义通告中外，即日起迁都重庆。马相伯全家也加入了"逃难"人群的洪流，由广西省政府接到桂林居住。他的住宅邻近三百年前南明最后一个政权中领导抗清战争的天主教徒瞿式耜的殉难遗址，这对他多少是一种心理安慰。可是，1938年10月广州也被日军侵占以后，桂林也成了抗日战争的前线。重庆国民政府的监察院长于右任挂念老师的安全，请求马相伯移居更远的后方，前往昆明或者重庆。交通困难使行程不得不假道越南。据当时报道，这位九十九岁的老人曾坚持不肯走出国境，照顾了他整个后半生的儿媳马邱任我，不得不对他隐瞒实情。但他们到达越南谅山，便因马相伯的身体已极度衰弱，而留居在那里。直到去世，马相伯始终不知道自己已身居外国。

按照中国人计算年龄的传统，1939年4月6日，马相伯已满一百岁了。人活百年本来罕见，何况马相伯恰好出生在被众多学者认为中国"近代"历史开端的1840年，何况他曾亲身参与中国政治长达六十五年，正如著名诗人柳亚子所吟赞的："一老南天身是史。"因此，当时的后方为他的百岁举行了相当盛大的庆祝活动，包括于右任等在重庆举办的庆祝典礼，用国民政府名义发布的褒奖令，政府高级官员和政党领袖纷纷致电向他祝贺，政治倾向各异的大小报刊纷纷发表祝寿社论或文章，许多地方也举行了规模不等的庆祝会。当然，国民党、共产党和各中间政治党派及其报刊，也都借这个机会申述了一番各自的政治主张。

1939年11月4日，备受光荣称道的马相伯，在越南谅山的幽居生活中去世。据说他是听说政府军击败日本侵略军的一次战役胜利消息，而过度兴奋，终于不起的。重庆政府和各界人士又举行了隆重的悼念活动。他去世前两个月，英法对德国宣战，第二次世界大战开始。他去世后两年，日本对英美开战，太平洋战争爆发。他没有等得及看到日本军国主义的覆灭。按照实际年龄，马相伯在人间总共生活了九十九年六个月又二十八天。

附：本篇主要参考文献

（1）方豪编：《马相伯先生文集》，北平，1947。
（2）方豪编：《马相伯先生文集续编》，北平，1948。
（3）徐景贤编：《马相伯先生国难言论集》，上海，初版1932，增补版1933。
（4）马相伯口述、王瑞霖笔记：《一日一谈》，上海，1936（有两种版本）。
（5）马相伯：《捐献家产兴学字据》，1900，上海市高教局档案第599卷。

（6）马相伯：《政党之必要及其责任》，《政论》第 3 期，1906（东京出版）。
（7）《政闻社总务员马良等上资政院总裁论资政院组织权限说帖》，同前刊。
（8）马相伯：《华封老人宪法意见书》，北京，1914。
（9）《马良君与毕葛德君之宪法一夕谈》，北京《宪法新闻》，1914。
（10）张若谷编：《马相伯先生年谱》，长沙，1939。
（11）钱智修编：《马相伯先生九十八岁年谱》，载《中央日报》1938 年 5 月 16 日。
（12）凌其翰：《九三老人马相伯语录》，《申报》1932 年 5、6 月。
（13）刘成禺：《相老人九十八年闻见口授录》，《逸经》31—33 期，1937。
（14）方豪：《中国天主教史人物传》下册，北京，1988。
（15）方豪：《马相伯先生在教事迹年表》，《益世报》（昆明），1939 年 11 月 12 日。
（16）盛成：《马相伯先生百年大事记》，《扫荡报》（桂林），1939 年 12 月 13—19 日。
（17）庆贺马相伯百岁的文章、报道、社论、贺电等，见《中央日报》（重庆）1939 年 4 月；《新华日报》（重庆）1939 年 4 月；《大公报》（重庆）1939 年 4 月；《新民报》（重庆），《新蜀报》（成都），《救亡日报》（桂林）1939 年 4 月。
（18）哀悼马相伯逝世诸文，同上引各报 1939 年 11 月。
（19）朱传誉、王茉莉主编：《马相伯传记资料》，台北，1978。
（20）朱传誉主编：《马相伯传记资料》，台北，1979。按，本册收文与前册均无重出，当属续编。
（21）李青崖遗稿、马玉章校补：《马相伯先生传略及其办学经过》，《上海地方史资料》第四辑，1986。
（22）韩景琦：《记马相伯先生二三事》，同前刊。
（23）马玉章：《怀念先祖父相伯公》，同前刊。
（24）《马良》，来新夏主编《北洋军阀史稿》，湖北，1983。
（25）赵少荃：《马相伯传》，《中国天主教》1984 年第 4 期。
（26）娄献阁：《马相伯》，《民国人物传》卷一，北京。
（27）丁文江、赵丰田编：《梁启超年谱长编》，上海，1983。
（28）刘凤翰编：《于右任年谱》，台北，1967。
（29）高平叔：《蔡元培年谱》，北京，1980。
（30）汤志钧编：《章太炎年谱长编》，北京，1979。
（31）朱维铮、姜义华编注：《章太炎选集》，上海，1981。

（32）马建忠：《适可斋纪言》《适可斋纪行》。
（33）朱寿朋编：《光绪朝东华录》，北京，1984。
（34）《清史稿》，上海影印二十五史本。
（35）《中国现代思想史资料简编》，一、二、三卷，浙江，1982—1983。
（36）李新主编：《中华民国史》，一、二卷，北京，1982。

（原载朱维铮主编《马相伯集》，
复旦大学出版社，1996年12月）

陆永玲 | 站在两个世界之间*
——马相伯的教育思想和实践

1. 三所大学的创始人

在马相伯长达百年的生命岁月中,他的活动遍及政治、宗教和教育三大领域。鉴于他曾在近代中国第一所耶稣会学校任校长,创建或参与创建了三所著名的大学,或许我们可以断言:比之他的宗教和政治生涯,作为教育家的他显得更为斐然卓著。这三所大学,除了震旦和辅仁是天主教会大学,另外一所乃是世俗的学府,即复旦大学。尽管马相伯并没有参与建立辅仁的具体事务,但是在试图取得教皇批准这一关键步骤中,他起了重要作用。与此同时,他又联合章炳麟、梁启超等人,以法国人文科学院(L'Academie Francaise)为模式,发起创建中国国家人文科学研究院,即"函夏考文苑"。虽然这一宏伟计划并未实现,却使我们由此而看到,马相伯的教育实践曾涉及中国近代教育的各个层面。

---

* 本文得以写成应归功于作者的老师朱维铮教授,没有他的指导和教诲,作者是不可能完成这一尽管全面而仍然十分粗糙、稚嫩的研究课题的。作者谨向他致以诚挚的谢意。本文第四部分得益于李天纲先生的研究成果,作者在此也向他表示衷心的感谢。

尽管马相伯是如此值得瞩目的人物，除了在他去世前后有不少回忆纪念文字外，对他的研究却远远不够。而他在教育方面的贡献和思想，研究似乎更少。值得一提的，天主教学者方豪对马相伯的论著进行了搜集、整理、出版的工作，并对其生活的各个方面作了综合的研究。[1]另外，如张天松的《马相伯学习生活》[2]，对马相伯的早期读书生涯作了一部传记，从中可见塑成马相伯教育思想的部分背景。

上海复旦大学从事校史研究的学者们，曾对马相伯创建复旦及其相关的历史作了颇仔细的研究。[3]近年来，加拿大的海霍博士（Dr. Ruth Hayhoe）对马相伯的教育思想及其在实践中的体现，发表了若干见解。作为一位研究比较教育的西方学者，她的研究是从解释一所中国大学的精神气质是如何在中西方文化转移过程中铸成的这样一个视角而进行的。[4]然而，从历史的角度，对马相伯的教育生涯进行研究远未充分。本文正是试图以近代中国社会变迁为背景来探讨马相伯的教育思想和实践。

就笔者所见，从事发展中国教育事业，既非马相伯的初衷，亦非他早年的兴趣。他最初献身在中国培养西方式传教人员的教育活动。然而作为一个社会改革者，亲身经历"自强运动"达二十余年却以失败告终，促使他转向在中国开展世俗教育。面对国家的衰亡和清政府的腐败，马相伯正如同时代的许多有识之士所共同感受到的：只有教育才能拯救这个民族。

马相伯的教育思想的形成，归因于他所经受的十九年耶稣会的西方教育，和他作为中国士大夫中的一员所拥有的中国传统文化方面的修养；同时还与他本人在当时中国社会中的双重角色相关。作为一个天主教徒，他信仰并提倡"公教精神"，因为精神信仰在激发和影响他的知识生活中是一重要力量。然而，作为一位敏感的晚清爱国绅士，他又积极地活跃于广泛的社会改革中，试图寻求挽救民族命运的药方。

徐家汇李公祠复旦旧址

由于马相伯受过良好的中西两种文化的熏陶，他在整体上深深地仰慕两种文化的同时，也对两种文化中的糟粕持批判的态度。他的一生都致力于实现融合两种文化的精髓、两种传统的长处这样的理想。在他的教育事业中，他总是希望超越两种传统，汲取近代欧洲教育的长处以满足促进中国改革的需要。由于这样的原因，马相伯常常同时与两方面发生冲突：耶稣会和功利的中国官绅。他反对不加甄别地一味照搬法国耶稣会的教育模式，而提倡教育应从传教事业和基督教信仰中分离出来，尽管他一生笃信天主，并一度是耶稣会士。同样，他也反对弥漫中国社会的，尤其是官僚阶层所信崇的功利主义教育观，尽管他一直都参与政治，并曾是袁世凯的高等政治顾问。

马相伯始终坚持追求他的理想，从未丧失信心，但他所面临的却是重重困难。早在他担任徐汇公学校长时，因为他要求学生同等注重中西学问的学习，受到耶稣会的怀疑而被调任。此后，当他决定建立一所现代化的中国大学，他又面临法国耶稣会士们与中国青年学生之间的冲突；他自己的教育理想和官绅的功利主义之间的矛盾。于是，他在1903年创建了震旦，却不得不在两年后离开，任其变成一所完全由耶稣会控制的法国化的大学；他于1905年建立了复旦，然而，只能看着它成为一所在新式官僚控制下，远离他理想的高等学府。1910年以后，他又介入创办一所新的天主教会大学——辅仁大学，虽然此校坐落于当时中国文化的中心北京，远离耶稣会的传教中心上海，但是，必须征得教皇的准许这一现实，又与他的超越性追求相违背。与此同时，他为建立"函夏考文苑"而作的努力又成泡影，再次显示了他的超越性追求难以摆脱中国20世纪初的社会而实现。

本文以马相伯教育活动的先后，分成四个部分讨论。第一部分着眼于考察马相伯本人的教育经历，为分析其以后的教育活动提供必要的背景材料。第二部分通过清理从复旦到震旦的史实，以探讨马相伯的教育思想是如何在追求其理想的过程中体现的。第三部分考察马相伯尝试建立"函夏考文苑"的前前后后，并对导致"考文苑"计划流产的原因作大概的分析。最后一部分讨论马相伯在创建辅仁过程中的贡献，以考察他对融合中西文化的孜孜不倦的追求。

2. 一位受西方教育的中国人

出身于一个自利玛窦来华后就皈依天主教的信徒世家[5]，马相伯生长在根深蒂固的天主教传统中。然而，正如其他同时代的士大夫一样，他五岁时就被送进私塾接受传统的儒家经典教育[6]。尽管他对私塾的保守刻板的教育方法大有贬词，曾谴责其为有害之物，但不可否认的却是，他从传统教育中获得的古典知识使他得以从更深层的意义上看待中国文化的价值。[7]因他具有不同寻常的中国古典学问的造诣，在他十三岁那年曾参加了一次科举考试，从十四岁起便在其就读的徐汇公学担任助理教习，教授中国文学和经学课程。[8]在这以前，根据他自己的回忆，他是在十一岁时背着父母，离开他的出生地丹徒来到上海，被坐落在徐家汇的依纳爵公学（Le College St. Ignace，后称"徐汇公学"）录取就读。[9]自那时起，马相伯便开始了在他生命中占重要地位的十九年耶稣会教育。

耶稣会是由一位西班牙贵族罗耀拉·圣依纳爵（Loyola St. Ignatius）在巴黎于1534年创立的。由于该会在欧洲各地办学出色而享有盛誉。事实上，这是一个以教育青年为己任的宗教团体，其根本目的乃是"为了上帝的荣耀，为了灵魂的拯救"[10]。因此，在短短的一个世纪中，耶稣会学院便成功地散布于欧洲各地，耶稣会士们也被誉为"欧洲的教师"[11]。随着其学院在数量上的增加和在地域上的扩展，为了更有效地完成其教育使命，建立起他们的教育体系，耶稣会深感有编制统一教学计划的必要。因此，一群会中学者被召集起来从事编写工作。经过多次修改，一份统一的《教学计划》（Ratio Studiorum）于1599年正式颁布。这一教学计划是以该会等级分明的行政管理体系为基本框架，精确地规定了耶稣会学校的使命和要求；学校的校长和教师在教学与管理中所应遵守的规则。[12] 根据这个"教学计划"，古典语言和文学如拉丁文和希腊文是最早五年，即"低年级学习"的主要内容，其他分支学科如历史和地理，则被看作是语文学习的补充部分。[13] "低年级学习"的目标在前三年是语言文法，学生在第一年内必须掌握最基本的句法知识，其教材主要是选自西塞罗（Cicero）的较浅显的演讲作品。在第二、三年，学生将学习文法的完整知识，包括句法中所有的例外规则、习语、修辞格，以及作诗的韵律，教材则采用西塞罗、恺撒（Caesar）、奥维德（Ovid）和维吉尔（Virgil）的拉丁文作品；伊索（Aesop）、吕西安（Lucian）、圣克利索斯顿（St. Chrysostom）的希腊文作品。第四年，学生被要求为掌握雄辩术而作准备，基本上三种途径：熟练的语言技能，广博的知识范围，适当的修辞格言。而更全面的西塞罗的作品则成为学习的主要内容。修辞学的学习被安排在第五年。从"教学计划"来看，这一年的学习主要集中在西塞罗和亚里士多德（Aristotle）的演讲著作中修辞格言和规则。从某种意义上来说，"古典语言和文学的学习是启发智慧的最良好的工具"这样的想法成了指导耶稣会教育事业的一种信仰。[14]

按照耶稣会的"教学计划"，只有在学生的头脑被拉丁文和希腊的古典文学所充实；他们的天分得到充分的激发后，他们才可以开始学习哲学，进入"高年级学习"。耶稣会的哲学课程为时三年，第一年的内容规定为"引言"和逻辑学；第二年为物理学、宇宙论和天文学；第三年则是"形上学"、心理学和伦理学。此外，以欧几里得（Euclid）体系为基础的数学的学习则穿插其间，同时进行。亚里士多德的体系被看作是哲学课程的标准。当然，亚里士多德的任何与上帝的真理相违背的地方都已经过删选。[15]"教学计划"还要求教师在讲授亚里士多德时特别注意要作纠正性的解释，其基本原则是"尊崇圣托马斯·阿奎那（St.Thomas Aquinas），处处遵循他的解释"[16]。

耶稣会之所以如此强烈地推崇它的以古典文学为重心的课程体系，是因为古典文学在他们看来是启发学生智慧的最有效手段，而这正是教育的终极目标之一。该会早期古典文学家詹姆斯·庞塔那（James Pontanus）曾宣称："人文学科的学习是训练一个完善的人；自然科学只是培养专家而已。"他认为："倘若没有古典文学的教育，其他分支学科将是沉闷而丧失活力的。古典文学赋予其他学科以生命、呼吸、感情、血液和语言。"[17]

有了这份"教学计划"，耶稣会士们忠实地按照"计划"所设定的原则行事，无论他们走到何方。例子之一便是建立在加拿大魁北克（Quebec）的耶稣会学院，基本上按照他们在欧洲的模式设置了课程体系。他们规定，在学习语文和修辞的年份，内容同样是取自西塞罗；课程重心也是被放在拉丁和希腊古典文学的学习。目的在于通过古典文学以使学生得到全面的文化修养，并能有自我表达的能力。他们的科学课程同样是以亚里士多德和欧几里得为体系。[18]显然，这样的教育根本上是追寻欧洲耶稣会的时代风格的。

限于材料，我们尚未确切了解，是否，或者在何种程度上，坐落在上海徐家汇的耶稣会学校，即徐汇公学，保存了或移植了耶稣会的教育体系。然而，我们得以确知的是，马相伯正是在成为该学校的学生后开始全面地学习西学。

徐汇公学的建立事出偶然，归结于耶稣会传教士的慈善活动。1850年，江南地区闹灾荒，百姓流离失所，徐家汇天主教堂收留了约十二位遭受饥馑的农民的孩子，于是他们决定为这些孩子们开办一所学校，也招收其他学生。学校初创时，学生的背景不一，部分学生所需要的是最基本的"读、写、算"教育；而另外有些学生如马相伯却有资格去参加科举考试。因此学校的课程是灵活地兼顾中西两种学问，在鼓励学生参加科举考试的同时，更鼓励学生学习西语或科学。尽管对学校是否应继续办下去并招收教外学生，当时教会圈内有过不少争论，但学校仍在发展。对马相伯的成长影响颇大的意大利籍耶稣会士晁德莅（Ange Zottoli, 1826—1903），自1852年起任校长。他对中国文化的欣赏及对早期耶稣会士的传教策略的坚持，都可能对该校的建设产生影响。[19]

马相伯自十一岁起进入该校学习，因其中文基础良好，在十四岁时由晁德莅推荐，开始边学习边教授国文和经学课程。[20]同时，自十五岁起他又开始学拉丁文和法文。在那时他们用以教授神学课程的是利玛窦（Matteo Ricci）的《天主实义》（True Meaning of the Lord of Heaven）。马相伯不仅对利氏作为一个西方传教士对中国文化的理解深感钦佩，更对利氏试图把基督教真理糅合进儒家伦理而欣赏不已。由于马相伯在学习人文学科和神学方面的成绩优异，曾三次获得奖励。[21]

1862年，耶稣会在上海的神学院（Seminary）建立[22]，马相伯被录取为神学院的首届十一位神学学生之一。在神学院的最初二年，马相伯接受了耶稣会特有的"精神训练"，并从事见习性的教区工作。晁德莅正是他的导师，也是神学院院长。[23]1864年起，马相伯集中了两年的时间，专门研究中国和拉丁古典文学。在他的潜心钻研过程中，他时时进行着比较，他认为在方法上，学习这两种文学有着相似点。或许是受到耶稣会重视古典文学学习这种风格的影响，马相伯总是十分看重中国古典文学的学习，他以为那是理解中国文化的最好途径。但是他对儒家经学考据和传统的教学方法却是极不欣赏。他曾谴责儒家的经学考据为"空虚的形式"，他认为贻害有二,"一个是冬烘头脑,一个是欺饰心理"[24]。两年集中研习古典文学后,马相伯又费时三年专攻西方哲学和数学,以完成作为神学学生必备的修养。据马相伯自己的回忆,当时他对数学着了迷,数学问题总在他的脑海里盘桓,以致当他晚上入眠时,恍惚间时常感觉到数字在他的蚊帐顶上舞蹈,甚至他做梦也尽是数学公式。[25] 为了更好地理解西方数学原理,他常去翻寻中国有关的古书作参考。在这过程中,他也进行了比较研究,发现中西在数学理论上确有相通处,以致数年后,他撰写了数理分析的著作《度数大全》。可惜的是此书从未能得到出版,马相伯认为部分原因在于耶稣会无人能够作评估,因而此书首先在会中没有得到足够的重视。以后则因年久散佚而无从得其全了。[26]

当马相伯具备了足够的数学和自然科学的知识,他的导师晁德莅开始教他学哲学,主要是自亚里士多德到圣托马斯·阿奎那的经院哲学。学习期间,他不时地对中西学问进行比较。他以为中西古典学问是有相通处的,"philosophy"在意义上与朱熹所说的"致知"相当,所以应译为"致知学"更为恰当。而《大学》里的"致知在格物"这一句话,在哲学上十分重要。然而"格物"的根本步骤就是给各种事物下一个"definition",因而他以为当年徐光启把这一词译作"界说"而非"定义",那是再恰当不过的,所谓给事物下定义(to define),就是把宇宙天地间的事物分类并给以限定。而亚里士多德之所以成为西方哲学之父在于他创定"界说",给后人指出"致知格物"的门径。很显然,这一阶段的哲学学习在马相伯是意义深远的。当他从事教育事业后,曾编写了一本《致知浅说》,用作震旦和复旦的哲学教本,并在1936年由商务印书馆出版。

1870年,马相伯完成了必要的学习,被授予神学博士学位,并被耶稣会接纳为会士。毕业后不久,他被任命为他的母校徐汇公学的校长。在任此职期间,他在完成教学和校长职责后,业余时间全部花在了神学、哲学和数学的研究上。在他看来，神学是他作为教士必修的学科，而且为最高的学问。哲学和数学则是他最有兴趣的学科。"神学的研究对象为第一原理（The First Cause），为造物主，其最终解答为不可知"；"而哲学与数学的对象则为可知之物，即由浑而求其画，由显而求其微，由具体而求其抽象，或由已知推知其未知。"在具体的学校管理中，他尤其强调学生必需中西学问兼顾，不可偏废，他要求学生在达到相当水平后才能进入西学的学习。作为这种教学取向的结果，更多的学生虽已进入西式学校系统却能在旧式的科举考场上获得成功。也许是出于这个原因，耶稣会对马相伯的工作日益表示怀疑，一些法籍会士指责他把学生都变成"异教徒"（孔教），于是他被调离至徐家汇天文台专事天文学研究。但是，由于仪器设备过于陈旧简陋，研究几乎无法进行，用他的话来说"英雄无用武之地"。尽管如此，耶稣会仍是对他不放心，而把他调到南京专事翻译数学著作。终于，出于多年积累的种种原因，马相伯离开了耶稣会。[27]

3. 从震旦到复旦：1903—1905

自19世纪中叶中国在鸦片战争中军事和外交上的失败而不得不开放通商口岸，从此，西方的影响被传教士、商人冒险家、政治和社会活动家等各色人物越来越多地带入中国。面临西方影响的冲击，中国人在文化上的自信、中国中心的世界秩序观受到了强烈的冲击。[28]

同时，清朝政府的腐败，官僚们的道德沦丧，下层民众的造反运动，加上西方列强的军事政治压力，使得这个国家处于崩溃的边缘。马相伯恰好出生在鸦片战争爆发的那年。在他的成长过程中，中西方在军事、外交、政治、经济、文化等各方面的冲突一直是时代的主题。因此,作为一个中国人的屈辱感始终萦绕着他。

在离开耶稣会后,他立刻投身于以李鸿章为代表的"自强运动"。在他二十一年的世俗生涯中,他亲身参与了多种以促进现代化为目的的活动,首先他在山东管理潍坊机器局,然后被派往日本和朝鲜助理外交事务。1885年又被李鸿章遣往美国争取贷款以建设海军。他成功地完成了使命,但是因清政府官员们的头脑保守、见识短浅,贷款竟被拒绝了,这使他大为失望,只得转道往欧洲旅行。他得出结论,倘若这种关门主义的思维方式不改变,没有一点民主的基础得以奠定的话,中国没有希望。毋庸置疑,这次欧美之行使他开阔了眼界,也使他更多地思考中国人所面临的无名英雄问题。在访问了几所欧洲著名学府后,他开始产生一种强烈的愿望,要在中国办教育。[29]

离开欧洲,他回到了上海。此后他开始与梁启超、蔡元培等主张维新变法的改革者们往来。在接触过程中,他深为这班改革者对西方了解之肤浅而惋惜,他曾劝梁启超认真地学一门外语,以便能更全面而深刻地了解西方,且不宜"出世太早"[30]。1898年,参与帝国新政的梁启超,邀请马相伯主持建立一所译学馆,马相伯欣然同意,选址在上海。[31]显然这个项目与他已产生的办学念头不谋而合。不幸的是,计划未及实施,"百日维新"便流了产,译学馆也成了泡影。[32]这以前马相伯已重返教会,此举可说是重返他的精神之源。1900年,他把自己份下的全部家产捐献给了耶稣会。在一定意义上,这也是重返耶稣会的必要条件。而在马相伯个人而言,他希望耶稣会将用这笔财产来兴办学堂。[33]

在世纪交替之际,经过了半个世纪的挣扎思考,许多中国知识分子都意识到兴国首要在于振兴教育。尤其是在历史上的文化教育中心的江南,在这一时期,各种新式学堂纷纷涌现。出于功利主义,清政府早在60年代就小心翼翼地建立了以学习外语和实用科

马相伯创办的震旦学院

学技术为目的的西式学堂,如北京同文馆、上海广方言馆、福建船政学堂等。此外与官办并存的,还有新教教会开办的拷贝西方模式的教会学校,这类学校相对中国社会而言无疑颇具异己感。但在通商口岸,特别是在迅速崛起的西方式大都会上海,这类学校却受到新式商人和工厂主的欢迎,纷纷将子弟送入其中,那目的显然是学习外国语言,以便在国际贸易中具有有利地位。

当八国联军占领北京后,曾经屠杀过维新党人的清王朝慈禧集团,迫于国内外压力而不得不扮演戊戌新政遗嘱执行人的角色,决定仿照日本,设立"学部",表示要废除科举,改革旧的教育制度。1902年的"壬寅学制"和1903年的"癸卯学制"相继出笼。然而这种所谓新学制基本上只是照搬了日本模式,而未从根本上对教育改革和体制的建立进行反省。或许这正是由于慈禧集团所关心的只是其本身利益在改革中的保存。同时,直接照搬日本也迎合了当时的急功近利的思潮,即认为日本学西方已卓有成效,一跃而与西方抗衡,中国只要学日本既可避免曲折又能很快见效。于是新开办的京师大学堂聘用了不少日本教习,其他官办学堂也纷纷跟从。[34] 这种改革,对于一直在东西方两种文化间徘徊比较,思考中国的症结何在的知识分子如马相伯显然远不感到满意。此时马相伯建立震旦,从某种意义上是创办一所独立于清朝新学制以外的,"治泰西士大夫之学术"的中国高等学府。[35] 其意向在他的开学演说词中表达得更为明确。他猛烈地抨击以往的八股制艺之学乃是"奴隶之学",他提出做学问办学校都应"力求自主"[36]。

然而,震旦的具体开办却是颇具偶然性,此事起源于当时在南洋公学(上海交通大学前身)任教的蔡元培请求马相伯教授拉丁文,理由是拉丁文为欧洲各国语文之根本,如果不通拉丁文,那就无从了解西洋古代文化。由于双方都公务缠身,无法安排出一个合适的时间以供教学,于是马相伯建议,不如从南洋选择一群较优秀学生组成一个班更有意义。蔡元培欣然同意，立刻选派二十四名学生到马相伯处学习。马相伯不仅教他们拉丁文，而且讲授数学和哲学。越来越多的青年闻讯从云南、四川、陕西、山西等千里之外的各地赶来求学。据马相伯的回忆，来求学者不乏已在进士考试中名列前茅的"翰林"，还有更多的已中举人的"孝廉公"[37]。恰在此时，南洋公学的学生闹学潮，反对清政府禁止他们读进步的书刊。百余名学生集体退学，部分激进的学生和蔡元培一起建立了"爱国学社"，有一部分则加入正要开办的震旦。1903年，震旦终于成立，开始招收学生。它的中文名为"震旦学院"，英文则为"Aurora Academy"。震旦乃是中国的古称，来自梵语，在早期佛经翻译中亦作支那。或说意为文物国。或附会《周易》，谓东方属震，属日出之方，故名震旦。或说古印度人仰慕古中国文化，以为民多智巧，故据梵语智巧之音称作支那或震旦。但无论如何，马相伯是要办一所西欧 Akademie 性质的中国学院。震旦的开学无疑引起了公众和学术圈的注目，流亡在日本的梁启超立即著文称誉。[38]

从震旦的早期章程看，该校原为"培养译才"[39]，学制二到四年，招收各界各方各年龄层次的学生[40]。马相伯为学校规定三条原则：崇尚科学，注重文艺，不谈教理。[41]这令人想起文艺复兴时代的人文主义教育思潮。

基于耶稣会教育体系和中国文化的双重背景，马相伯为震旦所设计的课程体现了由他的特殊经历塑成的教育思想。他总在试图把西学融合进中国文化的框架。他把所有的课程分为两大类：文学（Literature）和质学（Science）。每一类中又分主课和附课。文学类的主课为古文，即拉丁或希腊文；今文，即英语、法语。哲学课程包括三门：论理学、伦理学、性理学（Metaphysics & Psychology）。附课为历史、舆地、社会学、财政学、公法。在质学类中，重点是数学，包括几何、代数、三角、解析几何等；另外物理学、化

1903年震旦学院初成立时之师生摄影（左孔明道神父，中马相伯先生，右余宾王神父）

学、天文学都属于主课的范围。质学类的附课领域极广,包括动物学、农学园艺、生物学、地质学,甚至绘画歌咏。[42]从某种意义上,与其说这是近代大学的课程体系,毋宁说更反映了耶稣会教育体系。课程重心被放在语言、数学、哲学,这正与耶稣会的体系相吻合,同时也反映了马相伯对西学的态度。

马相伯在震旦译介西学时,反对采用当时流行的翻译语汇。他认为,那些直接从日语借来的语汇,不仅阻碍了对西学的真正理解,而且有害于民族精神。他举例说,从西文译至日文而为中国人所借的词汇如"消极",本身并不具有佛教的悲观,也没有道家的"无为"含义,经过日文的转折,其本意被歪曲了。[43]因而,他宁愿使用"质学",来作为对"Science"的翻译,而不用科学一词。同样,他对教材的选择和编写也颇不同。在教英语时,他采用莎士比亚的作品,而非教会学校所用的来自英属印度的浅薄无聊的教材。[44]在教拉丁文时,他又直接采用西塞罗的演讲词。他的原则是"非名家作品不取"[45]。在他为教拉丁文而编写的《拉丁文通》一书的序言中,他明确地指出了学拉丁文"以沟通泰西学术之源流","盖语言文字者,一国贤才所藉以表著其道术,而人类交换知识之媒介也。"

那时,马相伯还编写了一本哲学教材,即《致知浅说》,原是马相伯在震旦学院授课时所编讲义,有三卷,然最终仅出版了一卷,而且只是"原言"卷的上篇。书中介绍亚里士多德的逻辑学,马相伯采用了中国儒家的,先秦名家的,以及印度因明学的概念和术语。首先,他反对用日文词汇"哲学",而是从《大学》中选择"致知"一词及作为"philosophy"的中文译名。他认为"致知"意为获得智慧,正与亚里士多德意义上的"爱智"相吻合。如本文前面提及的,他认为《大学》中的"致知在格物"这句话在哲学上相当重要,因为"格物"意为分析(analysis),而致知的目的在于分析宇宙大地间万事万物的"界说"(definition)。在他看来,许多西文语汇可以精确地在中国古文中找到对应词,譬如,"abstraction",日文译作"抽象",中国学者因之,但扬雄的《太玄》有"玄摘其象"一语,因而马相伯用"玄摘"来翻译"abstraction",意即"把某种事物之属性或物德提要钩玄,于万有不齐中观其会通,于一般现象中分别差别。"古代中译佛经,曾把印度因明学术语译为汉语文言,创造了很多名词,如译"直感"为"现量",译"推理"为"比量"等。马相伯都予以采用。从拒绝采纳日文翻译语汇来看,马相伯的思想与当时持功利态度的人们保持了相当的距离。他始终坚持他的信念,即拯救民族的唯一希望在于从根本上汲取西方文化的精髓,并与中国的优良传统文化相融合。但从他试图在中国古文里寻找对应概念和语汇这一点来看,他又必然与当时的耶稣会士们相区别,显示了他对早期耶稣会士们的钦慕,因为利玛窦等与徐兴启等合译西方著作,正是努力使外来概念中国化,所以他试图继承这样的传统。

在马相伯的主观意向上,震旦不应该是新教传教士在上海租界里广设的英美式学院(college),而应该是欧洲文艺复兴以来的、研究学问的学者团体,学院(academy);或者更古典的柏拉图(Plato)式的"学园"(academy)[46],从他给震旦的英文名可见一斑[47]。饶有趣味的是我们似乎能从马相伯理解的欧洲"Academy"看到它与中国传统书院的某种相似性。因此,在震旦学院,教,注重指导门径;学,力求启发学生独立研究问题的能力。在教外语时,马相伯总是从字母拼读教起,以便学生自学;在教数学时,马相伯又试图让学生理解基本原理和方法,以便自行研究。[48]马相伯还提倡对学生口头表达能力的训练。每星期日举行演讲会,通常由一位学生作演讲,而由另一些学生作评论。[49]这种训练在中国传统教育中并不受到特别重视,而是耶稣会的传统之一;但在书院的活动中也可见。因而,马相伯本人在学校中的角色可谓"柏拉图",亦可谓书院的"山长"。

对于学生的选择,震旦是极灵活的,任何人希望求学都受到欢迎,不管他来自何方,有何种背景,持何种信仰。在向一般学生收取学费的同时,也向贫寒而学业出色的学生提供类同奖学金一般的免学费优待。至于震旦的行政管理,马相伯则采取了全新的方式。其形式为由学生选择出几位代表,组成一个委员会以承担学校的所有管理工作。马相伯本人为总教习,学校的所有成员享受着自治自主。[50]这正反映了马相伯的愿望,即这应是一种学者自由问学的机构,那是"Academy",也是书院。

1905年,震旦的学生人数为130名,发展速度不可谓快,一大原因是收费颇昂。正如马相伯在给友人的信中承认的,"至震旦膳资,半年七十英圆,须先交,我国学人能自奋者,实难其选"[51]。尽管如此,震旦新建了一栋校舍,显示了校务的蒸蒸日上。就在此时,耶稣会开始了对学院的干涉。由于马相伯自始就依靠耶稣会作为其办学中校舍和教师来源的主要支持,耶稣会便在此时开始利用他们与学院的关系,企图夺取这所学校并把它变成耶稣会式的。他们首先取缔学生自治的管理制度,取消马相伯的主管权,继而重新安排课程体系,以僵化、刻板、专断的学校体制取代马相伯的民主、活泼、进步的体制。他们开始沿着完全法国式大学的路线重新组织震旦。如同马相伯后来所谴责的,那是一所法国式的大学,培养只适合法国社会的人才。[52]此外,耶稣会还强烈地反对学生参与反对清政府的活动。因此,学生们为了抗议耶稣会的干涉而全体退学。

概而言之,1837年重返中国的法国耶稣会士们,在鸦片战争后享受着不平等条约赋予西人的种种特权,更享受着《中法条约》所赋予他们的传教特权。他们不再像他们的前辈那样谦虚而恭敬,也不如其先辈具有非凡的智慧和老于世故。他们中间很有些傲慢、武断而又学识浅薄之徒。他们不仅常常干涉世俗事务，而且对中国的天主教徒也常粗暴专横。这样，冲突的种子到处都是。

尽管耶稣会在欧洲有着办学的悠久历史和声誉，但主要由"巴黎外方传教会"（Missions Etrangeres de Paris）控制的在中国的天主教会（Catholic Church）却对教育事业并不感兴趣。与新教教会（Protestant Church）相比，他们很少创建学校，尤其没有高等教育机构。这种情况，逐渐受到天主教会内部人士，也包括徐家汇耶稣会士们的关注。当震旦显示出它的潜力时，耶稣会便认为是一良机，可以借之复兴其在欧洲成功办学的传统，也可以与已经在创办教会大学方面做了相当出色工作的新教教会抗衡。更有甚者，他们认为通过这所学府，可以向中国的精英提供最良好的教育。所以，他们不仅干预震旦，而且试图完全地控制这所学校。就当时的耶稣会本身来说，它既不代表时代的进步潮流，也不感兴趣于在中国促进民主化办学的风格。他们的教育体系，本来就有着值得否定的一面，例如深植于其组织的近于军事化的绝对服从，在教育上便反映为拒绝教学双方的个人自由选择；学生必须绝对服从纪律，必须受到监督；在教学方法上常强调死记硬背。[53]

在震旦的冲突中，或许耶稣会士们只是恪守他们的传统和信条。但从学生方面来说，从《中英南京条约》到《辛丑条约》的种种耻辱记忆犹新。他们反对清朝的腐败和专制，也仇恨西方的入侵。1903—1905 年的上海，正是"拒俄运动"的高潮和"《苏报》案"的发生时期，青年学生深受影响。此外，随着西方影响的深入，英语已成为占主导地位的外语，而在像上海这样的通商口岸，诸多的贸易和经济活动都与英美有关，外商企业多为英人所执掌，英语的使用机会显然超过任何一种外语。[54] 但是法国耶稣会士强迫取消震旦的英语课程。他们身在中国，却无视中国社会环境的需求，当然引起处于反专制思潮正旺、又经历过马相伯那套鼓励自主的办学模式的年轻学生的强烈反对。无论耶稣会士们的主观意向如何，他们尽改旧章，用高压手段强制学生就范，只能使学生相信耶稣会士们在恢复马相伯所指斥的"奴隶之学"。于是，冲突便不可避免。

早在1900年，马相伯已把他所有的个人财产捐给了耶稣会并声明希望用之于创办一所大学，但是耶稣会迟迟不动，直到马相伯建立震旦以后。因此，马相伯就借用徐家汇天文台的旧房子作为校舍和宿舍，同时也邀请了耶稣会士们充任教师。[55] 就马相伯个人而言，他是欢迎耶稣会士的协助的，既因为他欣赏耶稣会的学术传统以及早期耶稣会士对中国社会的贡献，希望那一幕会在震旦重现；也因为他自己毕业于耶稣会学校，深知耶稣会的教学质量；更因为他本人笃信天主，尽管在震旦规定"不谈教理"的原则，但就其个人而言，"宗教是唯一解决人生问题的"，天主教信仰从来就是整合他的社会思想的力量。[56] 同时他希望在耶稣会的协助下不仅使学校有一种宏观的精神指导，也借助其力量使学校得以长久。他没料到，"以经费师资之绌乏，而借地借才；以借地借才，而教育之权界不清"[57]，最终导致冲突和分裂。这使马相伯深感遗憾。

从当时记载可知，马相伯的心情极为矛盾。他在青少年时代接受了十九年的建立在人文学科和宗教双重基础上的耶稣会教育，他欣赏这种教育，也从中获益匪浅。但是正当他试图汲取这种教育的长处，以贯彻到震旦并使之本土化时，被他看作献身于同一事业的会友，却突然向他发起攻击，不仅否定他的教育思想，更要使他的学校法国化。[58] 耶稣会的纪律，使他非服从不可，否则便是异端；而他若服从，便等于承认其追求是错的。而对于他自己的追求，他从来就是自信的，"因为中国的情形与欧西各先进国不同"[59]。于是，这位六十五岁的老人除对学生饮泣，只得"无病而入病院"[60]。

然而，马相伯很快摆脱了困惑，决意甘冒再次与教会决裂的风险，同意学生的请求重新组校，最终创办了"复旦公学"。

除了学生和社会各界人士的支持，给他力量的还有他的信念。这位老人不但通晓欧洲人文主义，也深受中国的王阳明哲学的影响。他尤其重视王学的"良知"说，认为此相当于天主教的"神我"（良心，conscience）说，并宣称个人行为要服从"良知"的命令。[61] 正是这点，使他有别于那些思想僵化的在沪耶稣会士。

耶稣会更是低估了支持马相伯的社会力量。震旦的首批学生来自于一个堪称本世纪初学生运动策源地的南洋公学。他们离开南洋或另建"爱国学社"，或加入震旦，正是反抗压制。因此，这次震旦学生的集体退学，可说是前一事件的延续。"爱国学社"固然已因《苏报》案而解体，但原先支持爱国学社的社会力量仍在，此时便再度显示力量。由上海知识界人士组成的"沪学会"邀请马相伯演说，遍发传单。上海的华文报刊也大登消息，以示声援；而久以译介西学而享有盛名的严复，也出面与马相伯作为复校的共同发起人。[62] 这更在上海和江浙士绅中引起反响，使得耶稣会陷于进退维谷的窘境。

退学学生在他们的领袖叶景莱、于右任的带领下始终没有解散。他们临行时将学校的器具、书籍、标本等囊括而去，连校牌也摘走。马相伯决意另建新校后，他们便开始设法另觅校址并筹措经费。他们将新校名定为"复旦"。这是广为传诵的一首古诗中的两个字。公元前2世纪的大学者伏胜，在他的《尚书大传》中记下了相传是虞舜传位给夏禹时唱过的这首《卿云歌》："卿云烂兮，纠缦缦兮，日月光华，旦复旦兮。"按照传统的诠释，"旦复旦"不但形容朝阳总是再度升起，还隐寓禅代的宗旨。显然，协助马相伯创办复旦公学的青年们，采用这两字作校名，既是对新学校像朝阳那样的祝愿，也寓有光复震旦的意思。他们觅到原吴淞提督行辕的空址，便由马

震旦学院铭牌

相伯出面向昔日淮系旧交、时任两江总督周馥要求拨充校舍，周馥立刻复电同意，并汇银二万两充做学校经费。另外，由严复出面约集在沪著名士绅二十八人联名向社会发出《复旦公学募捐公启》。[63]

为了摆脱困境，耶稣会士们凭借着马相伯的大量捐赠先发制人，于 1905 年旧历五月份在《时报》上刊登广告，宣称震旦的解散是因为学生"误会意旨"，"而本堂及各教员于中国教育之前途，热心未懈"，将于七、八月间在震旦原址重新开学。[64]

筹办中的复旦公学立刻回应，也在《时报》上登出广告，宣布旧时震旦业已解散，现已更名为复旦，由严复、马相伯主理校事，任何人袭用此名都与震旦没有关联。接着又登出招生广告和入学细则。[65] 然而，这场较量的结局早已事先注定，双方都不是赢家。

法国耶稣会士依仗条约的保护和充分的资金，不顾公论，重新开办了震旦，并将它发展成为颇具声望的大学。它几乎在一切方面都按照法国模式，培养了各方面的专业人才，尤其在机械、法律和医学诸方面。然而，学校的殖民化色彩却是相当浓重，授课除中国语文外，其他全用法语，完全违背当年马相伯的创办意向。[66] 出于马相伯捐了家产的考虑，也出于缓和中国各界人士反对的考虑，震旦仍聘马相伯为校董，但那早已不是马相伯的震旦。

不过，事实也证明，在社会声援和官府支持下重新建立起来的复旦，同样也不是早先震旦的再生，那是一所全新的学校。

1905 年 9 月，经过马相伯、严复和退学学生领袖叶景莱、于右任等数月的奔波筹措，终于建立了复旦公学。除前震旦学生外，又招收部分新生，师生共同推举马相伯为校长。马相伯接受颜惠庆的推荐，延请留学美国的李登辉教育英文，后又担任教务长。教师由校长聘请，学校行政仍由学生自治。叶景莱被推举为学长，直接参与学校管理。在 1907 年当学校经费困难时，他四处呼吁，募集款项，最后由当时的两江总督端方奏请清廷，方得到月一千四百两银子的常年经费，使复旦得以生存。[67]

复旦的开办，正值清末立宪运动兴起，以上海为活动基地的立宪派在国内政界抬头的时候。马相伯正是立宪运动的活跃人物。于是，复旦建校的校董名单上，便有了严复、萨镇冰、熊希龄、张謇、袁希涛、汤寿潜、汪诒年、狄葆贤等这样一些名字。他们中有政府官员，有地方绅商，有社会名流，有报界人士，但有一个共同点，即他们都主张立宪政治，主张实业救国。他们既已介入复旦的事业，也必然影响复旦的办学方针和价值取向。

复旦初创，首先的窘迫是没有经费和校舍。假如当时因借地借才于教会，而导致震旦的分裂，那么这时受清朝官方拨地拨款，并受到地方士绅的支持，结果将会怎样呢？早在学生退学后开始酝酿请求官绅支持复校时，在上海出版的《大陆报》上，就有人撰文提出忠告，以为当初为了维护独立自治的精神而退出震旦，如今又为"区区觅一校舍，而必请于官场为赞助"，"款出于官场，而必自予官场以干涉之路"，"诸君之不惬意，恐更有出教会上者"[68]。此话不幸而被言中，摆脱了天主教会的复旦，在某种程度上又落入官绅的控制。1905年的《复旦公学章程》开宗明义便承认："本公学由各省官绅倡捐"。章程表明，它的体制与1904年清廷颁布的"奏定高等学堂章程"若合符契。章程规定其学科分为两类，均为大学预备，一为政法、文科、商科；另一为理科、工科和农科。此时的复旦不是大学，而更接近于当时的官办高等学堂。尽管复旦继承了部分震旦风格，如管理上的学生自治等，但那套曾在震旦尝试过的学校规制，已不复再现。尽管复旦仍然重视外语教学，但那已不再作为了解西方文化的基础，而是为了能直入西方专门大学。[69]对马相伯来说，复旦似乎从一开始就偏离了他的理想。从震旦到复旦，他始终没能找到一块不受外来干涉而得以研究中西学问的园地。因此，1906年马相伯就离开了才建立一年的复旦，东渡日本加入梁启

复旦吴淞校景

李登辉先生坐照

为纪念马相伯、李登辉两位复旦先贤，1984年将原"登辉堂"修葺一新，并改名为"相辉堂"

超组织的、以实现君主立宪为目的的"政闻社",并担任其总务员。

马相伯于1910年重新回到复旦担任校长,那已是辛亥革命的前夜。不久武昌起义爆发,上海随即"光复",却出现两个政权,一个占领县城,一个占领吴淞,而复旦校舍也被吴淞的军政府占据。马相伯仍竭力维持。他带领全校学生跑到无锡,暂借一个祠堂存身。筹备复学,并把复旦公学改成了"复旦学院",以期将复旦办成哲学、文学、政法、象数、理化,旁及制造、驾驶等门类齐全的高等学府。然而,当上海局势稳定,他想把学院迁回上海并全面恢复时,却又碰到了1905年初创时的同样问题:没有校舍,也没有经费。[70]马相伯说,他呈文给江苏都督庄蕴宽,获准以李鸿章祠堂为校址。但另有一说,马相伯不得不向昔日的学生、已任南京临时政府交通次长的于右任求助。南京政府很快特批复旦在上海复校,也许正是由于这层关系。不论是利用了哪一种关系,总之复旦在上海复校了,1913年的复旦董事会名单上也出现了孙中山、陈英士、于右任和王宠惠等。

然而,马相伯似乎并不愿意复旦成为革命党人的大学,尤其不愿它成为出身流氓的上海都督陈英士玩诸股掌的大学。在上海复校后不久,他便在1912年南北议和初成后,受聘于袁世凯,担任总统府高等顾问。复旦的校务则由教务长胡敦复和叶藻庭、邵力子、沈步洲等执掌。1913年在经历了一次学潮后,复旦进行了整顿,重新组织了校董会,聘请李登辉担任校长。从此,马相伯便完全脱离了复旦,仅仅享有创办人的荣誉。耶鲁大学出身的李登辉,既不依照法国模式,也不依照英国模式,而是融合美国模式,将复旦逐渐发展成一所拥有文、理、法、商四个学院,十五个系的综合大学。从五四运动起,每次上海的学生运动,它都走在前面。[71]到马相伯临终前十年,他固然有理由对复旦的爱国精神感到满意,但这所学校也越来越远离他的理想。

从震旦到复旦，马相伯的贡献或许可以归纳如下：首先，他尝试了使教育与教会疏离，使教育与官府疏离，坚持教育应该是独立的，有着自己的使命。其次，他所设计的课程代表了一种非同一般的、试图把中西两种传统带到一起的人文主义倾向。再次，就学校管理而言，他介绍了一种具有民主的精神气质的体制，并付诸实践。最后，教育固然是培养人才的重要途径，但他又深信中国的改革在于"民治"，而实现"民治"需要会建设的人才；所谓会建设的人才，应该对东西方有更宽广、更深刻的理解，这便是中国教育的使命。

4. 新的希望：筹建函夏考文苑

马相伯虽离开了他所创建的两所高等学府，然而他却从未放弃在中国建立一所理想大学，或说一块自由探索中西学问的园地的希望。离开复旦不久，他便开始了新的尝试。1912年，民国初建，南北议和刚成，大部分地区还处于革命带来的混乱之中。然而建设已开始成为新生民国的主题。马相伯因被袁世凯任命为其高等政治顾问而北上北京，已任教育部长的蔡元培也邀请马相伯临时执掌北京大学。[72]此外，当时的北京聚集了相当一群名流学者。于马相伯而言，这无疑是一良机以促成仿照法兰西科学研究院（L'Academie Francaise）建立一所中国人文科学院，即"函夏考文苑"计划的实施。这一计划虽说是新的，对马相伯来说，那似乎酝酿已久。[73]

在拟定"函夏考文苑"的筹建计划时，马相伯介绍说，"ACADEMY"一词源远流长，原本是古希腊一园主之名，因柏拉图（Plato）于此园讲学而驰名，渐渐地"academy"成了一种研究中心的通名；至于法兰西科学院，那是在法王路易十四（Louis XIV）的时代，"文学与文化方兴，二、三名士虑其涊杂也，乃因名（古希腊之苑名）相设此考文苑，志在正字画、正名词。名词不雅确者革除之，关于新学者楷定之，古书之难释者择善注之，讹误者校正之，为发刊通行字，以统一言文，而岁岁有所增补焉。"关于研究院的内部设置，马相伯又介绍道，因为"致知学为一切理义学之根源，度数学为一切形质学之根源，故首重哲学，次算学，而一切耳目二官之美术，关于民智文明者，皆附有专家。"研究院的组织，则是"员额四十名，实为主体，皆终其身故号称不朽；轮补者，须有清真雅正之著作，经考文苑全体鉴定，悬之国门可无愧者，然后可补；不然，宁缺毋滥。势位与请托皆在所不行；真除后，惟躬与苑议者可岁得二百四十佛朗为车马费，意者必如是而后通国知所重在学不在禄也"[74]。马相伯屡次特别强调的是，"苑中一切制度、职务、职权，上不属于政府，下不属于地方，岿然独立，惟以文化为己任"[75]。显然，他更感兴趣的是法兰西科学院的独立自治，真纯的学校精神，和不受政治干扰的自由。他总结道，"法文之得擅继拉丁，而风行欧土者，斯苑之功为最"；"法国斯文之盛，于变之修，政与教胥于此苑基之焉"[76]。

根据出版于20世纪早期的《法兰西科学研究院史》(A History of the French Academy, 1635—1910)一书的陈述，马相伯对法国科学院的介绍似乎主要取之于它最辉煌的时期，即自它建立到法国大革命，尤其是在卢浮宫的那一段。上书作者D.麦克拉伦·罗伯森(D. Maclaren Robertson)称之为"黄金时代"。而且，显然马相伯的介绍是具有选择性的，也是理想化了的。但也许正是这种理想化的、选择性的模式反映了他的追求。而罗伯森在他的书中却作了不尽相同的介绍。大约在1629年，路易十三(Louis XIII)为国王，黎塞留(Richelieu)为其首席大臣时，一群散居于巴黎的著名文人常常每周聚会一次，通常是在最近市中心的他们中某一位的家里。这样的聚会基本上是非正式的社交活动，但由于参与者都是享有盛誉的文学家，自然聚会的主题往往是他们共同关心的。不仅如此，每当他们中的某一位有了新作，聚会便是一良机以作介绍，并使作者从同仁的评论中获益。他们不无自豪而诙谐地自称"院士"（Academiciens），而把自己这一以聚会为形式的群体称为"Academie"（学院）。这些令人赏心悦目、欣然向往的非正式聚会一直维持到1634年。黎塞留通过其中一位成员建议让这个团体变成官方的学术团体。起初，这个建议遭到一致的反对。经过一段时间，他们最终聚集起来讨论未来计划和这一团体的规则章程。自1634年3月起，正式的"科学院"集会开始进行。这就是"法兰西科学院"（L'Academie Francaise），一所法国国家研究机构的诞生。[77]

经过相当的一段时间，他们终于起草了"院规"，规定了院士的名额，科学院运转办法，以及科学院的使命。拟定的五十条规则中有一条是，"科学院"（Academy）的作用是"竭尽可能的关注和努力以给我们的语言制定确切的规则，使之能够准确地描绘我们的艺术和科学"。因此，他们确定首要任务为"编辑一本词典，廓清语法；撰写有关修辞与诗韵的论文"。就马相伯所感兴趣的"自治"而言，则似乎并不那么完美。规章的首条就规定："任何院士的选择将由科学院的保护者红衣主教阁下的首肯，否则便不得被接受为院士。"当然高尚的道德，良好的声誉，卓著的智慧，都是候选人必备的。法国大革命清洗了一切，科学院也不例外。然而革命后，随着文学和科学的重新振兴，科学院也得以恢复。但这已颇不同于以往，"这是一所全法兰西共和国的国家研究管理机构，主要负责艺术和科学的新发现和促进发展"。此时的科学院全然是国家的科学文化管理中心，其内容已扩大了许多，由三大部分组成，分别掌理数学和物理学、道德和政治学、文学和艺术的研究。额定院士已为一百四十名，先是由政府提名推荐四十八位，再由这四十八位分散至各部门而选择其同事。毫无疑问，这是一所国家政府的代理机构。[78]

early 马相伯创建震旦时，科学研究院（Academy）的想法就已不无体现，从其对震旦的英文名称的选择即可见一斑。晚年马相伯又作了更明确的解释，曾说震旦"实具有阿加代米（academy）的性质"[79]。从某种意义上，"Academy"是他始终追求的理想，而他选择法国的作为模式又有着更为深层的原因。

首先，与当时许多对西方实用知识更感兴趣的其他教育家和知识分子相比，马相伯的不同处在于他更关心人生的精义之所在。对他来说，精神的汲取远比技术的学习来得重要。他的早期教育事业的实践始终体现他的理想，那便是一种以法兰西为当代代表的古希腊和罗马文化与中国古典文化的结合。其次，尽管自离开耶稣会前后至震旦与复旦的分裂，他总是与法国耶稣会士们不断地发生冲突和矛盾，然而他的不愉快经历却并没有中止他对法国人文精神的欣赏。他更发现，人文精神乃是中国和法国文化所共有的特点。再次，当时，欧美多国均早设有国家研究院，但马相伯作了比较后认为，"他国虽有考文苑之设，俱不如法国之矜严周备"[80]。于是，法兰西的模式便成了他为创建中国的科学院（Academy）的范本。

马相伯用包含了中西两种文化双重含义的"函夏考文苑"，命名中国的科学研究院。"函夏"，语出《汉书·扬雄传》"以函夏大汉兮"，意为大汉帝国包容诸夏，这里盖指全中国。所谓考文，见于《礼记·中庸》"非天子不议礼，不制度，不考文"，相传是孔子语，原是指唯有天子才能考成文章书籍之名。因而"考文苑"，直接地说就是国家承认的文章书籍的荟萃之所，意指最高层次的学术组织，是马相伯对"academy"一词的翻译。在马相伯看来，函夏考文苑应该是学者聚集其间，自由地探讨中西学问，以促进中国文化的弘扬光大，而由国家支持的主理一切学术文化的全国中心，它具有最高的学术权威，为所有知识性活动树立学术标准。

1912年10月，马相伯联合当时亦为总统府政治顾问的章太炎，以及严复、梁启超，共同为发起人，倡议建立函夏考文苑。他们决定"苑士"额应按法国初创时的模式定为四十人。他们还选择了第一批的苑士十五人：

沈家本（法学）、杨守敬（金石、地理）、王闿运（文辞）、黄侃（小学、文辞）、钱夏（小学）、刘师培（群经）、陈汉章（群经史）、陈庆年（礼）、华蘅芳（算学）、屠寄（史学）、孙毓筠（佛学）、王露（音乐）、陈三立（文辞）、李瑞清（美术）、沈曾植（目录）。[81]

值得一提的是，在上述名单后，马相伯特意附注："说近妖妄者不列，故简去夏穗卿、廖季平和康长素，于壬秋亦不取其经说。"[82]作为主要发起人的马相伯和章太炎，在政治见解、宗教信仰、学术兴趣等方面都大相径庭，然而，在对于函夏考文苑的人员选择上却有着共同的理解，以为考文苑应该选取真正具有学术精神的学者。被剔除的三人中，夏曾佑时任教育部社会教育司司长，是替袁世凯设计祭天祀孔典礼的主要人物之一；康有为则是孔教会会长，自民国初年回国后坚持宣扬共和制度不合国情，只有复辟清朝帝制才能挽救中国。而廖平虽然没有政治地位，却不但在学术上以无特操出名，而且在民国元年孔教会第一次全国大会上充当主要演讲人，大谈所谓"孔经哲学发微"，于是也被列为"说近妖妄者"。王闿运正是廖平早年的经学导师，而康有为开始转向所谓公羊经学，又正是受廖平的启迪，因此他的经说也被置于"不取"之列，同样是可以理解的。

关于函夏考文苑的经费资助，马相伯设想了颇似当年书院的办法，即要求拨给土地作为基金。他看好了两块土地，一块在遵化东陵附近，另一块在天津军粮城之南。此外，他还要求收回山海关秦皇岛海滩浴场自行营业，以资助考文苑。同时，他要求拨给传统风格的建筑以作苑所。[83]章太炎也申言，考文苑经费"非岁得数十万圆不就"[84]。或许因为考文苑的设置与袁世凯攀附新学、羁縻知识分子的政策并不矛盾，因而经费问题并未有太大的困难就得到了批准，国务院总理赵秉钧同意拨给山海关地区滩地。另外，就是否允准两座古典建筑阅古楼、漪澜堂也在协商之中。[85] 1913年1月又有消息说："马相伯所办考文苑，保存国粹，大总统允拨助经费三万两。"[86] 而马相伯和章太炎一再坚持，"该苑不预政治"，"其职在民不在官"[87]。可见他们一方面争取政府的资助，另一方面他们更关注的是考文苑应拥有自治独立、追求真理的精神。

函夏考文苑筹建时，正是传统旧学向新学、西学和"中学"相互交融转变时期。一方面，西学的介绍在较之以往更大的范围进行着，除了直接译介英、法、德文论著外，此时从日文转译的西方论著在数量上更为可观。或许是一种流行观念的作祟，以为学习日本是学习西方先进的捷径，日文著作的翻译在量上占主导地位。据统计，自1902到1904年，573种翻译著作中62.2%是日文。[88] 由于日文中保存了大量的汉字，译介者往往直接照搬日文语汇，尤其是那些关键的学科名称，如哲学、科学、社会学等等，这显然在中文意义的理解上存在着差距和混乱，同一概念常常以各种不同的形式出现，而同一语汇或许有多种不同的理解。在另一方面，当时新式大学，无论是教会还是官办的，都还缺乏系统而规则、稳定而有个性的教育体系，新式学堂的学生们往往知道达尔文、斯宾塞，甚至马克思，却对整个欧洲文学、哲学、历史和科学根本缺乏应有的了解。他们激烈地批判传统旧学，试图进行改造，但是却茫然不知何去何从。

在这种情形下，马相伯和章太炎都认为考文苑"首在办正文字，编字典，纂文规"[89]。马相伯则作了进一步的具体计划，他认为函夏考文苑的任务在于"作新旧学"。作旧学，可从先秦入手，分为文学与道学，以倡古风古道德。"作新者，一能变旧学之奥涩，则便于今学；二能使旧学有统系，则近于科学。"因此，促进新学的任务是"正字""断句","按法国人,辨正古文,及古今名物之所为而已足。"此外,考文苑还有责任对翻译语汇进行"厘正",尤其"后译者,未免杂以和文矣"。其办法是校订旧译,编纂新译。通过这些工作,马相伯的希望在于建立起学术标准、学术权威、学术统一,甚至教学体系的规范化。[90]

自晚清到民国,马相伯深为中国社会上上下下地腐败而痛心。在他为考文苑筹设而起草的文件中,他屡次猛烈抨击:"而今言庞行僻,公私道德,唾弃无遗,家国治权,消亡殆尽,至欲均贫富,公妻孥,而公之均之,意在唯我。"这种情形"不驯至国华无以保存,邦族无以保聚不止"[91]。他进一步分析道:"邦族之文明,不专在民智,尤在民德,民德尤重公德,公德为合群之必要,且公德盛,私德亦昌。"[92]他深信:"古道德,即国魂也。魂寓于文,考之我国尤信。故振兴古道德,以提倡古学为宜。"[93]而他认为所谓"学风",根本上包含了两重意义,一为学术,另一则为风化。因而,考文苑的使命应包括"奖励著作之有补风化民智者","奖诱凡民之有道义而艰贞者"[94]。考文苑有责任促进整个国家的文化和伦理道德的振兴和改造。

另外值得注意的是,马相伯在关于考文苑的文字中,尤注重社会和人文科学。这显然是与他选取法国模式有关,同时也更反映了他的教育哲学,那就是促进以古典文化为基础的人的全面发展。教育的改革在他看来,不能只是以"格致工艺"取代"八股制艺"为了结,而应以文化和伦理内容的整体变革为前提。早在1903年建立震旦时,他就设定了以古典文学,即拉丁、希腊和中国的为基础的倾向于人文学科的课程体系;稍后在复旦他仍然坚持强调学习西方的根本精神并倡导国学,规定学生"有意唾弃国学"者,"虽录取亦随时屏斥"[95]。他把自己的教育思想定为"内之以修立国民之资格,外以栽成有用之人才"[96]。他反对教育为任何政治或宗教服务，而倡导为社会的国民教育。正是在这些思想的基础上，他尝试仿照法国模式建立一所中国的研究院，即函夏考文苑。不幸的是马相伯的计划未及真正推行便胎死腹中。

考文苑计划的流产显然有着十分复杂的社会历史原因，本文欲从两点着手分析。首先，袁世凯政府的不稳定，使其不可能有力量支持这样一番宏大而意义深远的文教事业。其次，因为当时知识分子的不理解而缺乏他们的大力支持，也是重要原因之一。当然，最根本的是这计划再一次地体现了马相伯的理想，这个理想超越了当时人们的理解力，超越了时代的社会条件，也超越了中西两方的文化传统。

辛亥革命最终摧毁了清王朝的统治，建立了民国。但是革命引起的混乱并不能在一夜间消除。袁世凯成为首任民国正式总统，基本上是远非他的控制力所及的社会和政治的结果。他的统治可谓脆弱不堪。在台上的四年，袁世凯始终面临着许多力所不及的问题。[97]除此之外，当他取得总统地位后，便立即着手背叛民国的活动，不仅谋杀了宋教仁，而且在镇压了南方的"二次革命"后，开始追求他的皇帝梦。作为当时的统治者，袁世凯倾向于发展教育和文化事业寻求与知识界的联络，以便更有效地操纵控制知识分子。但是，他又不得不为其政权的稳定和个人的野心付出更多的关注。于是他尽管表示出对考文苑计划的支持，但他并非法王路易十四，不是真正对考文苑感兴趣。而他本身统治基础的脆弱，也使他不可能为文化建设和发展提供真正有力的支持。

清代的汉学学风和书院教育是谨严而重实际的。但中国传统的知识结构，却缺乏西方式的科学理性。汉学的考据研究和西方的实验科学是建立在两种不同知识体系的理性基础上的，当然其结果也不一样。然而马相伯认为把西方概念译介到中国知识体系的框架中是可能的，具体尝试便是在他按西方传统用中文进行学科分类。他把"刑名之学"定作法学,"舆地之学"定为地理学,"金石之学"为考古学,如此等等,这种学科译介分类的意义,可以从至今中国的综合大学仍然大致遵循这一方法的事实中得知大概。

不幸的是,尽管马相伯的计划合理而科学;尽管有章太炎、梁启超这样具有影响的学者的支持,总的说来,很少有人真正理解这一计划的重要性。对考文苑,大多数的知识分子的态度是可有可无。尽管自19世纪末起,作为从坚守传统学问向接受西方思想的转化过程,知识分子对西学的态度有了一种根本的重新定位。清代士大夫的精神视野被引入比以往更为宽阔的天地,越出了中国传统的界域,走向对西方的研究。[98]然而这种趋势还只是刚刚开始。知识分子的大多数还没有对西学有系统化的理解。对马相伯在设计考文苑的内容和形式上所费之努力和其意义同样也不甚了了。当时的学术圈是散漫而无序的,关键是缺乏一种对学术社会有必要在共同的理想框架中聚集起来的理解。甚至发起人之一梁启超看起来也没有付出很多的努力以促成考文苑的实现,却是更多地在从事政治活动。显然因为他也缺乏对他老师的计划之深远意义的理解。另外一位被选择为"苑士"的王闿运,在他的日记中则写道:"参议院见马良,……请开宏儒院。"[99]正如其他许多学者一样,王闿运对考文苑的理解,只是中国传统的"太学""翰林院"之类。在这种形势下,考文苑的流产是必然的。

5. 无止境的追求:辅仁的创建

马相伯从来没有忘记他在震旦和复旦未实现的理想。在他忙于考文苑的筹建时,创建一所"与西方大学齐头并进的大学"的念头始终在他的脑海里。

由利玛窦、艾儒略(Giulio Aleni)、汤若望和南怀仁(Ferdinand

Verbiest）在16到17世纪所创立的"学术传教"的传统，或多或少地被19世纪来华的天主教传教士们所忘却。相反的，新教传教士们却接过了这一传统，并实现于他们的教育事业中。他们十分了解"要把基督教思想渗透到非基督教的社会，学校恐怕是最为有效的机构之一"[100]。因此自19世纪早期，布朗（R. S. Brown）在澳门开办首家学校后，新教传教士相继在各地建立不同层次不同种类的学校。在19世纪的最后二十年中，新教的学校在规模和数量上都大有发展。到20世纪初，他们已拥有十二所学院，六十六所神学院，以及一百六十六所中学。自20世纪始他们开始大力地发展高等教育。他们在整个中国教育事业中占据了相当的地位。[101]不仅如此，正如当年的耶稣会士所做的，新教传教士通过他们的教育事业影响了渐渐扩展的城市社会和知识分子圈。正像马相伯议论的："该教生徒，在旧清已跻身政府，于今更盛。"[102]

和新教教育事业成鲜明对比的是，天主教的教育工作，大量的只是与育婴堂相关联的。此外便是在农村教儿童识字的传教学校。即使是中学，天主教会所做的已经十分有限。至于它对知识界的影响更是寥寥无几。马相伯对此现象极为不满。他批评道："在我华提倡学问，而开大学堂者，英、德、美之耶稣教人都有，独我罗马圣教尚付阙如，岂不痛哉！"[103]正是因为在华天主教会对教育事业关心太少，因此"教中所养成者，椎鲁而已！苦力而已！求能略知时务，援笔作数行通顺语者，几寥如晨星，致令我国虽改为民主，而教中能备选国会议员者无人，府县议事会员者无人，一乡一市之议员者亦无多人"[104]。这与早期天主教事业正好相反。作为天主教会中的一员，马相伯不能不为之扼腕，从而思谋改变。

马相伯对于社会和政治的变迁，向来倾向于改革而不是革命。就他看来，革命不可避免的是破坏性的，而改革则是建设性的。"破坏者，乃一切自私自利之主张；应建设者，乃一切爱国爱人之作用。"[105]而中国的现实却如马相伯所认识到的,"只有破坏党,无建设党"[106]。幸而无论从何种意义上讲,清王朝的崩溃开辟了一个新的时代,民国的建立既是一种根本变化的象征,更是百废待兴的机会。欲使百废得兴,建设应是时代的主题。教育正是培养建设人才的,如马相伯所概括的:"教育乃立国立人之根本,国与国民,所以成立,所以存在,而不可一日或无者,非如革命仅一时之事,而不可一日或多。"[107]此外,马相伯本人是一位虔诚的天主教徒。他始终相信,"宗教是唯一解决人生问题的",因为只有宗教才能解答"我从何来""我往何去"这两个根本问题。[108]宗教既是个人生活,也是社会秩序、文化繁荣和道德塑成的关键。"民德归厚,舍宗教无由。"[109]一个没有道德的社会,只能是如前清般腐败没落。因而,教育的使命在于培养人才,教育的重心也应在于道德的建设,即人类精神生活的建设。一位天主教人士曾确切地概括:"马相伯提倡以公教精神,实现民治,如斯则国基稳固人才蔚起,为必然之势也。"[110]民国初,社会状况如同马相伯所分析的,"政治之不良,科学之不明,实业之不精,土地之荒芜,工艺之疏窳,学堂之浅陋,随处皆然"[111]。但是,民国的建立也带来两个明显的变化,一为"政体改造",二为"约定信教自由"[112]。正是在此前提下,马相伯联合其友英敛之向教宗庇护十世(Pius X)呈递了《为中国兴学书》,倡议在北京建立一所天主教大学。

英敛之(1866—1926)名华,出身满洲旗人家庭,是天主教著名人士。和马相伯一样,英敛之无疑属于时代知识分子中的一员。他在年轻时曾遍阅佛、道、儒和伊斯兰等诸家经典以寻求精神的依托而未得满意,终于在他二十九岁时皈依天主教。对于社会的变迁,他和马相伯也有着共识,倾向于渐进式的改革。戊戌维新时,他曾在报上撰文对康梁的见解和活动表示赞同和支持。1902年他在天津开办《大公报》,专门从事国内和国际时事的讨论。当立宪运动进行时，他的报纸表示了鲜明的支持立宪派的态度。1911年以后，因健康等诸种原因，英敛之出售了他的报纸，转而活跃于学术圈和他认为的对中国未来更为关键性的教育领域。[113]也许是他们见识相近，自1898年第一次在上海见面后，马相伯和英敛之便成为莫逆之交。在马相伯赴京任顾问后，他们虽然有了更多的机会切磋交流，并一起为促进中国的天主教教育事业努力。

在他们联名的"上教宗书"中，马相伯和英敛之写道："侧闻圣座令在日本创一东京大学，说者谓时机已迟，而在我华则时机方熟，善迎之，大足以养成教内外通国之子弟，联络教内外通国之父兄，其为益胜于和约之保障十百千倍。"他们期待教宗"多遣教中明达热切诸博士"，"博学良善而心谦者"，以帮助在中国的首都，也是文化的中心北京建立一所天主教大学。他们更建议，这所大学应在全国广泛招收教内外地学生，"以树通国之模范，庶使教中可用学问辅持社会，教外可用学问迎受真光"[114]。

但是，教宗迟迟未给他们答复。与其坐等，英敛之决定不如行动。1913年他在北京香山的别墅开办了"辅仁社"。他从全国各省招收了四十位天主教青年前来跟从他学习，俨然具有传统书院的特色。学社的目的在于："培养一群天主教青年，使他们能和其他社会各界人士一样得到良好的教育和修养，以有助于发扬光大天主教的精神并有益于国家。"[115]辅仁社的日常学习的进行是每一个学生选择一个主题，围绕主题自行阅读研究，然后开展讨论。除了国学以外，研究早期耶稣会士的论著事迹是当时的主要题目。英敛之一直以其私人力量来赞助着辅仁社，直到1918年无力为继才不得不关门。但是辅仁社的成功早就预示了，学生的研究论文相继发表在报刊上，这些青年在学界赢得了声誉。[116]

从现有的材料看，没有足够的证明表示马相伯在何时或怎样地介入辅仁社的建设。事实上，马相伯在1913年离开了北京，即使参与也可能只是很短暂的。但是这并不表明他和辅仁社无关，相反他不仅时时关切着辅仁社，而且在学术上多方协助英敛之。1917年左右，英敛之重新校刊印行如汤若望的《主制群征》、艾儒略的《大西西泰利先生行记》、李之藻的《天学初函》与《辩学遗牍》等等，几乎每一部重刊作品都有马相伯的"序"或"跋"，而这些作品正是辅仁社的研究课题。同样，通过与辅仁社的学术联系，马相伯认识了后来成为著名史学家并任辅仁大学校长的陈垣。陈垣当时就基督教在中国的早期历史作了许多考证，马相伯也曾为他的论著作序言。[117]

1918年，罗马教宗本笃十五（Benedict XV）在位，终于给马相伯和英敛之的上书一个回音，派遣格比利昂主教（Monsignor de Guebriant）到中国从事教育调查；1920年又派美国宾州的圣文森特修道院（St. Vincent's Archabbey in Pennsylvania）的神学教授奥图神父（Rev. George Barry O'Toole）来作进一步的调查。奥图访问了英敛之并与之商谈了关于天主教大学的建议。待奥图返回罗马报告了他的观察，教皇终于向本笃会（The Benedictine Order）会长斯多辛格（Fildelis von Stotzinger）问及在北京建大学的意见。一直到教宗庇护十一世（Pius XI），这个项目才真正得到落实。教宗捐助100 000里拉，推荐美国本笃会来具体承担学校的创建。1925年，斯提尔神父（Rev. Aurelius Stehle）及奥图分别被宗座（The Holy See）任命为校长和教务主任。北京公教大学，即辅仁大学正式建立。[118]

从马相伯给英敛之的频繁信件中，清晰可见的是马相伯从一开始就极度关心此事。尽管他身在上海，且高龄八十六，马相伯时时关注着几次的教宗使者的访问，不断地贡献他的想法。在一封信中，他急切地询问："美士拟办之大学，专为教众乎？亦兼为教外乎？"他建议："若兼为教内外，一、宜招愿读华文子弟，如此旧家子弟必来；二、读华文须聘真读书人，略变通古法；三、读西文亦须问过来人，近今私问南北华铎及欧美游学生，皆谓宜改教法读法（教十六、七岁华童，不应用教十岁以内之西童。前读英文，皆用印度课本。余已革命一次，但应革命者尚多也）。"他又继续写道："校基不应在京城内，若长辛店或更南，以能招致南方学者为妙。"[119] 根据台湾出版的辅仁大学校史，马相伯甚至参与了辅仁的定名。他曾建议用"景教"，或"本笃"为名，不过最终还是定为"辅仁"，语出《论语》，"君子以文会友，以友辅仁。"

不仅如此，马相伯还应英敛之的要求修改《美国本笃会士创设北京公教大学宣言书》。事实上他几乎重新起草了一份。这份文稿可能是马相伯最后的一份直接、系统、具体表达他的公教教育思想的文稿。马相伯首先表达了他对教宗选择本笃会士来执行这项计划的赞赏。他认为"中国古国也，本会亦古会也"，他期待着在欧洲有着保存和振兴古代文化悠久历史的本笃会能欣赏中国的文化，并在教育建设中糅合两种古典传统。他相信有本笃会的帮助，这所大学应能成为人们追求先进科学知识的场所，因为该会来自美国。他更期待这将是一所真正具有公教精神的中国大学，一所培养社会建设所需要的人才的机构。在这些设想的前提下，马相伯认为此大学的课程应包括下列五大学科：（一）神学和哲学；（二）中外文学；（三）自然科学；（四）社会学、历史学；（五）矿质学、建筑学。他以为，神学和科学两者都是基于上帝的宇宙的，两者都表明万物的真源。他相信从文化来理解神学将给学生提供一个更良好的途径学习科学。[120]

总而言之，与震旦和复旦不一样，辅仁并不是马相伯具体创建的教育事业。严格地说，他的教育家生涯在辅仁之前可谓已经结束。尽管他的名字仍出现在1929年底辅仁校董名单上，但现有材料没有他直接参与校政的记录。至于问及辅仁是否如马相伯所盼望的成为一所糅合了中西文化的精髓,为中国的现代化培养人才,那是另外的课题,值得进一步的探讨。

附 注

[1] 方豪,《马相伯先生文集》《马相伯先生文集续编》(以下简称为《文集》《文集续编》),(北平:上智编译馆,1947、1948 年)。

[2] 张天松,《马相伯先生读书生活》(香港:公教真理学会,1950 年,以下简称《读书生活》)。

[3] 《复旦大学志》卷一(上海:复旦大学出版社,1985 年)。

[4] Ruth Hayhoe, "*Towards the Forging of a Chinese University Ethos: Zhendan and Fudan, 1903-1919*", The China Quaterly, No. 94 (June 1983), pp. 323-331. "*A Chinese Catholic Philosophy of Higher Education*", Tripod, No.48.1988.pp.49-60.

[5] 王瑞霖,《一日一谈》,(上海:复兴书局,1936 年),第 32—33 页。

[6] 夏敬观,《马良传》,《国史馆馆刊》,1947 年。

[7] 《一日一谈》,第 112—113 页。

[8][9] 同上书,第 29 页。

[10] Aldo Scalglione, *The Liberal Arts and the Jesuit College System*, (Amsterdam/Philadelphia: John Benjamins Publishing Company,1986), p.248.

[11] Robert Schwickerath, Jesuit Education: *Its History and Principles*, (St. Louis, MO.: B. Herder, 1904), pp.73-106.

[12] 同上书,第 118—119 页。

[13] *St. Ignatius & the Ratio Studiorum*, ed. by Edward A. Fitzpatrick, (N. Y. & London: McGraw-Hill Book Company, Inc. 1933), pp.195-216.

[14] Thomas Hughes, *Loyola and the Educational System of the Jesuits*, (New York: Charles Scribners Sons, 1902), p.208.

[15] Schwickerath, Jesuit Education: *Its History and Principles*, pp.131-132.

[16] 同上书,第 331—333 页。

[17] Scaglione, *The Liberal Arts and the Jesuit College System*, p.250.

[18] A.J.MacDougall, "*Classical Studies in the Seventeenth Century Quebec*", The Phoenix, vol. 6. (1952).

[19] 史式徽(Joseph de La Serviere),《八十年来之江南传教史》,金文琦译。

收入沈云龙主编《中国近代史料丛刊》，（台北：文海出版有限公司），第17—18页；第26页。李楚材《帝国主义侵华教育史资料·教会教育》，（北京：教育科学出版社，1987），第201页。张天松《马相伯先生读书生活》，第17页。

[20]《一日一谈》。
[21] 张天松，《读书生活》，第19—23页。
[22] 史式徽，《八十年来之江南传教史》，第40页。
[23] 张天松，《读书生活》，第36页。
[24]《一日一谈》，第112—113页。
[25] 同上书，第27页；第30—31页。
[26] 同上书，第26页。
[27] 同上书，第32—33页。
[28] Frederic Wakeman, Jr., *The Fall of Imperial China*, (N. Y.: The Free Press, 1975) "Introduction".
[29] 张若谷，《马相伯先生年谱》，（上海：商务印书馆，1939年），第117—209页。
[30] 丁文江、赵丰田，《梁启超年谱长编》，（上海：人民出版社，1983年），第56页。
[31] 张若谷，《年谱》，第197—198页。
[32] 同上书，第200—201页。
[33] 同上书，第35页。
[34] Hiroshi Abe, "*Borrowing from Japan: China's First Modern Education System*", in R. Hayhoe & M. Bastid edited China's Education and the Industrialized. World: *Studies in Cultural Transfer*, (Armonk, N.Y.: M.E.Sharpe, Inc., 1987), pp. 57–80.
[35] "震旦学院章程，1902年"，《翻译世界》，第二期（1902）。
[36] "震旦学院开学记"，《苏报》，光绪二十九年（1903）二月二日。
[37]《一日一谈》，第74—76页。
[38] 梁启超，《祝震旦学院之前途》，《癸卯新民丛报汇编》，上海，光绪二十九（1903），第819页。
[39][40] 同注解［35］。
[41]《一日一谈》，第74—76页；第83页；第184页。
[42]《文集》，第13页。
[43] 同上书，第342页。

[44]《一日一谈》,第 26—27 页。

[45] 同上书,第 142—143 页。

[46] 同上书,第 76 页;第 83 页。

[47] 同注 [35]。

[48]《一日一谈》,第 83 页。

[49]《复旦大学志》卷一,第 29 页。

[50]《汪康年师友书札》,上海图书馆编,(上海:古籍出版社,1986 年),第 1568—1572 页。

[51]《文集》,第 382 页。

[52] 李楚材,《帝国主义侵华教育史资料·教会教育》。

[53] William Boyd & Edmund J. King, *The History of Western Education*, 10th edition, (London: Adam & Charles Black, 1972), pp. 203–208。

[54] 刘惠吾,《上海近代史》,(上海:华东师范大学出版社,1985 年),第 190—210 页。

[55]《复旦大学志》卷一,第 28 页。

[56]《文集》,第 382 页。

[57] 引自由马相伯先生的孙女马玉章女士为海霍博士(Dr. R. Hayhoe)抄录的"马相伯先生笔录"。又见《复旦大学志》卷一,第 35 页。

[58]《复旦大学志》卷一,第 52 页。

[59]《一日一谈》,第 84 页。

[60]《大陆报》,第三年,第三号,光绪三十一年(1905)二月十五日。

[61] Zhu Weizheng, *Coming Out of the Middle Age*, translated & edited by R. Hayhoe, (Armonk, N.Y.: M. E. Sharpe, Inc., 1990), p.156。朱维铮,《走出中世纪》,(上海:人民出版社,1987),第 253 页。

[62][63]《复旦大学志》卷一,第 31—32 页;第 47—53 页。

[64][65] 同上书,第 50 页。

[66] 刘麦生,"我所知道的震旦大学",《文史资料选刊》,上海,1979 年第一期,第 79—96 页。

[67] 顾廷龙编辑,《叶景莱杂著》,(上海:古籍出版社,1986 年),第 288—291 页。

[68] "吼",载《大陆》,第三年,第三号,光绪三十一年(1905)二月十五日。

[69]《复旦大学志》卷一,第 57—77 页;第 79 页。

[70] 同上,第 60—62 页;《一日一谈》,第 85 页。

[71]《复旦大学志》卷一,第 106—117 页。

[72]《年谱》,第221页。

[73]《文集》,第409页。

[74]《续编》,第8页。

[75] 同上书,第9页。

[76]《文集》,第27页。

[77] D. Maclaren Robertson, *A History of the French Academy, 1635-1910*, (N.Y.: G.W. Dillingham company, 1910), pp.1-10; p.16.

[78] 同上书,第110—147页。

[79]《一日一谈》,第77页。

[80]《文集》,第410页。

[81][82] 同上书,第412页。

[83] 同上书,第28页。

[84] 章太炎,"与袁总统书",《民权集》第一卷,第1页。

[85]《文集》,第29—32页。

[86] "北京电",《大共和日报》,1912年。

[87] 同注解[84]。

[88] Immanuel C.Y. Hsu, *The Rise of Modern China*, 4th ed., (N.Y.: Oxford University Press, 1990), p.426.

[89] 同注解[84]。

[90]《续编》,第10—2页。

[91]《文集》,第410页。

[92] 同上书,第409页。

[93] 同上书,第27页。

[94]《续编》,第10—11页。

[95]《复旦大学志》卷一,第68页。

[96] 同上书,第64页。

[97] June Grasso, Jay Corrin & Michael Kort, *Modernization and Revolution in China*, (Armonk, N.Y.: M.E.Sharpe, Inc., 1991), p.76.

[98] Hsu, *The Rise of Modern China*, pp.419-420; p.479.

[99] 王闿运,《湘绮楼日记》。

[100] *Christian Education in China — A Study made by an Education Commission Representing the Mission Boards and Societies Work in China*, (New York: Committee of Reference and Counsel of the Foreign Missions Conference of North America, 1922), p.34.

[101] William Purviance Fenn, *Christian Higher Education in Changing China, 1880–1950*, (Grand Rapids, Michigan: Wm. B. Erdmans Publishing company, 1976), pp.40–43.

[102][103][104]《文集》，第 22 页。

[105]《续编》，第 73 页。

[106]《文集》，第 425 页。

[107] 同上书，第 244 页。

[108] 同上书，第 383—384 页。

[109] 同上书，第 23 页。

[110] 李楚材,《帝国主义侵华教育史资料·教会教育》, 第 174 页。

[111]《文集》，第 23 页。

[112] 同上书，第 21 页。

[113] 方豪,《中国天主教史人物传》,（北京：中华书局,1988）,第 305—307 页。

[114]《文集》，第 23 页。

[115] Donald Paragon, *Ying Lien-chih (1866—1926) and the Rise of Fu Jen — the Catholic University of Peking, unpublished thesis for a Master's degree, Faculty of Philosophy*, Columbia University, 1957.

[116] 同注解[113]，第 309 页。

[117] 方豪,《民初马相伯、英敛之和陈援庵三先生之交往》,《东方杂志》, 第六卷, 第八期, 第 18 页。

[118] Paragon, *Ying Lien-chih and the Rise of Fu Jen*.

[119]《文集》，第 292 页；第 320 页。

[120]《续编》，第 70 页。

（原载朱维铮主编《马相伯集》，复旦大学出版社，1996 年 12 月）

李天纲 | **信仰与传统**
——马相伯的宗教生涯

1. "圣俗"与"中外"

"我是一条狗,只会叫。叫了一百年,还没有把中国叫醒。"[1]马相伯在生命的最后几年常常说这句话。一个浮沉于近代中国百年离乱,三朝更替中的风云人物,此话无疑是充满了对民族命运的关切和对生活时代的失望。然而进一步想到他是一个出入于中西文化和宗教,晚年又息影教会的虔诚基督徒,此话又平添了几分对人生、社会的无奈和悲怆,含着以教拯世而不得其行的宗教底蕴。

在清末以西学为背景而出线的改革家中,马相伯当属最早的一批。然而,单纯的老资格和良好的西学功底,却并未直接成为他的政治资本。他在早期改良人物中那独特的天主教经历,常常使他在反洋教的气氛中处境不利,因而难以进入较高权力结构中去,只常年地处于被利用的幕僚、随员和顾问的地位。事情的反面是,良好和完整的教会教育,给他以雄辩的口才,湛深的中西文化根底,加上于事于物都能既深入其中又超然物外的耶稣会精神,使他在思想学术界的地位日盛一日。

马相伯的西学知识在十九世纪六十年代即为"同光新政"所

用，比较而言，学术界对他的广泛承认却是在九十年代才开始，被人并称为"严马辜伍"[2]。荣誉姗姗来迟。即便如此，他还来得及在晚年以他的西学知识教授像梁启超、汪康年、蔡元培，以及于右任、邵力子、黄炎培[3]等两代思想家、学人和政治家。他自己以耶稣会神学教育为基础的西学，更成了中国近代社会变迁过程中的一个鲜明标本。

从残留的著作来看，马相伯在晚年所思考的仍可归纳为"圣俗"和"中外"两个核心问题。爱中国与学习西方；忠诚中国利益和服从教会安排；做清朝的官和保持公教的信仰；是做一个传统的江南士大夫，还是做一个希腊式的哲人、法国化的神父；是先救积弱的中华民族，抑或先救沉睡的个体灵魂。这一系列对西方的思想家已不占主导地位，在今天的中国也已不甚严重的矛盾，在当时当地是如此具体而实在地包围着他，使他在思想上极端痛苦而行为上难以施展，当然也给局外人以及今天人理解他造成困难。从幼年起便接受训练成为精神指导者的马神父，当然意识得到这些矛盾的存在，因而他一生的悲欢离合便成了这些矛盾的注解，他散在各处的思想言论更常常直接说明这些矛盾。凭这一点，他的著作具有了其他中国人难以具备的特殊价值。

可惜的是，这位思想导师学东西哲人，如孔子、苏格拉底那样具有"述而不作"的风范。他虽有"中国第一大演说家"的美誉，留下的文字与他丰富的一生，却不成比例。早期著作，尤其阙如。[4]这也是他生前为时人敬佩，而身后却为历史学家所忽视的原因之一。其实，只要稍稍注意，便可发现，他的思想和他的生平及时代一样精彩深湛，尽管他有时只是片言只语，尽管他常常是从一个与众不同的基督徒立场来考虑问题的。

马相伯，1840年生于江苏丹徒，原籍丹阳马家村。据马家的《马氏宗谱》，元代大儒马端临[5]是相伯的二十世祖。在讲究家世门风的时代,这种训诫自然是要求马氏兄弟薪火相传,做儒家士大夫。另一方面,马家在明末皈依了天主教。出生一月后,马相伯受洗,教名若瑟(Joseph)。儒学世家兼为基督徒,在后人看来是矛盾的,但在耶稣会尊重儒家文化时期,这种文化上的结合还是很自然的。明末入教的上海徐家、杭州李家、钱塘杨家、常熟瞿家,都是江南名族,士林表率。马相伯学名"乾"[6]"斯臧",又名"建常""良",幼名"钦善"。后半生以字行,称"相伯",又作"湘伯"。

马相伯生活的一百年里,中国文化发生了剧烈的变动。以马相伯涉入较深的三个领域,政治、教育和宗教为例,百年里,皇帝、督抚政体,演作了军阀、总统政治;翰林、太学和公车上书变换为科学院、大学和学生运动。马相伯在其中是有所作为的:他管理过清军军工企业山东潍县机器局和新办事业上海轮船招商局;代表李鸿章出使日本、朝鲜、美国和欧洲;戊戌后他一度主持立宪团体政闻社;辛亥年他参与策划起义,任苏军镇军司令,攻占南京;民国初年又以元老身份任总统高级顾问。晚年离开政界后致力于教育,以其学识服务社会,他以家族的财力和关系创办了上海震旦大学、复旦大学,协办北平辅仁大学,出长北京大学,并尝试建立中国的"科学院"——函夏考文苑。在前后不同时代的人物中,很少有人的一生能经历这么大的民族文化变迁过程。与同时代的改良派人物相比较,马相伯不单因长期深入地介入了世俗社会生活而罕有其比,他作为近代基督教会在华参与者和见证人的地位更是独一无二。

很容易看出,马相伯的一生的理性因信奉基督教而倾向西方。他自十三岁起系统地学习欧洲语言、文化,是近代中国内地第一所传授西方知识学校——徐汇公学[7]的第一批学生之一。鸦片战争以后的五口通商,使上海迅速从一个内地城市走到中西文化交流的前沿。徐汇公学离上海租界尚有五六公里，但由于得到上海教民的财力支持和法籍耶稣会教士的全面管理，资金有来源，教学颇严格，到六十年代就培养出一批杰出的西学人才，其中有马氏兄弟、沈氏兄弟、李问渔、黄伯禄等。除马氏兄弟以外，大多数的人才都留在教会内，未得显扬。据上海教会内的老人讲，沈、李的学问过于马氏兄弟。如果比较一下创办较早的另一所西式学校——澳门马公学堂，徐汇公学的人才，西学程度更高。

到中年为止，马相伯学过七种外语[8]，天文数学，声光化电，举凡"同光"时代的"西学"无不涉猎兼通，哲学、神学则是他的主修。凭此，马相伯在光绪初年当了李鸿章的幕宾，戊戌时少年新进尊他为导师，辛亥后民国人物多方罗致他，也都是因为他在场面上有"西学"之名。马相伯一生与法国传教士时有龃龉，但对基督教和西方文化的热情未尝有变。可以说，他一生的立身之本，他在官场、学界的进退荣辱，也就是系于这当时急需而罕见的新型知识结构上。

为做神父而学的西学，竟然能应时需而转用到洋务运动中来，来办新式的外交、政治和教育。在广方言馆、同文馆等新式机构尚不及炮制足够合格人才时，马氏兄弟以神学博士的资格，借着家庭的社会关系步入了清末的政治要津。这固然开拓了马相伯的职业生涯，但也使他更深地陷入中西文化和宗教的矛盾冲突中。一方面是传教士带来的科学和培养的人才为国家急需，另一方面是官场、士绅和民众社会在合力排斥基督教的深入。这状况有类于清初。变化的是，这次"西学"大规模进入，已不再是宫廷的赏玩，士大夫的借鉴，而被认为是不学不用就会亡国亡族的治疴良丹。未有变化并转为剧烈的是，中西间的思想文化冲突以更大规模的"教案"形式爆发。就中西文化关系交往时暴露出的问题看，清末与明末清初的情景基本相似，不过程度更为激烈。复杂的处境中，马氏兄弟在从政早年掩饰了教会背景，仅以西学示人。到了马相伯晚年，士绅官僚民众的反教势力在义和团运动后破败了，"教案"不复再现，但新派知识分子忽主本土宗教（儒佛道），忽主近代科学，情景并非总是有利于基督教。好在新的世纪里，出现了理性地认识宗教与社会，基督教与西方文化关系的宽松气氛，这使马相伯有机会和可能公开宣传其信仰。

因为有这样一个展示过程，马相伯以神哲学为核心的系统西学知识是一步步为人们所知的。同光时代是语言习俗知识，戊戌时是宪法政党理论，辛亥时是三权分立理论和共和主张，民国初年才是宗教自由、信仰教育的见解。本来，民国后的学界因混乱而显得自由，思想因痛苦而趋近灵性，马相伯大可施展其布道才华。然终因时近暮年，其文思和征引能力已不能让他像青年一辈那样驰骋于报章，让他那西塞罗式的雄辩，亚里士多德式的严谨，以及新托马斯神学的蕴含都无从淋漓尽致地展现出来，这也是时代有负于这位才人之处。

单从西学背景看，还不足以解释马相伯的一生。马相伯并非是那种泛滥于当时而在教会内部尤其突出的"假洋鬼子"形象。章太炎品藻当时人物，说"严（复）、马（相伯）、辜（鸿铭）、伍（廷芳）"是"濡染欧洲文化"最深的，但他却无意贬之为"洋奴"[9]。这当中有可资区分的标准，在于他们没有凭借所精之西学来压迫陷入窘境的中国文化，而是用西学促进中国事物的振兴和发展。在章太炎提及的四人中，马相伯的中文最为纯熟，为文作书，既能旁行，又擅直书。从公文尺牍、对联成语，到四书五经、典章制度，无不如素习科举者。他个人的处世风格也难辨是法国式的浪漫幽默，还是江南人的风流滑稽。

19世纪流行一句话："多一个教徒，少一个中国人。"意思是说中国人入了教便很难再称其为中国人了。饥荒时吃外国救济，诉讼时靠治外法权，平日过西洋节日，拒绝当地的租税徭役，不敬祖先牌位，也不向孔夫子磕头。马相伯作为中国的天主教徒，当然是遵守教规的，但他确实是很少有当时教徒的这种毛病，他一生在教育、经济、政治和外交领域为中国人争取权益，他的西学知识全用在民族的工业化、民主化和现代化中。他曾在山东、上海整顿大而烂的官办企业，在朝鲜帮助华商与日商竞争，去欧美各国为"新政"筹款。眼见清社将屋，又合乎时宜指导少年新进们组织政党。辛亥年他还披挂上阵，率领镇（江）军攻入南京。更是由于他在抗战期间的热诚，他最后在四十年代的中国人心目中的形象被定格为"爱国老人"。在我们将详细论述的教会生活领域，他也是一个维护民族尊严的中国基督徒。他的许多言行在今天可归纳为基督教会本土化的主张，比如他要求中外教士的待遇和权利平等，他主张教会使用中文布道，尽快翻译中文《圣经》。这在当时只是时时反映中国信众们企图洗刷"洋教"色彩，争取自主权利的具体而实际的行为，并未像在 20 年代后那样在天主教会内部形成运动。马相伯在上一世纪还没有出现"教会本土化"理论的时候，就开始了他类似于此的实践，可见独特的人生和思想经历，使他在这一领域也成为先行者。

马相伯身陷中西，心系两处。对一个在复杂时代生活如此之久的人，很难套用"爱国""虔诚""阶级"等简单概念来分析，这是许多回忆、评价和论述马相伯的生平著作的文章没有为他找到适当历史位置的重要原因。我们认为，要理解马相伯生动而曲折的一生，必定先要把他放在当时中西文化大交流、大冲突的背景下来看待，如此才能得到一个大致不错的总印象。

当我们尝试理解一个 19、20 世纪的中国天主教徒的生活时，首先关注的不是其信仰状况，而是其文化态度，这看似有点偏题，但马相伯的生活道路就是如此。他和任何一个教徒一样具备足够的神学知识和超性的虔诚灵验去接近上帝，然而始终横在他面前无法跨越的是中西社会、中西教会，乃至中国教会内部华洋教士之间的巨大差距。宗教在他那一代人心中，首先是不同的文化，其次才是不同的信仰。许多早期中国基督徒，经常显现的不是其灵性的一面，而是其文化的一面。中国人历来视利玛窦、徐光启为"文化先行者"，而非"宗徒般的先知"，其原因概在于此。

马相伯之前的三百年，一批批的耶稣会、多明我会、方济各会、遣使会教士纷纷进入中国，不断也有皇帝大臣后妃太监士人学子仔细倾听他们的讲学论道。不少中国人感受到基督教文化有其长处，以徐光启为代表的中国士大夫，便提倡"中西会通之学"，明清之际的学术因此便颇受传教士的"西学"影响。但是，这缓慢而有限的"会通"过程，赶不及十六世纪耶稣会入华后，西欧自身加速度般的社会变化。从明末到清末，是欧洲大变革的时代。在宗教改革以后，启蒙运动、工业革命、民族国家出现、民主运动高涨，整个近代社会十分动荡，欧洲文化本身也没有什么统一的形态，如此使得清末中国人接触的所谓"西学"与明末相比，不但体系更加庞大，而且内容更加复杂。就社会上中西人士的相互了解而言。由于体制差异悬殊，又由于清中叶罗马与北京关系的恶化，清朝禁教政策的施行，到鸦片战争前夕，连东南沿海的学者思想也封闭的很，林则徐对西方文化的隔膜比徐光启要严重的多得多。了解"西学"，竟然又一次从ABC开始。

输入西方文化，唤醒落后的中国，这使命在马相伯时代比之徐光启时代更加逼迫真切。又一次的，一位出自中国天主教会的信徒，充当了"文化先行者"。马相伯和徐光启一样，能出入于中国官场、学界和商界，也做过不少轰动时代的举动。清末社会逐渐的病入膏肓，十分相似于明末在关外的节节败退，因而马相伯和徐光启一样，也是忧心如焚，愤世嫉俗的，只不过作为基督徒，他的政治和社会言论不会过于激烈，且总是含有无可奈何的口吻，这就是他悲天怜人地说"我是一条狗，叫了一百年……"的特殊意味。

2. 天主教世家和早年教养

"在利玛窦到中国来以后，我们祖先便成为教徒。我的外公外婆也是奉天主教的。"[10]丹阳马家村在清代发展为聚族而居的天主教村落，重来的新耶稣会士发现这里的信仰保持良好。[11]马母沈氏出自当地基督教世家。马家长女相伯的大姐嫁的是青浦籍天主教世家朱氏，朱氏寓居上海董家渡。董家渡是徐光启家族开辟的天主教社区，距后来更加出名的徐家汇只十华里。[12]由此可见马相伯与天主教的渊源和环境。从家世和社区看，马相伯的成长条件是独特的。鸦片战争前，中国教会基本是停滞的，教徒人数占全国总人口的比例数不足0.1%。[13]在经常受到教外压力、教堂被毁、神父缺乏的情况下，坚持教会生活的难度是可想而知的，其动力来源于信仰和家庭传统。这些人在中国天主教史上被称为"老教友"，和1842年后有些民众为仰仗西方势力而入教受惠的"吃教"者不一样，老教友的信仰比较纯洁和自然。

由于童年的灌输，许多来源于《圣经》的教义，成为少年马相伯理解世界的前提。"我因为受了家庭的影响，对于人生观和世界观都已能不为那时中国社会传统的见解和习俗所拘束。""他们无论吉凶祸福都要求神拜庙，不知不觉就把儿童小小的心灵弄成一种愚昧无知，盲从迷信的状态，……我因宗教的启瀹，又知道天子也和我们一样，同为造物所造，同是有生有死。在上帝之前，同是平等。"[14]"科学""民主"，在马相伯六十岁以后才成为时兴口号，马相伯不无自豪地把这一世界观溯源至基督教化的家教，以证明得风气之先。确实，由基督教作媒介，他比许多成年后改习西学的儒

早期董家渡天主堂

生更易接近西方近代文化。

马相伯把母亲所施于的"克己"精神也归于教会伦理。"我因母亲督教甚严,却养成一种严肃的克己观念,后来处世接物之不肯薄待人,或对人无礼,皆在此时种下了因子。"[15]单就这种家教而言,也可以说是中国传统"孟母教子"式的,但基督教伦理与中国礼教在"克己奉人"上确有精神上的相类。明清耶稣会士持"补儒"和"辟佛道"的主张,尊重儒家注重人际关系和家庭伦理的传统,反对佛道教某些关于个人自由和人性解放思想。马相伯在明清教会的风气下,把儒家与基督教的教条混合来谈是很自然的,问题又会回到马家在中西文化间的复杂处境中。

相伯的父亲马松岩其实是位儒生。早年开馆授徒,因举业不成而习医经商。马相伯五岁便发蒙入塾,被寄予沿袭家庭读书正业的期望。"良在家塾读毕四书五经。"[16]民国官方传记以及马相伯本人早期,都愿意强调这一儒学渊源。十一岁前,他随当地姓陶的经师在私塾里学了七年经书。[17]马相伯在晚年曾表示讨厌这种课程和学习方法,说:"中国的经学真正害死人。我从小的时候,有一位经学家时时为我讲解经书,常常为一个字,引经据典,讲了两个钟点,……我却不耐烦地告诉他,即使先生所背的这些经解都不错,究于我有什么益处呢?"[18]马相伯的批评,不像是出于基督教对儒家的抵触,而像是对知识界在清末倾向西化后激烈反儒家的态度反映。这不能掩盖这段早年学习生活对他的深刻影响。

读经,原是为了科举考试,事实上马相伯通过了县试,成为秀才。为此他大约是第一次自己卷入了中西文化的冲突。科举规定,通过学政主持的院试,可入泮为县学生员。丹阳是马家的原籍,按例应在那里入学,但是当地的家长们知马氏兄弟文名在外,很可能成功,并占据本县生员名额,所以便以马家是天主教徒为由,抵制他们参加。马松岩在邻县丹徒经商行医,马相伯就出生在丹徒城中，靠那里较好的社会关系，马氏兄弟在丹徒参加考试，并取得了生员的资格。[19] 年幼的马相伯或许还不十分明白这世故，以及这信仰冲突表面之下的凶险人情，但中西矛盾确乎已落在他的头上。

按一般的记载和回忆，当时马相伯已经来到上海，并进了依纳爵公学。可能是公学规制还未完整，马相伯便回乡，到南京应江南乡试。这是在咸丰二年（1852），这一年的试卷首题为："父母之年，不可不知也。"因为太平军已兵临江南，这次考试不了了之。虽然没有取得更高功名，但初步的国学根底，教会他缙绅阶级的语言，对马相伯日后在教会内外、新旧学界和中西官场的活动都有好处。

马相伯首次来沪是1851年冬天，"因为友人介绍，遂到徐家汇这里来，进了法国人的天主教会所办的学校。"从这时开始，马相伯就长期居留上海，几乎就成了老上海。[20] 头两年，徐汇公学还不是后来意义上的西式学校，关于这一点，还是和耶稣会在过去两百年里既定的传教方针有关。

1842年，南格禄（Glaude Gotteland, 1803—1856）等三人代表新耶稣会重回江南，获准在全江南范围内领有一地，属南京教区，协助传教。徐家汇原是徐光启家族的一块十几亩地的"别业"，徐光启的墓地在此，其时有几户徐家旧人在此守墓耕作。因为分通黄浦江和吴淞江的肇家浜和法华泾在此相汇，共赴江南大运河，故名。开始，南京教区主教让重来到的耶稣会士去青浦横塘设立会院，但会士们觉得那里地方偏僻，气候潮湿，便争取在上海城附近设所。1847年3月，负责耶稣会在华事务的法国耶稣会巴黎省会长梅特尔神父（Fr. Le Maitre），授权南格禄用常熟一教徒的捐献，赎买了徐家汇，设立了后来成为全国最具规模的天主教基地。这基地不是作为一般的本堂区建设的，它只是耶稣会的会院。但由于地处优越，经营得当，迅速成为天主教在华势力的大本营。

江南在明代原是耶稣会的大本营,是历次"教难"的庇护所。但自从1773年罗马教廷解散耶稣会,并决定把中国的传教权移交给遣使会后,法国遣使会士就在江南占据优势。当时南京教区的主教罗类思(Louis Marie Besi, ?—1871)、赵方济(Francois Xavier Maresca, 1806—1855)则是由罗马传信部委派的。两位主教开始请求新耶稣会士重返,但耶稣会士大量到来后,在到底依靠何会的抉择中,主教们经常分歧。到1856年,罗马撤销南京主教区,委托耶稣会主管南京宗座代牧区,耶稣会士年文晋(Andre Borgnet)成为第一位出身本会的江南代牧,耶稣会的影响扩大到全江南,争议以新耶稣会重新在江南占据要津的结局而结束。

新耶稣会士开始并没有意识到19世纪后半叶的中国将有一场势头强劲的西化运动,他们只是被老耶稣会士的成就和理想所激励。为恢复昔日的荣耀,在南格禄会长领导下,在徐家汇这富有象征意义的地点,力图继承明清本会先驱的传教路线。按照利玛窦的路线,取得江南以后的目标就是北京,所以新到的会士都集中到徐家汇,"学习官话并研究中国文学"[21],准备北上进京。为了传教的目的,新来会士仍对中国文化充分尊重,这样可以接触较高的缙绅阶级。在此气氛中,圣依纳爵公学的课程必定是兼重圣俗和中西。学校的程度最初计划为高小水平,"(学制)将是三年至四年,在学校里研究中国文学,研究更深的教理,使这些青年能在理论上证明信仰,讲解信仰"[22]。

公学里中国文化气氛浓烈的原因更在于主持校务的晁德莅(Angelo Zottoli, 1826—1902)神父是一位兴趣盎然的汉学家。他是意大利那波里人,1843年入会,五年后来华,1852年任公学校长。他后来完成的拉丁文巨著《中国文化教程》(Cursus Literarur Sinicae, 1879—1883)收有各种字书,《三字经》,《千字文》,《神童诗》,《十三经》,文章尺牍,诗文歌赋等,是早期西方人了解中国文化的范本。因为已在古文经典中启蒙，马相伯在首批四十四名学生中颇受晁神父的钟爱。大约是在晁校长任上的第二年，马相伯被任为校中的文学和经学课助理教师。[23]

晁校长鼓励马相伯继续学经学，可能与他自己的著述也有关系，但这确实是公学早期的办学方针。学校鼓励学生外出参加各级考试，并以中举人、取秀才为教会的体面。[24]我们知道，马相伯在"二十岁左右的时候，又曾经想在经学上用一番工夫"[25]。这可能是他想参加江南厘定后的科举。可见对中国学问的兴趣，在徐家汇保存很久。同治以前的传教士，包括新教传教士，都还是比较现实地与中国社会相处，这是普遍的现象。

明末的传统在清末的局势下备受冲击，但生长于百年忧患开始之年的马相伯至少在二十岁前还很少感到中国文化衰败的压力，"吾初到上海的时候，外国的科学只是萌芽，（外国军舰上的大炮）和中国的土炮实在没有多大分别"。"海关上验关用的（轮船），船名叫Confucius（孔夫子），可见当时洋人还很敬重中国的文化。"[26]公学受教民捐献，不少学生都出自马氏兄弟这样的富商和船主家庭。这样的文化氛围里，马相伯的人格里养成了同光时代人特有的对中西文化能有所交流的信心，当时上海普遍的精神状态是：西学应努力仿行，中国并不失希望，所谓"师夷之长技以治夷"。马相伯便是这样一个自尊、自信、自强的时代少年：他家境优裕，志向高远；聪颖过人，受师长器重，学业上一帆风顺；好学而富有信仰，在徐家汇幽静的环境下生活，性格单纯；他较少晚几辈人在西方物质文明面前的自卑，他是在一个西方化的小环境下，与西方教师常年学习相处中比较中西间的文化差异的，因而有全面的体验。然而，衣食无虞，少年得志，加上中西合璧的人格教育，也养成他冲动、轻率、好表现而少毅力，重书本知识而轻社会实践的性格弱点。这些弱点常常在他的生活态度中，于某种关键时刻表现出来。

公学于1849年筹办，至1852年走上正轨，扩充校舍，学生达44人。与罗马通功后，教学力求臻于耶稣会水准，势头日上。南京教区方济各会籍的主教徐类思（Louis-Celestin Stelta）担心公学的教育质量和学生素质高过他直辖的上海浦东张家楼修院，要求耶稣会加以限制或取消。经调解后，公学作为以学辅教的机构保存下来。[27]这就是说，公学是属于一般教育而非神学教育。这一学校策略，符合耶稣会原本具有的传统，使学校课程充满人文气息，四门主课都是人文课程。马相伯在此学了四年中文，成绩为"优"（With Good Results）；两年拉丁文，成绩为特优（With Very Good Relults）；一年人文课，成绩为"优"；一年哲学，成绩为"特优"[28]。

校园里的中西文化均势，被一场战乱打破了。1853—1864年间，太平军占据南京，江南士子流离颠沛，诗书荡然。这虽是一场内战，也不是清朝的初遭败绩，但各地逃难来上海租界的士绅们，生活在西方名物制度中，眼见"洋兵助剿"成功的全过程，蓦然发现"西学""西器"的可惧，了悟了自身文化的颓势。从这场变故开始，上海出现了对中国社会文化的反省，出现了最早讲"洋务"，求"变法"的地区集团。当时，为保卫孤悬东南的上海，时人不分中外、英法美，或新教、天主教，都团聚在江海关和中外会防局周围。外方的核心在英法领事，中方的核心就是淮军统领、江苏巡抚李鸿章。游离在两个核心的外围的活跃分子是一批能串联上海各界的士人。后来出名的冯桂芬、李善兰、王韬、华蘅芳、徐寿、钟天纬、沈毓桂等人是属于与新教传教士和英租界势力交往，日后进入李鸿章洋务圈的人。而马家是天主教和法租界的背景。在中外双方都迫切需要沟通的时候，马氏兄弟的独特的中西学知识为时代急需，为李鸿章急需，也进入了上海淮军的办事系统。于是，马相伯在此时就开始陷入了两难的选择中：是加入热烈的洋务运动，还是留在寂静的徐家汇?

马相伯早以其少年才俊,而受到各方欣赏。教会固然想留用他,李鸿章也愿意吸纳。咸丰年的战乱期间,上海法租界公董局当局甚至正式邀聘他为翻译和秘书。[29]马相伯拒聘了,具体原因失考,只有他自己留下的一句话:"我学法语,非为法国用,是为中国用。"马相伯虽然还留在徐汇公学内,但上海租界里已经向他展示了一个激荡的生活画面,对他发生了重要的影响,其吸引力与日俱增。

3. 修士,神父,半途离会

动乱期间,马家投亲逃难,辗转来到上海。沈氏的虔诚信仰更加直接和经常地影响着儿子。由于她的支持,马氏两兄弟加入耶稣会。马相伯于1862年5月29日入会,成为一个耶稣会士。这一天也是徐家汇耶稣会初学院的开学日,马相伯是首期十一位学生之一,他因此也成为一名神学院修生。首任院长为晁德莅,他的引导或许也是马相伯入会的原因。在耶稣会江南和直隶会士名录中,他名列第542号。[30]在这张名单的前列,是罗明坚、利玛窦等开教先驱,马相伯现在真正地加入了中国基督教的传教事业。

成为一个中国籍的神职人员,对江南士大夫来说,并不是全新的事情。明以降,耶稣会士中固然较多的是利玛窦这样的外来教士,但也有吴历(渔山)这样的本地士人。值得议论的是,以往的中国会士或是中年改宗,或是本来学识不足,或是只是蛰居一地做助手工作。像这样由耶稣会严格挑选训练,系统地按学位课程培养会士,在中国是第一次。在教会以外的意义上讲,马相伯作为心系变革时代的士人,先一步地全面接受西学教育,尽管其核心是西方神学,也是具有巨大的文化变革意义的。

和上海别的西学之士不同，马氏兄弟不是与公共租界的新教传教士和英美商人接触。他们因着天主教的关系，与法租界势力过从甚密，浸淫在法国文化中。法国声称有对中国教会的保教权[31]，法国政府和在华公使及领事，都把此项作为扩展其商务、政治影响的策略。文化帝国的殖民传统与英美商业精神有些不同，领事、侨民、商人和传教士结有紧密的社区关系，来往比较密切，不像讲英语的传教士、商人和官员之间相互地看不起。以 1855 年 3 月 1 日为例，当天，徐汇公学先在校欢迎法军舰队长拉该尔（Laguerre）一行，行仪式并演讲，"午饭后，学生诵习拉丁文颂解。……数日后，拉君请学生往参观其船"。又如在 1854 年 7 月 17 日，学校大考，为展示教学成就，邀请贵宾临场。赵方济（Maresca, F. Xavier）主教和领事高伯尔（Coober）、驻军舰长鲍得尔（Baudean）并上海知县同来参观。[32]因为如此，僻在郊外的徐汇公学便得以与上海租界的法兰西文明会合一处。当时，无论在欧洲，在上海，法国的工商业竞争能力都不及英国，以国别论，法国是列强在华的第二势力。但是法国在上一世纪里，其科学文化，政治外交仍堪称一流，其生活方式尤其为人追慕。马相伯日后对法国传教士颇有微辞，但法兰西文明的影响却在他一生中表现出来，从他流利的法语到伴随他终生的薄荷酒。

在生活习染的同时，天主教伦理精神也化为处世态度，改变着世界观。他的拉丁文教师好像在比较中西文化里面关于人格上的差异。当时在上海的中国人在洋人面前主阴柔谦卑，贬西方人过于阳刚强悍，而西教师说："人越怯懦，其待人也越恶，越残酷"，"大英雄豪杰，真正公忠体国，爱民如己，居心也就坦白无私"。[33]这显然是西方社会用以戒人的绅士精神，相当于儒家"君子坦荡荡，小人常戚戚"的说法。在马相伯的特殊环境中，除了学做一个中国式的"大人君子"外，他的人格采取了西式的绅士态度：虔诚卑谦于上主，对人世则正直进取，好与人争辩而不事权谋，在旁人视为紧要的地方，他反而轻松幽默。马相伯的时代是人格沦丧、权奸遍地的末世，用西方的伦理标准来抽象地批评中国文化或许是不公正的，但以此来批评清末的现实确是有力的。马相伯一直到晚年，都在用这种西式的绅士标准来批评政坛上的"权奸"，不止是说他们丧权辱国，更是说他们人格卑劣。官场上的马氏兄弟还有能办事，擅辞章的名声，但他们不和时地之宜的性格，常常获罪于人，难免不碰壁。

因为中国天主教的文化建设还停留在明末清初的水平，没什么适用教材，利玛窦的《天主实义》因阐释准确，中文典雅，被列为徐汇公学和初学院里的神学主修。该书用传统的神学释经对答体，从基督教的立场来讨论中西文化。文中的"中士曰"，问基督教于儒道佛三教之异同；"西士曰"，答天主教的各项教义、伦理、风俗、历史。利玛窦为在华耶稣会奠定的传统精神如徐光启概括的，是对中国文化采取分析的"补儒易佛"态度，它迎合和重新解释儒家教义中符合天主教义的成分而着力辟毁佛道两家，抵制为迷信。这种拉一家打两家的态度已不为"梵二会议"以后的天主教会取用，但当时却可以使马相伯这样的人在天主教徒和儒家教诲之间保持平衡，立足于当时中国的主流社会。马相伯的这一门课程一直学得不错，几次获得奖学金[34]，这与他的中国经学功底不无关系。

当年的徐家汇是郊外单一的天主教社区，很少有外界的干扰。从幼年入校到获得博士晋升为神父，师生长期相处。在众多外籍教师中，马相伯与意大利籍的晁德莅和利庸乐（Francois Adinolfi）情谊最洽。两人是马相伯在会期间的灵性生活的指导[35]，学问"得力于二公为多"。"晁公尝曰：人皆谓中国人寡情，余则以为中国人之感情较西洋人为丰厚也。"[36]江南人和意大利人均感情细腻，容易建立个人关系。意籍教士在法国人占优势的徐家汇是少数，在发

马相伯和天主教士

生与法籍会士的龃龉中，意籍教士常常偏袒中国人，以致后来法国会士要求国内不要再派意籍会士来上海。

马相伯和晁德莅之间一直有良好的友谊。在1862年5月29日到1864年6月3日的见习修士期间，晁德莅一直是他的校长和老师。结束见习的那一天，马相伯按会内规定发了他的初愿，决心献身于上帝和教会。[37]耶稣会是具有相当近代精神的新修会。在本笃会、多明我会、方济各会和奥斯丁会等各会的隐修、虔敬及守贫等精神之外，又提出服从教皇，强调纪律的新精神。在几百年大起大落的经历中，更发展出积极参与社会事务，潜心研究世俗科学的入世态度，因而吸引了不少有志有为有才的青少年。修会都对愿意入会者进行长期的训练。马相伯发的愿里包括了会规强调的三条：神贫，贞洁，听命。这意味着放弃个人财产，不建立家庭，听从会长调迁，不任会外教职。

发愿事关一生，故在两年修士期间，需完成多种测验，以证明这是自己、教会和上帝的共同选择。马相伯全部通过了六项测验：一、长达一月的避静，专心考虑自己的灵性是否充分。二、去医院照顾病人，以测验对人类和社会的爱心。三、不带路费去远方圣堂，以磨炼在贫困中生存和传道的能力。四、做卑贱的工作，以正视自己的仆从地位。五、学会给儿童和无知的人讲道，锻炼深入浅出的表达能力。六、最后是一段传教实习，会长给予全面的观察以决定如何使用该名会士。虽然是耶稣会在华培养的第一批修士，校方还是努力遵照会规。马相伯是去"苏州、太仓等处救护难民，扶伤疗病"[38]。"在六、七、八三个月的盛夏瘟疫流行时期，他们探访病人，直到自己的体力不能支持时才停止工作。"马相伯的同班同学，第548号会士瞿光焕死于当地，514号李浩然得霍乱，马相伯等三人则染上了伤寒[39]，据马相伯自己回忆，当时他"偃卧六十余日，几不起"，病后一度失去记忆，终因"处心积虑，用力甚勤，始渐复原状"[40]。1862年,上海共有九位神父和修士死于瘟疫。[41]

初学二年后是多年进修,例是一连串的学业安排。按耶稣会的学程:初学两年,文学三年,哲学三年,出试两年,神学四年(其中第三年升神父)。当时的会方似乎并未严格执行。马相伯的课程是:哲学,1864—1866,于徐汇大修院;神学,1866—1870,仍于原校。1870年5月28日,他通过了关键性的耶稣会通考,在当时,这场考试的结果将决定该会士可否被重用。马相伯的成绩是"特优"(ad gradum),意味着他可以担任任何重要工作。[42]

然而,在以后几年,特别是在1871年10月10日到1872年8月15日的第三级教士期间,修业导师改为法籍神父高若天(Auguste Foucault),马相伯与主要是由法国人管理的上海耶稣会闹出一系列的不愉快。[43]问题发生在个人之间,症结却不能不说是双方对中国社会的责任感有着分歧。马相伯十分认真于西学,这是老师们满意的,但马相伯愿意满足中国社会的急需,施展其所学,这又是专事传教的外国传教士不愿意的。

初学院和大修院里的神哲学课程尚不能满足年轻人的求知欲,也是他挡不住修院外兴起的实学新潮,马相伯成了科学迷。"到了二十三、四岁时,我开始学习天文学,并且一面研究西洋的数学,一面研究中国的数学……我研究数学几乎发了狂,夜间睡觉的时候,仰视帐顶上,都隐隐约约、闪闪烁烁地出现了许多数目字,梦中也发现四处都是数目字。"[44]马神父要学科学,这是不成问题的,因为在耶稣会内部,科学和神学并不冲突。明末以来,耶稣会一直是科学事业的引进者和主持人,他们希望马相伯的科学兴趣能继续为教会服务,而马相伯却和当时研习西学的士人一样,都要以此来"济世""救民"。这样,修院的大墙便难以限制。院内,会长已经决定由会内科学家高龙磐(Auguste Colombel)个别指导马氏兄弟的科学,"顶备将来负责这个(江南科学委员会)部门"。可是,马建忠没有等到1873年该会成立，就追随李鸿章，投身到中国社会兴起的工业化事业中去了，马相伯也因陷于与教会的矛盾中，没有认真参与该会创建工作。

1869年，马相伯获神学博士，同时被祝圣为司铎。作为一个神父，他开始在安徽宁国和江苏徐州等地传教。1870年，他被送至南京的圣玛丽住院，随兰廷玉（Francois Ravary）神父进修科学。1871年到1873年，他回到徐家汇，担任徐汇公学校长。1874年，他又被改任初学院院长兼公学校长。[45]

同光时期，随国势衰败，新来主教、会士已渐萌轻视中学之心，与华籍会士强烈起来的民族感形成反差。马相伯任校长期间，强调中学，"虽为教徒，而对经史子集之文的讲习颇知注意"。当时，科举重开，公学"应试者颇多"，他"必亲自送考"。马相伯认为："教会中人因此不放心余，惧余把学生都变为异教徒，遂命我专任研究天文的责务。"[46]为此，他颇不愉快，让他坐冷板凳，加剧了他的不满。

同光时期是中外交往剧增，民族意识清晰和升华的年代。开埠二十年，西方的政治、商务和宗教势力已深入中国社会；同时，中国不少官绅也由热衷洋务的所谓中兴大臣率领，而努力地把官方事业国际化。马相伯的家庭正好处在这交汇和冲突的中西关系中。原先的基督教世家，在内战中成为李鸿章淮军系统的一员，成为上海的大族，成为官方势力与洋人势力的交往纽带。马氏兄弟的民族意识随着家境的富有和地位的重要而浓烈起来。这一切都是因为大哥马建勋在上海借充任淮军粮台之机，成功地发家引起的。[47]

事情原委是：在镇江成为太平军和江北大营的拉锯地后，全家离乡。开始在"金坛武进间一湖岛中"，不久"全家至上海"[48]。马家与朱家的姻亲，是促成他们迁沪的原因，也是他们在沪重振家业的后援。马家在上海八仙桥重开布店，在俗的马建勋熟悉钱粮，能沟通上海的商界大族和法租界当局，在前线的镇江一带还有业务关系，自然获得李鸿章的重用，当然也积累了大笔家财。战后，田原荒芜，马建勋单在金坛就置地一万亩，在松江泗泾也置下三千亩。[49] 在两个弟弟究心神学的时候，大哥在官场和商界都亨通起来，马家已今非昔比了。随李鸿章总督两江、直隶，执掌南北洋通商及外交事务，各级淮军将领出任各地督抚道台，马家在地方乃至中央的官场上道路畅通起来。

一边是中兴大业，官场荣华；一边却是寂静忙碌的神父生涯，且带有为外国教士当助手的性质。怀有经世之志的马相伯面临抉择。在这样的心态中，马氏兄弟与会长的矛盾渐渐激烈起来。

在70年代，"神父们认为这种中国式的老式教学法不太理想"，想要"逐步采取耶稣会公学的方式"[50]。在公学面临转折的时候，马相伯仍主张借科举正途，把学生送入官场，促进新政。他因此与外来神父们发生分歧而受调离。1875年，他被调至徐家汇筹办天文台，他抱怨"只有利玛窦从前用过的一架旧仪器，英雄无用武之地"[51]。1876年，再调至南京，专译数理教材，他又"颇不耐"[52]。客观地讲，耶稣会是按着他的兴趣，尽其才而用的。马相伯之所以仍有不遇之感，是因为他所自承的知遇者已不是耶稣会，而是清朝官场了。十八岁时拒聘法领秘书的话（"我学法语，非为法国用，是为中国用"），在三十六岁时以翻版的形式向耶稣会长说出："我从来不是法国耶稣会士，如果我做法国会士，我宁愿不是耶稣会士。"[53]

几件小事触发了离会举动。马氏兄弟长住朝南两室。1873年，修院按塔扬（Tailhan）神父计划，接受从巴黎省派来的外籍修士。两人因此被调至北向房间，这对他们的刺激很大，以为有伤民族自尊。事后，马建忠愤而离校。[54] 另一件事情发生在马相伯去徐州传教时。经他个人请求，马建勋捐出二千两银子赈济灾民，然而这传统的义举在程序上却有违会规，因为会士有守贫之愿，个人不得蓄产，放赈也应以教会的名义。当时的事情或许还有转圜通融的余地，但会方坚持让马相伯反省，结果闹到大哥马建勋带领弁员上门寻衅，要求会方放人。[55]

这些事情使马相伯与会长的关系恶化。会长责备他意志薄弱，精神敏感，难于与外籍会士相处；他则以为不受信任，抱怨会长动用检查他信件的权力。[56]在南京，他对会长的调迁已到了不能忍受的程度："在徐家汇已译著有数理书百余卷，尽皆束之高阁，不为余印行问世，多译多著何益。"[57]会长则说，这些中文数理书很难被主教和总会长批准印刷。双方关系闹得很僵，无奈的会长已到了请马相伯的恩师晁德莅和会中的指导者出面调解的地步。

终于，1876年8月15日，马相伯给高若天会长呈上离会申请："鉴于会长已给之特许；加之我的健康不适合于传教工作；会里还阻断我与家人的交往，又使我昼夜不宁；更进一步的理由是我的哥哥请我出会完成数学著述，政府还会给我一个惊人的高位。种种情景已使我不知所措。而他们的不断邀请，使我不能等待你的答复。事已至此，我不得不说和写出如下的话。我再也不能用劝化世人的方式为我们的宗教服务了。"[58]离志已定，情急之下，他还迁怒于会中饭菜："当时在南京教会中一个厨子，是一个极龌龊的外国人，他做的饭食简直不能下口，而且极有碍于卫生。于是我就不辞而别，自己一个跑到上海。"[59]时间约在1876年中期。

离会的表面原因是他与会长的冲突。秉性自由，家境富有，都可能是龃龉的根源。但是更重要的原因，一定是他内心对献身教会誓愿的动摇，世俗的学问和政治在吸引他，他在那里会有远大前程，比耶稣会的事业更对中国直接有益。马相伯的人生在他三十六岁的中年之期发生了重大转折，他"下海"了。结果怎样呢？他当然是在混乱的清朝政治中碰了一鼻子灰，"中兴"大业并未成功。

以他对中国社会的作用论，他算不得是一个叱咤风云的人物，但是他为中国近代政治添加了极端的色彩：中国的洋务活动中，有了一位神父政治家。

4. 息影土山湾

按规定来说，离会还俗还完全可以保持信仰，为一个基督徒。但作为19世纪江南的天主教徒，其信仰必须遵循从法国到罗马的路线，也就是说，和管理江南的法国耶稣会闹翻，便难以与教会保持良好关系了。更严峻的是，一入官场，士绅反洋教的气氛中，要公开地过信仰生活简直是不可能的。

返沪后，马相伯住家里，即马建勋处。开始时便不被允许进教堂，他一度就去北方做事，一位法国领事在天津曾见过他。1876年11月，马相伯曾写信要求文成章（Louis Chauvin）神父允许他领受圣体。1877年1月，马相伯又由其母陪同到董家渡堂请求宽恕。在文成章请求之后，教会恢复了他的教堂生活，但是由于他拒绝了耶稣会后来提出的到直隶任事或改任在家神父的建议，他最后被耶稣会除名。如此，马相伯与上海教会的关系一直紧张。

整整二十年的官场生涯，马相伯的宗教生活无甚可说。我们只知道，神学博士的知识背景虽然给他以别人所没有的西学，但曾是神父的经历也给他的升迁重用带来障碍。他的声光化电、天文数理、多国语言、各方礼俗的全面西学知识深得李鸿章的赏识，但需才殷切的李鸿章除了以吏事相委之外，似乎并未向朝廷作更高的推荐，他的苦衷肯定是不愿冒更大的风险。1882年，李鸿章因重用马建忠已被参奏："马建忠为天主教民，与沈惟敬同一市井无赖。"李鸿章只能谎称："该道幼习儒书，……本非教民，亦非市井。"因为与外籍会士的不和，兄弟俩离开了徐家汇；身为中国人，在本国的官场上，又因为他们的西教背景而只是被清朝有限地接受。这是近代中国典型的一种社会现象：在华洋杂处，中西交往的人群中，因为文化的交流互动，出现了中国社会里极富才干的一批人才，他们成了中西文化沟通过程中不可缺少的中介。但是由于他们多少都脱出了母体社会，游离于中西文化之间，结果常常成了双方都不能完全接受的"第三世界"分子。这是悬隔着的不同文化进入初期交流时必然出现的现象。"第三世界"文化，即近代类型的多元复合文化，在近代上海和中国是迅速壮大起来的，后来成为中国社会现代化的生长点，但马氏兄弟作为这股力量的先驱，必然地遇到了挫折。

身在官场，信仰匪易。但与生俱来的家庭传统和长期的灵性培育，使他在内心保留着天主教徒的虔诚和热心。我们知道，在1887年公务访问欧美期间，马相伯绕道去了罗马，还成功地拜见到了教皇列奥十三。[60]

1877至1881年在山东机械局（滦口和潍坊）办理洋务时，他与一山东籍女子结婚，一生共育二子一女。长子失名，次子名君远，女名宗文。离开山东后，1881年，他又被黎庶昌保荐为清廷驻日本使馆参赞。后又改任驻神户领事。大约是1881年冬，因大哥马建勋病危而离任返沪。由于大哥马建勋无嗣，他死后，马家的家产分由相伯和建忠继承。马建忠得丹阳的万亩田产，马相伯则是松江泗泾的三千亩粮田和上海卢家湾和董家渡等处的地产。在上海处理完长兄的后事，适逢李鸿章舟泊南京，两人见于船上后，马相伯就临时被载至天津，委以李本人的幕中事务。从此马相伯与他的三弟一起参与洋务新政活动。首先是由李鸿章指定，代替马建忠赴朝鲜担任国王的新政顾问。1883年，吴长庆入朝鲜后，马相伯又与袁世凯同在行辕。这是他办理较久的一桩事务。约在同一年，他离朝返国。不久又被李鸿章派充马建忠的助理，清理招商局财务。二十年间，继承了大笔家产，娶妻生子，在政界屡得要差。这些都违背了他当年入会时所发之愿，这期间他和耶稣会的关系肯定是决然地结束了。

　　1887年，由马氏两兄弟的策划，经过天津美商和李鸿章的联络，马相伯带人（其中有马相伯的外甥，估计为朱志尧）赴美国商议二千五百万美元大借款，筹办中美合资的国家银行，编练海军，振兴实业。事情公开后，朝中大攻李鸿章，局面不可开交。马相伯只能逃开极想签约借款的美国银行家，潜赴欧洲。此行的不成功，从后来的历史看，便是甲午海战中未有更强的海军，导致失败；还有，中国的中央银行（大清户部银行）推迟了十六年，在1904年，才试办开张。从欧美返国后，马相伯在官场已无所作为，也身心疲惫。当时的处境可以由与他交往的上海名士王韬所赠诗作中看出："难弟难兄并心许，君家昆季云霄侣。三年两次见粤中，奇功乃复遭蜚语。"[61]回国后，他去天津向李鸿章交代此行，"很感慨向李中堂说：很好的事体（指借款）被他们弄糟了"[62]。

　　确实，这二十年里的中国政治并未如当初马氏兄弟们期望的那样，给他们、给中国带来远大前程。每况愈下的政局中，马氏兄弟还成了李鸿章受争议的洋务和外交的牺牲品，一直是朝中"清流"密切注意的对象。马建忠在中法战争发生后竟成了朝内外皆欲喊杀的"汉奸"，说他出卖了中国利益。甲午后还有谣言说他本来就是在上海的日本人，马上要被绑赴北京问斩。马相伯在九十年代初就退出政界，但他们兄弟在外交方面的那些艰难事务，都不被理解，谤言四起。

　　大约是在1890年，他已回到上海，托养病之名，买地造屋，预备退出政界。[63]大家都知道这一阶段的马相伯十分痛苦，但由于他本人和友人的隐讳，他返沪后的精神痛苦并如何因此痛苦而萌发重回教会的情况，我们已经不很清楚。从土山湾1894年出版马相伯翻译的《新史合编直讲》来判断，他在这时已经重新在为教会工作了。据传说，光绪十九年（1893）后几次生活挫折，更深地刺激起他的灵性，使他作出更进一步的决定。那一年，马相伯的妻子携子去山东老家探亲，不幸死于海难。[64] 丧子丧妻的打击，使他在政治失望后再一次心灰意懒。对有信仰的马相伯来说，这必然引起对命运的思考。

光绪二十一年（1895）十一月二十二日，马母沈氏卒于泗泾家中。马母虔诚，对两个儿子离开耶稣会一直内疚于教会。老人临终时犹存遗憾，她对从上海来的相伯说："我的儿子是神父，你既已不是神父，我亦不认你是我的儿子。"[65] 来自母亲的压力肯定由来已久，但临终前的责备更会令他自省。

1896 年的清朝笼罩在甲午战败的愁云惨雾中。一度如日中天，并令马相伯贡献了壮年生涯的"中兴大业"已在海上彻底破灭。他在朝鲜、日本办理十几年的"东事"，以一战而败告终。不尽的努力，无数的建议，在虚与推诿和保守苟且以及政治纠葛中错失。积弱大国外交官的苦辛和耻辱，下层实干官员的无奈和激愤，在马相伯的晚年言论中越来越突出。和许多中国人一样，从甲午到戊戌，马相伯对民族富强和社会改造的信心和热情都跌到了冰点。我们已经看到，对政治、对民族命运的关切热情，和对信仰、对西方文化的相信依赖是马相伯生命中交替出现的两种不同主题。"俗"与"圣"，"中"与"西"在他的漫长一生的前期常常是难以调和的。清朝政治还有希望的时候，他为了前者，为了中国社会的世俗事业而不得不与耶稣会决裂。但是当中国社会叫人失望时，他就自然地退回其内心生活中了。这情景很近于"穷则独善其身，达则兼善天下"的说法。现在，幼年感染的宗教情绪占了上风，他又不得不与还是由外国传教士管理的上海教会重建联系。

1897 年，幼年的同学好友，耶稣会神父沈则恭经常来陪伴他。在他的斡旋下，马相伯与教会建立了比较融洽的关系。由沈则恭指导，他们在天主教圣地青浦佘山做了长达一月的避静，彻底反省他与上帝、教会和耶稣会的关系。避静归来，马相伯作了重大决定。他把尚未成年的一子一女托付给教会保育，自己只身回到徐家汇，重过隐修生活。[66]当时，他或许是没有料到，自己还有四十年不算短的生命；败亡中的清朝还一次次涌起政治高潮；他泯灭不了的政治激情还会被年轻一代的革命家、政治家激发利用；他还可以用他的学问和理想去教育年轻人，举办新式的大学。

马相伯的归来，是中国教会的一笔财富，他的身份和地位有利于天主教和缙绅社会的沟通，更有利于教会的中国化建设。在怎样处理复杂的中西社会的政治、经济、风俗、文化与宗教的关系上，马相伯与外籍传教士的分歧并未完全消失，但双方在信仰和教会利益上并无冲突。徐家汇虽然仍由法籍会士管理，但当年当事的会长高若天已不在任上，年轻一辈的会士在渐渐中西交流的气氛中，至少已变得较能容忍来自中国方面的批评了。这样，马相伯在此后的各种场合，一直站在中国教会的立场上，为中国天主教的建设作了许多有贡献的阐释，对中国教会存在的问题提出了尖锐批评。他的中西方神哲学和文史知识造诣，至此才得到充分的展示。对中国教会的理论和思想的关切，让中国人在近代思想启蒙运动中给基督教以一席位置，构成了他晚年宗教生活的主要内容。

息影徐家汇以后，马相伯的身心便沉浸于灵性生活中。他的著述固然是以信仰为核心，即使几度出山从事政治，和一直努力举办新式高等教育时，也都是一本其信仰态度，推广教义，维护教会利益。但是，他作为中西社会间游离人物的处境却一如从前，没有根本的改变。戊戌后，他被十分"西化"的两代青年知识分子推为"西学"的一方泰斗，而他所奉行的"西教"仍受到知识界的排斥。乃至到辛亥后还在与曾经尊敬他，当时却以"反宗教"为标榜的激进知识青年反复论理。另一方面，在教会内部，他仍坚持年轻时的主张，要求教会适应中国文化，在教言教，在华言华。这种"本色化"的主张，在某些具体问题上，仍然颇为冒犯当时主导中国教会的法国传教团。在两条战线上，他时而左右逢源，时而两面受气。正像一个传统的在华耶稣会士，做的是中西文化的沟通工作，受的是来自双方的精神压力。

马相伯回徐家汇的最大心愿，是要为中国教会翻译一本中文《圣经》，这部分是出于他对教会的内疚，部分就是要让天主教也像当年在欧洲一样，通过对《圣经》的翻译进入本地的文字和文化中。由于当时梵蒂冈还未彻底同意全本的《圣经》翻译，中国教会在有过三百多年的近代历史后，仍只有一些经解式的小册子和《圣经》故事。马相伯未有翻译全本权威《圣经》的授权，但他挑选了最重要的《四福音书》加以翻译，以讲解经文的方式让中国信徒全面了解《圣经》内容。

世纪末年的中国政局，在甲午以后就进入了令人揪心的跌宕中，马相伯虽然离开了政治漩涡的中心，但是全国性的变法声浪在戊戌达到高潮，不可能不在他的心底泛起微澜。徐家汇离轰轰烈烈的上海租界张园、棋盘街毕竟只有几里之遥，而变法人物梁启超、汪康年更是频频地上门求教，奉他为前辈，这都使已经宣布归隐的马相伯不能置身局外。据与马相伯和康有为都有交往的日本人泽村幸夫所写《马良先生印象记》说：戊戌时期，"康有为曾以吸收欧洲文化之捷径征询先生。先生答谓：以经验言，凡派遣欧洲之学生，仅习彼邦之文字至少亦需一年以上。而留学日本者仅四月，或半载，即能诵习讲义，且经费亦较留学欧洲者为省。未几，清廷遂派学生游学我国，其动机盖在于此。"如此说来，康有为在落实他的变法理想的时候，也是请教过马相伯的。

梁启超更坦率地请马相伯出山任事。1898年，在康梁得光绪授权筹办权威的西学机构"译学馆"时，"梁任公先生请驻京法使转江南主教茄尼爱，令马相伯先生主持筹备设立于北京之译学馆。相伯先生即上书清廷,请将译学馆设于上海,并呈请徐家汇耶稣会诸司铎襄理校务。"梁启超出面的事,肯定是经过他老师康有为同意的,可见康梁对西学前辈还算恭敬。据说是"所请悉允","随戊戌政变而中止"[67]。

脱离了李鸿章系统,回到徐家汇"过书呆子生活"的马相伯实际已成了"无党派"分子,改良立宪派决计要利用这面旗子,造成统一战线的局面。终于在1907年,马相伯被热情的梁启超邀请,再一次出山,离开上海,到日本东京,主持立宪团体政闻社,任总务员。同年,他还应两江总督刘坤一的邀请,在南京发表关于宪政的演讲。1908年初,政闻社迁来上海,联络各立宪团体,成为国会请愿运动的中坚。该运动马上被清政府取缔了,马相伯还是回到徐家汇,但他还是心系沪上风云,那几年他不断地去福州路和张园演讲,以慷慨激昂加滑稽幽默而被誉为"中国第一大演说家"。当时的南派京剧伶人潘月樵积极革命,戏台上大喊标语口号。忙里偷闲的上海报纸也不失幽默地评说:"潘月樵做戏像演讲,马相伯演讲像做戏。"马相伯的演讲,也是革命前的上海一景。

曾经是洋务派的干将,作过立宪派的门面,在辛亥年的一哄而起中,又自然而然地卷入了革命派。从19世纪90年代到民国初年,马相伯其实并没有真正息影于政界,只是随着晚清政治的民间化,在戊戌后,他是以其学问、理想和经验及社会关系来从事一种新型的政治。他在当时虽与立宪派联络多些,但他不是那种一党一派的势力代表,他的政治资本还只是早期教育留给他的学识、演讲能力和宗教家的社会理想。

因为他从不培植自己的势力,反而在各派相持不下的时候,被推为维持性人物。武昌首义后,他被请为外交专员,后又率领(江)苏军前锋镇(江)军首先攻入南京。在各方争执中,马相伯还一度被任为南京府尹(市长)。民国初年,因他与袁世凯有故旧关系，南方的各派又请他去北京与袁世凯周旋。多年在京，袁世凯任命过他为北京大学校长（1912），又任命他为两名高等政治顾问之一（另一位为章太炎）。从戊戌到辛亥，他的政治名声越来越大，而他个人的实力却越来越小，越来越变为民国政治里作作演讲，发发通电的人物。但是，也就是在这一时期，马相伯在混浊的中国政治中，树立了一个纯粹为中国的民主政治、民族利益和人民幸福而大声疾呼的爱国老人形象。这种形象在三十年代的抗日风云中，更成为中华民族古老而不屈的象征。那时候，百岁"人瑞"马相伯，一脸的"福相"，被挂在几乎是每个照相馆里。

晚年的马相伯在教会以外的领域做了不少事，但他的政治资源在教会，这和他前一阶段完全脱离耶稣会单干不同。1897年重返徐家汇的时候，他已把他名下的大部家产，包括三千亩田产，和部分上海的地产都捐献给耶稣会，以作兴办教育之用。1903年，他在会士们的帮助下开始筹办震旦公学。1905年与耶稣会在校务上发生分歧，另行筹办复旦公学，利用的是他与淮军旧部的老关系，但他并未抽回在震旦的基金。在他的社会主张中很明显地可以看出他的教会倾向。1906年，他提出"神我宪政说"，主张在宪法中用基督教神学。1914年后，在北京，他一直与上海和北京的教会一起，反对袁世凯及其周围企图建立孔教的人。直到"五四"前，"新青年"们掀起"非基督教运动"时，他还出面作文章，批驳过激之论。他积极帮助北京教会的英敛之筹办辅仁大学，还资助陈垣从事天主教史的研究。与中国教会和神学的紧密关系是马相伯晚年生活的重要内容。

5. 晚年的宗教思绪

应该先统括地看一看马相伯时代，他的周围人对待基督教的态度变化。从同光"中兴"到五四"新文化"，在中国的缙绅知识阶级中,除了一贯的"反洋教"基本态度外,还随着当时社会主题的变化生发出一些对基督教的认识变化,不少人开始把它与中国社会的改革联系起来思考。

同光年间,王韬就介绍说"泰西诸国皆以教统政"[68],同时又讥笑,只学船坚炮利是"徒袭皮毛"。他是要为西化的洋务运动暗中输入宗教的内容。到戊戌时期,康有为、谭嗣同一辈人认同这一点。他们的做法是,积极与文化派的传教士交往,借其形式,取其神髓,仿照基督教建立中国式的新宗教,所谓"侪孔子于耶稣"[69]的"孔教"。稍后,马相伯的崇拜者梁启超依托佛教,有"建立宗教论",其目的也在以宗教焕发人心。

到革命前,章太炎也有类似的主张,他说"若没有宗教,这道德必不得增进",但"孔教是断不可用的","若说那基督教,西人用了,原是有益,中国用了,却是无益"。"孔教、基督教既然必不可用,究竟用何教呢?"章太炎的回答是:佛教,经过改良的佛教。[70]章太炎的话基本概括了辛亥前的两代变法思想家和一代革命思想家的认识变化过程和其间的多种思想主张。在这些各说各的思想主张中,有一种基本的态度,那就是:基督教作为一种思想和文化制度,至少在西方是有益的;西方人的物质文明所以强大,是由其精神文明,大约便是基督教精神,作支撑的;所以,中国要变法,要革命,像西方基督教一般的宗教精神是必须发挥出来的;至于他们为何要反对在华各教会团体的行为,那是因为基督教与中国文化不符,特别是基督教利用条约议定的治外法权传教,给中国的社会和文化造成了许多麻烦。

在世纪之交的西书翻译运动中,严复介绍的进化论成为风靡全国的社会思想。兴奋当中,大家不懂严译各书的基础是英国经验主义哲学,是一种思想方法和世界观。更不知道,在西方,经验主义哲学中已渐渐产生出一种以科学解释一切的"科学主义",它甚至不给传统哲学以地位，也当然地不会给宗教以思想地位。而在当时的中国，许多人是既赞同进化论，又主张宗教救国的。他们是很久以后才懂得这场"科学与玄学"之争的真实涵义的，故而在辛亥革命后很久，许多人对宗教和基督教的看法还是与章太炎时代大同小异。直到新文化运动前夕，西方社会科学全面传入，新一代知识分子认识到科学与宗教的内在冲突，才将西方19世纪的科学理性与中国三百年传统的士绅反洋教精神结合，形成相对于历来的"教难""教案"较为理性和理论化的"非基督教运动"。在关心救亡的思想界，大家摒弃了"宗教救国论"，代之而起的是各种各样版本的"科学救国论"。

可以看出，在马相伯的百年生涯里，早年为了他的信仰而承受来自中西双方的压力，他是不能公开表达自己对宗教的看法的。然而到了晚年，宗教成了一个大家愿意讨论的热门话题，他也获得了相对上海教会当局的独立言论权，这就使他能够发表不少宗教见解。

可能是觉得英美的宪法里都有宗教的教义作基础，1907年马相伯用教会伦理解释立法精神中的天赋人权。就国家的起源来讲，马相伯采用法国的政治学说，而非当时流行于中国的英国进化论。他在就任政闻社总务员的演讲中说："国家必经过家族之一阶级而来，……有家族之理，则夫人类乐有国家之理亦可以类推而得其故矣。"然而，家族和国家的构成基础是人，是单体的个人，即马相伯所谓"我"。"所谓我者，有形我焉，有神我焉。禽兽知有形我而不知有神我，故永世不能以为群。人类者，非徒以形我之安佚而自满也，必更求神我之愉快。苟孑然孤立而无偶，则难极耳目口腹之欲，而必非人情之所乐。"很明显，马相伯用"形我"，提示人性中"恶"的一面，承认由此导致的人类"竞争"。但他更在于用"神我"来提示人性中"善"的一面，强调人类间的"合作"。他把人类能否张扬

"神我"，视作社会文明与野蛮的区别："野蛮人何以不能为国家而文明人能为之？曰惟能扩充其神我故。"他在宪政运动中如此强调"神我"的国家学说，因而被人概括为"神我宪政说"[71]。

用"神我愉快"的天性，人类可以组织一超越世俗利益的国家。马相伯一句也没有透露他的基督教的思想背景，相反他还是精心地用传统的儒家语言，如"禽兽之辨""群我之分"来缘饰其主张，但是，明眼人如章太炎还是一语道破：这是基督教背景下的理想主义国家观。

章太炎作《驳神我宪政说》开头便说："罗马教高僧马良自吴淞抵日本，说宪政事，以神我为国家根本。"继而指出："马氏治法兰西哲学，初祖笛卡儿，言'思在即我在'，与数论所云'我是思者'相类。"章太炎点明了马相伯的思想来源，使问题的讨论能在一个不错的范围内进行。他理解马相伯不是康有为，康说西学其实是附会西学的一己之说。但是，他接下来提出了只有兼晓西学而更明国情的思想家才能发明的观点，他认为：文明越发达，社会组织越困难。马丁·路德的宗教改革所以能成功，是因为北欧人的心理较单纯。中国文化已过于发达，中国大江南北之人（比较漠北和海南两极端）是如此的世故油滑，根本上就难以建立一个互相合作和信任的社会。按照章太炎的悲观主义的社会观，"愈文明者即愈野蛮"，因而中国的将来政体不应该有重重叠叠的宪政制度，而应是"直接民权"。在稍前发表的章太炎的《与马良书》中，他已明确地反对在中国实行代议制度，以为那只会制造新阶级，"盖政府与齐民，才有二阶级耳，横置议士于其间，即分为三"。

看来，马相伯与章太炎的思想区别，不单是在一主宪政而一主革命，还在于他们对人性有不同的态度。马相伯受天主教伦理学的长期影响，观世戒人，总不失对人，以及对灾难深重的中国人的希望，总要使他们摆脱个体和肉体的局限，升华到共性和灵魂的状态。笛卡儿哲学这方面的论述直接来自神学，而马相伯虽然借用印度哲学语言，将它变通成"形我"和"神我"，还是一眼就能看出这是源于神学中"物质"与"精神"的划分。求"神我之愉快"，是一个宗教家必有的情怀，一种教条化的理想主义。章太炎的激进态度，则是基于他对中国文化和中国人性的深刻了解后的失望，因而也对于能够把将来的政治建立在不可靠的"自觉心"基础上表示怀疑。

马相伯未尝不知中国文化中难缠的世故气，他推演"神我"的存在，不去用现成的神学教条，而是发掘于人初之天性，给儒家学说涂上一层理想主义的色彩。无奈儒家本身在清末遇到了更大麻烦，它在中国政治制度中的合法性就受到了像章太炎这一辈人的怀疑。用这种方式讲理想便让人觉得缺少魅力。实际一点地说，在19世纪末纷乱的世界和中国，"神我之愉快"，实在是可望而不可即，直如西山之残霞，难却昏暗。以此来维系国家，显然迂阔。

戊戌以来，基督教理想主义经在华传教士的宣传提倡，已在中国一般的知识阶层中产生影响。特别是在李提摩太向康、梁和光绪皇帝建议后，它更流衍成不同版本散布在从改良到革命的各种主张中。这种理想的一个共同点就是认为，西方化的政体必须有一个西方化的宗教精神来统摄，"自由""平等""博爱"的理念必须要有"天赋人权"的信仰来支撑。因此，在这方面，马相伯在清末民初本来并不乏同道。就是章太炎，也承认宗教的社会作用，"吾亦崇信相宗，与沙门比迹。虽佛乘与天教有殊，其游心方外一也"[72]。

宗教确实有其社会作用，但是它如何在中国社会中实现，也确实大有讲究。康有为一直要为中国的变法运动，缔造一个宗教，一个教会、教主、教义、教仪和教阶齐全的孔教。按他设想，如果顺利的话，它应该能进入变法后的中央政治体制，成为像英国或日本那样具有国教和天皇地位的君主立宪制下的民族宗教，而他自己是想成为新孔教的创始人，如马丁·路德被奉作欧洲新教的鼻祖那样。章太炎在回答梁鼎芬关于康有为是否想当皇帝的询问时说：帝王之心，人皆有之；康欲作教主，则未免想入非非。可谓一语中的。激进的革命派并没有把宗教列为固定战略，除了个别人提倡用宗教精神激励道德心、革命斗志和民族生存活力外，大约是一般地援法国和美国的例子，主张"信仰自由"和"政教分离"。革命派还没有想到要利用宗教来达到他们的政治目的。或许是为了与康有为对立，故意地采用别说。但是我们还是应该说，革命派比较接近20世纪流行开来的共和政治原则。马相伯的"神我论"在成为某一种的"宪政说"的补充教义之后，则不免要成为政治斗争的工具，他自己也会成为别人目的的牺牲品。

只想利用马相伯声望的改良派是不可能依别人的设计而行事的。马相伯是个随和的人，他大约还真地能接受后辈章太炎那严厉而不失诚意的批评劝告，未与康梁一派同声气。回到上海后，他和当地的呼吁立宪的士绅商界都有联系，但仅是演说，马相伯其实不能适应20世纪中国的党派政治，不具有领袖人物相应的谋略与手腕。因此他的"神我宪政说"依然是个人理想而非党见，它是当时一个中国神学家的政治见解。

八年以后，到1914年，我们看到马相伯完全以一个基督徒的态度来反对康有为的言行了。那时康有为的"保教"口号，已经演化成"孔教会"的实践。在民初袁世凯的纵容下，子虚乌有的孔教大有真地被立为国教之势。寄居北京，身为总统高等政治顾问的马相伯在1913年冬从国会获得消息后，立即发出《致江南公教进行会支部书》，告知将有"教育部率司员行礼，及男女学堂均拜孔"[73]的决定，要求各省教会及时通电反对。和当时另一高等政治顾问章太炎以"儒家非宗教"的基调[74]反对孔教会不同，马相伯的主张强调信仰自由，并显然站在天主教会的立场。

值得注意的是，在公开的政治场合，马相伯并不是用神学与人争，他懂得用世俗政治学说作武器。这一次他知道康有为的在野议论并不可畏，关键在于袁世凯在利用和操纵这种思想。在《一国元首应兼主事主祭否》[75]中，直告袁世凯："近今政教，学者固极主分离。"而政教必须分离的法理原则是："元首者，乃五族五教人唯一元首，非一族一教人所得而入主出奴之。"针对中国政治中常有帝王总兼教主的传统，马相伯还进一步指出，欧美元首"不惟不兼主祭，而君与师之职亦不相兼焉"。这里讨论的其实是宗教与政治，与意识形态，与社会伦理道德的关系。它们之间的界限，在历史上，在实践中未必如马相伯强调的如此清晰，但它作为一个原则，即总统不能兼作导师和教主，则是任何号称共和的政体所必须坚持的。

《书〈天坛草案"第十九条"问答录〉后》是同期的另一篇护教论文，这篇论文严厉批评的主要是义和团以后仍在北京地区流行的反教传统。马相伯在京与士绅官宦游，穿的总是长衫，只是在西山与教友相处时着西装。然而，附近村民见此就唤他们为"洋鬼子"，"二毛子"。马相伯当然不是那种依仗洋人权势而得意的人，相反，他的利益诉求、社会理想和精神寄托都一贯地具有民族立场。文章中的马相伯只承认自己的学问和信仰是"新"的，而不是"洋"的，或"西"的，因而也就是"中"的。换言之，基督教也是中国 20 世纪新文化的一种，"今日（反教者）所相难者，不过某某新党新学"。他要求："新文化"中要确立信仰自由的原则；新宪法更必须明确条款，以防止北方旧势力"恃宪法为护符，复演庚子年之戏剧"[76]。

革命前，人心以推翻清朝为信仰，期待着革命能改变一切。然而，革命后，"人心世道之坏，尤有甚于昔日者。于是一般忧国之士，复大倡其议，曰：要宗教，要宗教。"[77]"孔教"是以传统的国家主义路线来收拾人心，而基督教处此变局，当然也尽力以其民间传教路线来劝化信众。这也是马相伯在北方积极从事的另一工作。1914年10月24日在天津广东会馆，1916年5月7日在北京中央公园，两次演讲，从中可见马相伯运用中西文化素养所阐释的基督教理。我们也只是到这时候才在文件记录中，发现马相伯的神学功底和传教才能。

"有教则无类"[78]，马相伯喜欢借用孔子的名言来说明宗教的普遍性。"教"，在他为基督教，它既是一种人性真理，便应在一切人群中传播。"类"，是建立在各种人群间的社会藩篱，在上帝面前应该拆除。除了华洋间的隔阂，中国社会对宗教更基本的拒绝态度是认为："宗教者，为下等社会而提倡"，显然是把宗教看作是维护社会等第的工具，或者是隐然把自己列为上帝面前的特殊公民。作为一种社会思想，西方也有类似的说法，但它不符合基督教的原意。马相伯想指出，文化、民族和社会诸形态的分割，不应阻断个人与他人及天地自然的联系，因为他以为，"宗教在良心"，而不在其他。"教非他物，概括言之，即人人对于造物主宰之关系。"[79]

既然已把宗教还原成个人与上帝的关系，那么，个人，尤其是一个中国人，如何与上帝在现实世界保持联络，就必须得到证明。在此，马相伯也是具有创见的。他强调的不仅是现成的教义，说耶稣降生后人与神便自然地沟通了。他是用中国人的喜欢的"良心发现"方法，在人的内心寻找人性与神性的结合。《宗教在良心》《〈圣经〉与人群之关系》都在伦理学的范围之内，通过行为，诉诸良心，发现上帝和真理。这种方式带有浓厚的宋明理学色彩，明清中国化的神学家都喜用《中庸》语录"天命之谓性，率性之谓道，修道之谓教"，把"命、性、道、教"联为一气，内心与世界，个人与上帝就有了亲密关系。马相伯接过这种思绪，说："人之一举一动，一思一念不可违背良心；斯人之一举一动，一思一念不可外乎宗教"，"赋人良心之主宰，于冥冥中，凡吾人所言所行所思……看得清晰"，"人必有好良心，然后可有好宗教。良心为宗教之本。"如此强调"良心"，仅见于马相伯，应是他的深思熟虑。马相伯的解释比其他神学家更能将基督教伦理移植于中国的传统和人心。当时的知识分子都认为基督教好是好，但不切中国国情，马相伯的努力就像是要把它解释得能让中国人接受一点。

基督教，特别是天主教，是具有较强行为规范和较高道德标准的宗教，中国的儒道佛三教中，也确实只有儒家可与相比。既然已反对捏造孔教以收拾人心，马相伯便就势推行基督教伦理。《〈圣经〉与人群之关系》所主张的伦理并不与儒家冲突，但人世经验的信条须与《圣经》的教义信条结合，以中国人不太熟悉的天条方式发出。马相伯用这种方式向听众讲解《出走记》中的"西奈山十诫"，《马太福音》中的"山中圣训"，《路迦福音》中的"平原讲道"，注意突出其中的"爱""诚实""谦恭"和"祈祷"，把这些教条与中国人传统的社会体验联系起来加以理解。在清末民初，社会上复合着王朝、民族和思想文化的多重危机，到处充斥着末世的任运感，普遍的不负责任和互不信任，马相伯指为："官场上对付是撒谎，社会上应酬是撒谎，……风俗人情，红白等事，规矩仪节，处处带有撒谎的精神。……大骗小，小骗大。大者当面撒谎，小者背后撒谎，谎得天花乱坠的，便是大人阔人。"基督教的观念，儒家的思维方法，通过批评混乱的社会现实，让人认识上帝，这是政治神学家马相伯的传教特点。

当然，马相伯清楚地懂得如何避免采取传统儒家士人的"世人皆醉皆浊，唯我独醒独善"的愤世嫉俗态度。他指出国人都惯于取媚于人，当"戏子"，然后他是反诉自身，"我们自问，戏子做过没有？"这就是基督徒的态度，它否定什么人具有高过上帝的道德权威。"真理面前人人平等"，人不能宣称自己是完善的；"原罪之下

簡切如兩蕊祥志要果毅機要縝密

景琦鄉台

乙亥初冬九六叟梱伯

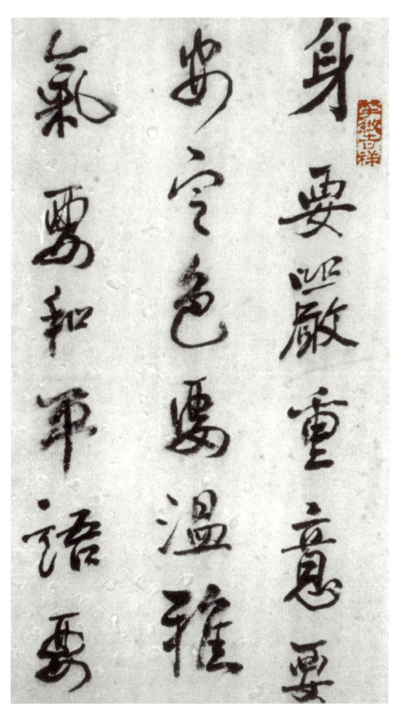

马相伯手迹（1935年）

个个有染",人的诚实和善就在于对自身罪过的忏悔和祈祷中。马相伯是希望中国社会采取教会伦理,以普及和强化一种毫无例外的约束力。

新文化运动后,传入了阶级斗争的理论与实践,新一代人把基督教看作是对中国人民的民族的和阶级的双重压迫工具。1922年3月,世界基督教(新教)学生同盟将在清华学校集会。消息传来,京沪激进青年发起"非基督教学生同盟"运动。尽管这一代青年采用了西方各派流行学说,但潜在的情绪中,仍有反洋教的精神孑遗。马相伯在当时正积极地在教会内部主张教会的本土化,但是在民族主义浪潮盲目地冲击教会时,他倒是反过来老马识途一般地来开导年轻人们。

"非基同盟"的印刷品以校刊、通讯、小册子、传单的方式,在京、沪、汉等城市传布,其形式是攻击多于讨论,也是像反洋教揭帖一样,反复地强调几点核心内容,翻版似地讲陈独秀首先罗列的数条:信教反科学;教会在欧洲历史上引起战乱;教士为权贵服务;传教士是列强在华的帮凶。[80]"非基运动"中的陈独秀,改变他在《新青年》时对基督教所持理性分析和整体褒扬的态度[81],基本表现了部分北大知识分子转趋激进,崇拜新说,以及抛弃思索,改行运动的过程。这过程更暴露了学说蜕化为标语口号后的浅薄。生性滑稽的马相伯机智地抓住这浅薄,施以反击。就"科学与宗教"的关系论,马相伯问:"是(几何学中的)顶点是极点反对基督教?是重线是斜线反对基督教?"就"基督教挑战战乱"的说法,马相伯列举19世纪50年中包括鸦片战争在内的三十二次战争均与教会无关。此类归谬法、枚举法的运用有利于辩驳,不利于对自己观点的全面解释。马相伯没有给我们正面论说,我们是在他的辩智中找见其基本态度的,这便是:承认基督教在中国面临的问题,但相信教会的未来。这也是他对中国基督教的一贯立场。

正面论述基督教与科学、政治和学术之关系的专文是《五十年来之世界宗教》，另有《宗教与文化》一文，也是向知识界介绍天主教会的近代文化观。这类带有移译性质的文章没有很多个人见解，可以视作是他企图消除中国知识界对基督教误会的文字。

6. 中国教会自主运动的先驱

我们一直认为马相伯是夹存在中西社会中间的人物，他的知识结构，他的处世风度，他的价值倾向，以至他身上的优点和缺点都带有中西混杂的特点。他对中国基督教的思考也带有两面性：一面是如上所述的，他在中国知识界面前竭力为自己的教会辩诬，另一面又对中国教会的现状深为不满。后一部分的思考其实是一个中国基督徒为教会的前途在担忧。

知识全面、阅历丰富的马相伯其实是深知中国教会内部存在的各种问题的。他在各种场合一直是希望教会在压力面前也反省自身。作为一个晚年重返教会的信徒，在请求宽宥的处境下，他对当年处罚他的严厉会规毫无怨言，对中国教会在当时已显得不合时宜的做法也是服从的。特别是在教外场合，他是努力维护教会形象的。然而，他于中国教会的实践，对一些在华外籍教士的批评，在一些合适的场合，如和教友的谈话和书信中，却是一如从前。虔敬于信仰，和好于教会，只是不可回避的中西文化冲突依然如故。马相伯针对教会内部建设流露出的点点滴滴不满意见，可能要比他在教外场合全面宣传基督教的演讲更有思想价值，更深刻地反映了西方的宗教和文化在进入中国社会过程中的艰难曲折。

马相伯对法籍传教士垄断教会权力仍是抱怨。无论如何，传教士一到某国或某地，在某些领域保持权力，在传教初期是必然的。为使一种外来宗教保持其本来教义，对教义解释权的垄断在初期也是必需的。然而，事实上，教义解释权的垄断优势常常还扩展为人种的、民族的，乃至是语言的优势，构成当地教会内部在文化上的不平等。更有甚者的是，这种文化不平等还会被优势一方的某些不正当者利用来达到个人的利益目的。

马相伯举出的是一个极端的例子：一位中国神父写了一部中文书，在送审时被要求，其中的"土话（中文）须照法国神父殷公所著《土话字汇》一一更正"。他将此讥喻为："英意等国人作法文小说或圣书，而不准法国文学家改削。"这比喻一面是显出了当事人有悖常理，另外还揭露了国际间不对等，欧洲人自己通行的原则并未带到中国。当时中国天主教会的通行文字是法文，还可能是为了传教的准确和交流的方便，但马相伯遇到的外籍神父，常以法国话说得好坏来判断中国神父聪明与否，并也常常因此"聪明"就决定重用与否。当然，能常年穿西装，喜欢吃大菜，讲话时像西方人那样眉飞色舞就更"聪明"了。马相伯自己是过来之人，这等的"聪明"早已具备，他知道问题不在表面，而是"彼辈之心理"有问题。"一国之俗礼俗规，而欲责令他国他族一体奉行，有是理乎？"[82]

固然没有这个道理，传教史上一个普遍原理就是教会要本土化。《新约》前后使徒时代的基督教是以希伯来语和小亚细亚地区的文化为正统，希腊罗马地区的文字文化是偏属；在教父时代，希腊的语言文化成为主流，以致希腊教会称为"正教"，罗马教会的语言文化显然就是次要的；然而，中世纪后，西欧和北欧民族全面皈依基督教会，拉丁民族的语言文化又上升为中古以来的基督教文化主流。从亚洲到欧洲，一部基督教的传播史，就是与当地的文化，包括了语言、文字、习俗、礼仪，以及思维方式、审美态度等等，相结合的交融的历史。

到了宗教改革运动前后，原先统一于基督教的欧洲分解为各个民族国家，在教会内部也出现了民族主义思潮，这种思潮被有些历史学家认为是非宗教的。实际上，改革时期激发起的宗教热情是空前的，这在路德教、加尔文教或者是南欧拉丁天主教国家都是如此。这种热情的一些共同要求是：一、每个基督徒应该都能够读《圣经》，直接地与上帝对话。因而用当地的语言翻译《圣经》是必须的。有的小民族本来还没有自己的文字，《圣经》翻译运动就促进了民族文字的建立。二、本地的神父应有更大的权利管理当地的教会，因为他们比远在罗马的教廷更了解信徒的内心和他们的疾苦。三、宗教首先是精神上的信仰，"因信称义"，教廷规定的圣事（Sacrement）过于繁琐，而且也未必具有《圣经》依据。罗马教会原先的许多教事规定，也未必符合当前的和本地的实际情况，因而必须加以改革。这些要求内容经过几百年的论战和战争，在欧洲已确定为近代教会的基本准则，即使是在这方面比较保守的天主教会，在20世纪也已经承认这几点。根据这些近代基督教的基本原则，马相伯等中国基督徒要求一些教会内部的自主权利，把基督教义与中国文化相结合，谈不上是什么神学上的发明，而完全是争取与欧洲各国教会同样的平等权利。

中国教会的权利，一直是被当初由教廷委任的保教国把握着。开始是葡萄牙（1493—1857），后来就是法国（1842—1922）。教廷为世界传教事务，设有传信部（Congregatio de propaganda Fide），但中国的传教事务一直通过法国政府向法国和其他国家的天主教传教士加以保护的方式进行，教廷和中国教会没有直接的联系。1885年，肯定是出于马氏兄弟的建议，李鸿章派在上海经商的爱尔兰天主教徒敦约翰（John George Dunn）去罗马商谈双方通使问题。结果，已经在罗马定下了使臣名单，因保密不周，受到法国政府的坚决反对而作罢。20世纪初，罗马开始主动考虑如何摆脱法国在中国特权的牵制，积极谋求直接管理中国教务。

1919年，教皇本笃十五世派出了光（J. B. de Guebriant）主教任中国教务视察员，调查因保教权而引起的麻烦。马相伯终于看到教使的来临，在应光主教拟题而作的《答问中国教务》[83]中，他的回答实际上是倾吐了在教会内外生活半个多世纪以来的甘苦，含有丰富的经验和思考。他建议：各国教士"改为中国籍"，因为按他的认识，佛教、伊斯兰教也是外来宗教，却不被认为是"洋教"，就在于它们的教士都是中国人的缘故；必须赶快学习耶稣教（新教），"迎合现今社会，结交官长，广立学堂，培养科学适用人才"。因为在他多年的洋务活动中，接触的多是英美传教士，他们在同光时期因"间接传教"而举办的科学文化事业，在19世纪末20世纪初发挥了巨大影响，令传统以文化传教为特长的耶稣会也望尘莫及；中外神父有同等之权，这显然是基于他们兄弟早年与外籍会士的不愉快经历而来的，马相伯肯定想起了被比他年轻得多的外籍会士挤到朝北房间的事；在教会内部，提倡用中国"普通语言"，使"中外相处不猜疑，不隔阂"。这是马相伯回到徐家汇后看到的严重情况，一些年轻会士以不讲中文为荣，脱离了本地的信徒；针对现今教会"中西文程度不高"的实际，要努力办好现有修院，不单要培养在基层的布道骨干，还要有能够提高教会在社会上的文化地位的各种人才。没有人怀疑这是马相伯的肺腑之言。

光主教巡视中国教务，被看作是天主教历史上中国教会独立自主的一个开端。年已八旬的马相伯在这一年像年轻人一样的兴奋，因为他确实是这一运动中的先驱人物。现在，他过去几十年里许多凭良心、凭直觉，在意气用事或无意识中做的事，都可以被串成一线，归纳在这一运动中。他早年的曲折经历固然已不必说，回到徐家汇后的许多工作就直接属于中国教会的基本建设。他翻译《福音书》；试图举办由耶稣会士参与的全国译学馆；毁家兴学办震旦公学；辛亥后在北京与英敛之一起办辅仁社，并上书教皇要求筹办中国天主教大学；自己出资，请陈垣等人考证、整理、校刊和重版明清耶稣会士的中文著作，马相伯认为这些早期著作尊重中国文化，比较严谨，切实可行。可以看出，他的这些努力是着重于教会的文字和文化建设。

在北京，他找到了思想同道，这当中除了教友英敛之、学友陈垣外，还有两位外籍教士，比利时的雷鸣远和埃及的汤作霖。两人虽受法国遣使会的派遣来华，但对法国教士在华专权，轻视中国文化，阻挠通使罗马的做法极为反感。更加难得的是他们对中国的民族主义怀有同情。1916 年 10 月，雷鸣远在天津教区主教任上，曾领导老西开地区居民反对法租界扩张事件，不但被推为交涉代表，还亲自上街演讲。他俩为此受到北京主教的处分，雷鸣远被调离，汤作霖被停职。汤还于 1919 年愤而脱离修会。在年轻一辈的外籍神父身上看到他当年的激情，马相伯是感叹系之。从在北京结识起，他就一百二百地资助两人，有时为了他们会把这钱转赠他人，或用于公务，马相伯还关照送钱的人分几次给他们。正是由于他们的运动，罗马教廷才加紧了主动与中国政府建立外交关系的举动。如此说，马相伯在晚年还是令他欣慰地找到了他的思想同道，他们在一起为提高中国教会的国际和国内地位而努力。

光主教结束了一年的巡视之后，教宗决心遣使中国，并主要是为了中国的传教问题，教皇本笃十五在 1919 年 11 月 30 日颁布了"夫至大"通谕。在中国教会有记录以来的历史上，教宗为了中国问题而发表通谕是第一次，它不但促进了中国教会的自主意识的高涨，也在世界范围内引起对法国政府干涉中国教务的不满。"夫至大"通谕对中国教会的自主运动起了积极的推动作用。教宗最重要的一句话是："凡本籍铎曹，治理颇敷，学术颇优，而于本位圣召亦足以相称，然后人谓其地传教之功业已庆告成，教会之根基已然确定。"这正本清源的说法，正点中主客关系颠倒的中国教会的症结所在，马相伯在北京以自己的渠道觅到这份通谕的原本，用他公认的古雅而准确的文字翻译了这长篇，还自费刊印出版，题加为《教宗本笃十五世通牒》。[84]

1922年11月，教廷首任宗座代表刚恒毅主教（Bp. Celso Costantini）抵华。他所带来的庇护十一的谕令说："按中国公教传布已广，所立宗座代牧区及宗座监牧区，亦已甚众，……特俯顺该处多数主教之请求，钦定一驻华宗座代表使职，……至其权限，着以中国五大教区及其所属岛屿，悉隶属之。……以往宗座法典律令及其他与此谕相反之条例，一并申明作废。"[85]在国际舆论和中国政府的支持下，该谕令得到执行。中国天主教终于开始了自立门户，进入自我发展时期。当年，马相伯和英敛之、廖辅仁一起发起集资运动，购赠北京定阜大街三号为宗座代表临时公署，后又买定乃兹府甲六号的恭王府为正式公署。1929年，马相伯作《教廷使署志》，使署是中国教会本土化的一座象征性工程，马相伯在此大厦建设中是添砖加瓦的。

以垂暮之年，老病之躯，马相伯所能的也只能是文字口舌而已。他晚年仍企图以两件文字工作对教会的本土化作贡献。一是翻译一部全本的《圣经》，二是整理明清耶稣会士的中文著述。然而前项工作一直未得到会长或教区主教的支持。息影徐家汇后十几年里断断续续地独自工作，终于在1913年出版了讲解福音书的《新史合编直讲》。接着他又开始直接翻译《新约》。这部分手稿在1937年得到于斌主教的批准，以《福音经》（对译罗马监本四圣史）的书名准备印行，但直到1949年才由商务印书馆正式出版。显然仍是由于马的翻译属业余的和自发的，这项工作受教会和社会的重视程度非常有限，但从翻译的质量和风格来看，仍有他的长处。至少马相伯在他的《福音经》中运用中国古典经籍语言的能力要高于晚辈，比后来如吴经熊等人的《圣经》翻译强得多。

整理明清耶稣会士著作也是马相伯的个人工作，为此他付出了自己的精力和资金。在北京与英敛之筹备辅仁社时，年轻学者陈垣有兴趣从事古代基督教的研究。当时马和英拟定了四个难题，向全国学者征答。这四题是：太古中西同源考；唐代景教；元代也里可温教；清《四库全书总目提要》评论教中先贤著述辩。陈垣利用了教会内外的藏书，在 1917 年做成了《元耶里可温教考》，一举成名，从此开始与马、英等人的长期合作，并在辅仁大学成立后受聘为首任校长。[86] 从今天留存的通信来看，马相伯帮助陈垣在徐家汇藏书楼借录善本，仅 1915 年向书楼管理人张渔珊神父去函索借的就有《天学初函》《名理探》《景教碑》《开封犹太碑》《利先生行迹》《辩学遗牍》等十余种。后来这些书都由陈垣校刊重版，马相伯为其中的六种作序。刊印费用是由他和英敛之承担的。马对陈的工作是赞赏的，在为陈垣作《〈明李之藻传〉序》中说："吾友陈援庵，心志于古，敏求而强记。……（本）传由英君敛之寄读一过，不禁报英君曰：吾与汝弗如也。"

马相伯推崇利玛窦等耶稣会先贤们的著述，是有他宗教上的情怀和信念的。他以为中西文字之间，能找到一种天造地设的契合，而利氏所译最切近这理想。"唐之《景教碑》邻于梵译，元之镇江《十字寺碑》羼以音译，远不如利子所译，戛戛独造，粹然一本于古书，文质彬彬，义理周洽。"[87] 西方传来的宗教，要在中文中也找到其相应的概念和术语，在逻辑上的一个前提就是中国"古书"中也有"上帝"或者"天主"存在。尽管利、徐一辈在古籍中找到"帝""上帝""天""主"，但利玛窦在《天主实义》内的译法一直不被广泛理解，他们认为儒书中的"上帝"和基督教的"Christ"必须加以区别。1704 年，由教皇克来芒十一作主，禁止使用"上帝"一词作"Christ"的对译。直到 20 年代，还有法国《教务月志》指责利玛窦等人不将"Christ"作直译或音译，是"阿悦华人"。马相伯以为："上帝"一词并非是会将基督教引向异端，而"天主"一词其实也不是儒书以外的创造。马相伯无力再挑起新一场的"译名之争",但是以他的信仰和治学体会,从儒书中获得的宗教感和从法文著作中获得的宗教感是可以相互参证的。

在华言华,"以华言言教理"[88],用中国人听得懂的语言讲道理,这是任何宗教传播者都必须要遵循的规定性,表面上不会有人否认这一点。但是,中国的特殊性在于中国文化在思想意识和宗教伦理方面一直是充分发达的,新近外来的基督教可以简单地排斥这一套文化体系,另搞一套,也可以比较艺术地,当然也更复杂地在保持基督教教义精髓的前提下,尽可能地与中国文化联为一体,成为多元文化世界中的中国基督教。在历史上,在现实中,我们看见的基督教全是带有民族色彩的,但是,在神学上,对此问题选择却一直是有争议的。在"梵二会议"以后已三十年的今天有时还不免如此[89],生活在两个世纪之间的马相伯被此所困就不足为奇了。马相伯反复地讲:"以儒家言,论圣教事,为华人所欢迎。"他反对用"杜撰之新语"[90],主张恢复明清时代儒学化的语言,他是要恢复明清时的"补儒易佛"的传统,以儒家文化作资源,阐释、比较和传播天主教。

在马相伯的一生中,不大介意儒道佛的三教之别,他是顺从流行,把儒家当作中国文化的主体来看待的,因而他经常指的"儒家"很大程度上就是指相对于西方基督教民族的中国文化。这样,具体争论常常就转化成更具普遍意义的文化的和宗教的讨论:一个特定的文化,以儒家为代表的中国文化,能否被用来解释一个被认为是普遍的基督教真理,我们大家都清楚,这个真理在近代其实是被包裹在欧洲语言中传播到世界各地的。在这个讨论中,马相伯用他的一生给了我们一个肯定回答:"中国话也可以讲超性道理。"为此,在华教士"要多读中国书,明了中国的习惯风俗"[91]。在中国的土壤中发展天主教,摆脱基督教留给人们的洋教色彩,提高中国基督教文化和知识水准，摆脱基督教另外给人的民间宗教的印象。马相伯在晚年把这种传教方法叫作"学术传教"，庶几能够概括他的一生的宗教主张。

附 注

［1］ 见《苦斗了一百年的马相伯先生》。张若谷《马相伯先生年谱》附录一，第 23 页，商务印书馆，1939 年。

［2］ 语出章太炎，指严复、马相伯、辜鸿铭、伍廷芳。

［3］ 梁启超、汪康年在沪办《时务报》时始与马相伯交往。汪曾以译书事相托，他拟译的书目经马相伯审定。戊戌中，康梁拟请马相伯主持译学馆。1906 年，梁启超又邀马相伯参与主持立宪团体政闻社。蔡元培任教南洋公学时，曾率公学特班学生从马相伯习拉丁文。1903 年公学学潮后，马为公学退学生开办震旦公学。黄炎培、胡敦复等是特班学生，一直称相伯师，追随于徐家汇。于右任、邵力子以震旦和复旦的早期学生受马相伯关照，后来则是他们向国民政府推举老师。

［4］ 现传世《马相伯先生文集》初、续、增三编，方豪编，北平上智编译馆 1947 年版。方豪多在教内征集，故《文集》多偏于教。又因马早年做神父，办洋务时少有著作印行，他的"乐善堂"藏书和手稿（中有《出使高丽日记》）又在抗战中毁于他所捐献的丹阳"相伯图书馆"（见韩希愈《我所知道的马相伯先生》，江苏省政协等编《爱国老人马相伯》，1990 年，第 120 页）。

［5］ 马端临（约 1228—1322），江西乐平人。父为宋末宰相马廷鸾。元初隐居，任慈湖、柯山书院山长。著《文献通考》。

［6］ 方豪：《马相伯先生生日考及其他》（载《方豪六十自定稿》下册，台北学生书局 1969 年，第 2013 页）。"相伯先生昆仲四人名字表"，列"乾"为马建忠的"又名"，误。据 1867 年土山湾出版《耶稣会士目录》，第 542 名明列："马乾，相伯，Josephus Mo。"

［7］ 徐汇公学：1850 年始建，初名依纳爵公学。1853 年与罗马耶稣会总会通功，得颁发统一文凭。课程设有国文、法文、图画、音乐等，1900 年后设科学，兼授英文。1932 年依教育部学制，易名为徐汇中学（据《徐汇中学校史》，1945 年《徐汇中小学校刊》）。

［8］ 据马相伯的孙女马玉章告知：爷爷通法、拉丁、英、意、希腊、日、朝鲜语。

［9］ 1903年8月13日，章太炎致书吴稚晖，大诟其出卖"《苏报》案"同志。文中指吴为"洋奴"，而以马相伯等四人精通西学却并不自矜和蔑视国人与吴对照。信载《民报》，此据吴稚晖《回忆蒋竹庄先生之回忆》（收台北世界书局《稚晖先生一篇重要回忆》，1964年）转抄。

［10］ 马相伯口述，王瑞霖笔记：《一日一谈》（"我的童年时代与宇宙观与家教"）。复兴书局，1936年，第136页。

［11］ 1850年，"有七、八百名丹阳教友聚居在四所小堂周围，另有三百名左右住在城内或近郊"（史式徽《江南传教史》第一卷，上海译文出版社，1983年，第256页），堪称教内重镇。

［12］ 董家渡在今上海南市，由郭居静（Lazarus Cattaneo，1560—1640）开辟的教堂始建于1608年。朱氏为上海名族。相伯姐教名玛尔大，共育两子：长开敏，为1925年罗马首批任命的六位中国主教之一；次志尧，字宠德，号开甲，曾任上海总商会会长，天主教公教进行会领袖，罗马教皇授予他"圣西尔物斯德赉骑尉勋爵位"。马家与朱家的联姻显然是以教为媒的，但具体情况有待证实。

［13］ 据德礼贤《中国天主教传教史》：1800年全国教徒人数为二十万（商务印书馆，1933年，第82页）。又据P. Octave Ferreux著《遣使会在华传教史》，1838年该会接收耶稣会遗产，三教区，澳门：15 000人；北京：34 000人；南京：40 000人（（台）华明书局，1977年）。

［14］［15］《一日一谈》（"我的孩童时代与宇宙观与家教"）。按该书已收入本集。下注引马相伯论著，凡已收入本集者，也都只注篇名。

［16］ 夏敬观《马良传》，载《国史馆馆刊》，第一卷，第二号，第96页。

［17］ 见张若谷《马相伯学习生活》，第13页。又钱智修《马相伯先生九十八岁年谱》记："是年（1844），先生始入塾，先读教中书，以及四子书。"（《中央日报》1938年5月16日）在明清耶稣会士尊重儒家，而近代西化启蒙教育尚未移来前，这样的掺合式教育是自然的。

［18］《一日一谈》，"经学与月亮"。

［19］ 关于马相伯的籍贯或有丹阳、丹徒两说，即据此而来。马相伯说他参加的是咸丰二年（壬子，1852）八月在南京举行的江南乡试（如张若谷《马相伯先生年谱》、韩希愈《我所知道的马相伯先生》），可见马相伯有生员之名，有资格应考举人。马相伯大约是落榜的，因为他提到：同年"上海有姜姓考生，就是开姜衍泽药材铺的，那年中式了。"（陈乐素

《相老人八十年之经过谈》）

[20] 马晚年有时说他是瞒着父母，只身搭船来沪入学。从《一日一谈》"我的幼年"的回忆看，事情或许和他姐姐嫁到上海朱家有关。大姐长他七岁，此时应已来沪。幼年时，大姐曾侍护因出天花而病危的相伯，他感叹道："汝为予重生之恩人。"姐弟之情如此，马相伯很可能是为探视初嫁的大姐来上海。当时，上海朱家拥有沙船七艘，钱庄三所，业务遍江南（见《民国人物传》〈四〉，"朱志尧"条。中华书局，1988）。马家在丹徒开的是米铺药房，朱马两家除了信仰的纽带之外，很可能当初就有了商务上的联系。另，马相伯在《一日一谈》中还提到，当时他从镇江到上海，"坐民船整整走了十天"，这"民船"可能就是朱家的船。丹阳马氏来沪安家上海南市，在八仙桥附近开商号。马相伯晚年以老上海自居，但仍是一口镇扬官话，孙女玉章幼时在膝下曾玩笑说，爷爷是苏北人。马称：我是典型的江南人。

[21] 《江南传教史》第一卷，第170页。耶稣会士的中文课由一位山东秀才协助。舍方言而取学官话，可见新耶稣会士走上层路线、文化路线的志向。这一点也是该会与主教和他会常有分歧的原因之一。

[22] 同上书，第177页。

[23] 钱智修《马相伯先生九十八岁年谱》："初至（公学）时，教师询以向读书日几行。先生对曰：十二行。因以十二行授之。先生不假诵读，背诵如夙习。教师异之，遂逐至二十四行，以次至六、七十行而无不烂熟。"《一日一谈》"我的童年"："我在同学中间，天资还不算坏，晁教习很喜欢我。""当我十四岁的时候，……因为我的国文比较有根底，本校各班的国文、经学都是我教。"

[24] 初期，公学"课重国文，学生中应科举博修才者屡有之"（见《马相伯先生年谱》，第86页）。开学第一年，共四位教师，其中有"一富于学识之秀才为监督"，像是教务长，可见对中文之重视（见《徐汇公学大事记》）。

[25] 《一日一谈》，"经学与月亮"。

[26] 凌其瀚记，马相伯述：《六十年来之上海》（《申报》1932年4月30日）。"孔夫子"号后为华尔（Friderick T. Ward, 1831—1862）的洋枪队雇佣，是一艘汽艇改装的军舰。

[27] 事见载于 Archives de la Mission du Kiang-Nan a Zi-ka-Wei（《徐家汇档案》）B1，F11，F13，此转见于《江南传教史》，第219页。争论以公学答应为修院提供优秀生源的妥协而解决。但后来事实上公学把马相伯等

优秀生升入了徐家汇自己的修院。

[28]　据《罗马耶稣会档案》(ARSI): "Sinensis Franciae, 1863—1878", Sin. 4-V卷。档案由美国旧金山大学中西文化历史研究所马爱德博士抄录、翻译并提供。

[29]　据上海教会人士口传，当时的马相伯常作为兼通中西语言和习俗的青年，被邀与上海租界上的中西官场人物应酬。开始时，教会颇引以为荣，但到后来马相伯卷入太深，以至夜深纵墙回校之事经常发生，使校方比较尴尬。

[30]　"十一名中九位来自徐汇公学，两名来自修道院。"(《江南传教史》〈二〉，第97页）其余十人为：许靖邦（540）、李浩然（541）、沈则恭（543）、沈则信（544）、沈则宽（545）、沈熏良（546）、袁耕心（547）、瞿光焕（548）、陆伯都（549）、翁慕云（550）。（见 Catalogus Patrum ac Fratrum, *A Renata Societate Jesu In MissionibusKiang-Nan et Tcheli*, Shanghai, 1867）修道院创建于1843年，曾设址于松江佘山、青浦横塘等地，直属教区主教。

[31]　法国保教权起源于1740年的增定法土条约。条约规定由法国保护土耳其境内的法侨和当地信徒的信仰。1844年，中法《黄埔条约》第二十二条："凡奉教之人，皆获保佑身家，其会同礼拜诵经等事，概听讲其便。"法国的保教权得自国际条约，而在明末后行于中国的葡萄牙护教权直接得自教皇。日后，中国和罗马均欲废除这一特权时，受到法国政府的抵制。法国的七月王朝、拿破仑三世和1871年共和国时期，都不是法国国内的宗教复兴时期，因此在殖民地的保教权主要是作为外交策略，用以扩张其势力范围的手段。

[32]《徐汇公学大事记》，转见《马相伯先生年谱》。

[33]《一日一谈》，"怯懦与残酷"。

[34]《徐汇公学奖励册》载：咸丰七、八、九年，丹徒马斯臧得"文科第二分奖金"和"圣学奖学金"。"圣学"即神学，专门讲授《天主实义》。

[35]　按耶稣会规，每位会士有若干的指导者，作常年的督导。

[36]　钱智修《马相伯先生九十八岁年谱》。

[37]　"发愿"是耶稣会士入会后必行的会规，内容三项：守贫，不为财富工作；贞洁，不婚娶；不宦，不在教外谋取高官，也不在教内担任主教等高级教职。

[38]　见钱智修《马相伯先生九十八岁年谱》。该谱将此事误系于咸丰十一年（1861），马相伯入会以前。《江南传教史》则记为1862年夏，允为

准确。

[39] 《江南传教史》第二卷，第98页。本资料来源于当年主教和修道院院长梅德尔（Le Maitre, Mathurin, 1816—1863）的报告。

[40] 《马相伯先生九十八岁年谱》。

[41] 同[39]所引书，第100页。

[42] 见前引《罗马耶稣会档案》。

[43] 江南耶稣会隶属耶稣会巴黎省，但传统上有非法籍会士加入。多国籍会士聚在一起易起摩擦，矛盾在七十年代时公开到法国。1875年教区会长高若天要求总会今后不要再派意大利籍会士来华，他抱怨说：徐家汇"所有对法国人反感的年轻中国人都是由意大利人教唆的。"高若天在1869—1871年间任修院院长，并担任马相伯的导师（见《罗马耶稣会档案》ARSI，Sinensis Franciae, 1863—1878, Sin.4-V）。

[44] 《一日一谈》，"我的幼年"。他的自习是从《九章》开始，结合西法，是清初学者"会通中西学理"（引文同）的旧路。同光时期，上海以李善兰为最有名的一批人，也都是这样会通地学数学的。

[45] 见《罗马耶稣会档案》。

[46] 《一日一谈》，"获得神学博士学位以后"。

[47] 马建勋在淮军的事迹缺考，唯据《一日一谈》，马相伯说："长兄建勋在淮军办理粮台，深得李文忠公信任。"刘成禹《相老人九十八年闻见口授录》（《申报》1937年6月7日）："予伯兄在李军中，说李改用洋枪。"淮军在1862年来沪后改营制，用洋枪，则马建勋至迟于当年入幕。

[48] 钱智修《马相伯先生九十八岁年谱》。

[49] 据作者1990年夏访问马相伯孙女马玉章记录。因建勋无嗣，金坛田产后归建忠；泗泾田产则归相伯。

[50] 《江南传教史》第二卷，第289页。

[51][52] 《一日一谈》，"获得神学博士学位之后"。

[53] 《罗马耶稣会档案》。

[54] 此事由方豪闻于徐宗泽，记于《马相伯先生生平及其思想》（《传记文学》六卷八期）："马相伯、眉叔兄弟原住朝南的两间，某年，有外国修士来华，会长命马氏兄弟让出，迁往朝北房间。眉叔其时也是四品修士，因愤于中外修士待遇不平，便毅然退出。"

[55] 见马玉章《怀念先祖父相伯公》。

[56] 见《罗马耶稣会档案》。按会规会长有权这样做，而今天的耶稣会已停止会长这项权力。

[57]《一日一谈》,"获得神学博士学位以后"。

[58]《罗马耶稣会档案》。

[59]《一日一谈》,"获得神学博士学位以后"。

[60]方豪《马相伯先生在教事迹年表》:"由欧赴美,至罗马,觐见教皇宗良十三世。"(《益世报》,1939年11月12日)

[61]王韬《蘅华馆诗录》,"马相伯自朝鲜回赠余发纸赋此致谢"。

[62]《一日一谈》,"借款"。

[63]《蘅华馆诗录》有"相伯还乡养疴赋此询之",其中有句"小筑精庐近沪滨",可见已定居上海。其时,王韬(1828—1897)年约六十,即1890年前。《一日一谈》"蔡孑民先生与二十四个学生学拉丁文"中,马相伯说他是在李鸿章1899年调任两广总督后才离开天津的。但事实上至晚在1894年,他已与徐家汇重建联系,而1898年梁启超筹办译学馆时,他更提出要与徐家汇的耶稣会合作。倘马相伯在戊戌时还在李鸿章处干得火热的话,康梁一辈不会如此请教于他。可能的情况有两种:一,马相伯把李鸿章第一次(1895)离任直隶总督与第二次调离混为一谈;二,在正式离开直隶总督李鸿章之前,马相伯已经常常在上海居住逗留。

[64]据马玉章说:"我原有一伯父,因为海难和祖母一起死在轮船上。祖母是山东人,当年在山东结婚。"玉章不能记海难时日。据相伯女(玉章姑妈)宗文对方豪说,她"五岁丧母"(方豪《马相伯先生生平及思想》,《传记文学》六卷八期)。宗文生于光绪十五年,则海难当发生于十九年,即1893年。

[65]《马相伯先生生平及思想》。

[66]据马宗文说:她"九岁即被送到上海圣母堂抚养,对自己生父只许叫叔叔"(《马相伯先生生平与思想》)。宗文九岁之年应为1897年。相伯子君远,娶邱氏任我,据玉章说,她母亲十八岁丧夫。

[67]《震旦大学二十五年小史》,转引自《马相伯先生年谱》,第197页。

[68]《弢园文录外编》,"原道"。

[69]梁启超《清代学术概论》。

[70]章太炎《演说录》。《辛亥革命前十年间时论选集(二)》上,三联书店,1963年,第446页。

[71]马良《政党之必要及其责任》。

[72]章太炎《驳神我宪政说》。《章太炎全集》(四),上海人民出版社,1985年,第317页。

[73] 见《上智编译馆馆刊》三卷六期,北平。
[74] 见章太炎《驳建立孔教议》,同上引书,第194页。
[75][76] 见《文集》。
[77] 《宗教在良心》。
[78] 《书〈利先生行迹〉后》。
[79] 《宗教在良心》。
[80] 见陈独秀《基督教与基督教会》(1922)。
[81] 见陈独秀《基督教与中国人》(1920)。上引陈独秀两文均转见张士钦编《国内近十年来之宗教思潮》,1927年,北京。
[82] 《致英敛之先生书》(1917)。马相伯在该书中引用保禄(Paul)的例子。这位宗徒通三国文字,习染犹太、罗马和希腊风俗。他以此证明耶稣始创教会时,便鼓励贯通语言和习俗,各民族一视同仁。
[83] 据赵雅博《雷鸣远神父传》,光主教的这次调查,题为"给一切中国主教司铎信友"。原拟32题,后因敏感而28题,且仅在主教中征询。马相伯的答问应该或是为某主教代答,或是因其元老身份而受特别的咨询。
[84] 《教宗本笃十五世通牒》。通谕在次年传到中国,因该谕的首句是"夫至大至圣之任务……"而命名。马相伯自费刊印《通牒》事见《陈垣往来书信集》(上海古籍出版社,1990年,第11页)马良1919年11月6日来函:"《通牒》已付刊未,价当于回南前奉上。"
[85] 转引自罗光《教廷与中国使节使》,传记文学出版社,1969年,第218页。
[86] 陈垣1923年作《黄钧选先生暨罗夫人七十双寿序》:"垣游京师十年,父事者二人,曰丹徒马先生相伯,曰梅县黄先生钧选。……马先生不常居京师,或往或来,来则谈宴竟日。"
[87] 《书〈利先生行迹〉后》。
[88] 《〈言善录〉再版序》。《言善录》是英敛之所作天主教伦理著作,文体文句富有儒家色彩。
[89] 1965年结束的"天主教梵蒂冈第二次大公会议"通过的系列文件中不但提倡天主教内部改革,基督教各派合一,还首次谈到与其他宗教和平相处的问题,主张在理解的气氛中探讨信仰问题。"在此历史性文件中,教会强调:地球上所有信仰各种宗教的人们组成了一个共同体。教会尊重印度教、佛教和伊斯兰教的精神、道德和文化价值。"(*The Documents of Vantican II*, America Press, 1966, p.658)此后,东亚的天

主教中也有人开始与佛教、儒家和印度教展开对话,但更多的保守的教派很不以为然。

[90]《致英敛之先生书》(1918)。
[91]《学术传教》。

（原载朱维铮主编《马相伯集》,复旦大学出版社,1996年12月）

张荣华 | "函夏考文苑"考略

本世纪初，马相伯等人曾倡议仿效法兰西学院（French Academy）在中国设立"函夏考文苑"[1]。虽然这项产生于动荡年月的倡议最终未能实现，成了纸面上的理想。然而它无疑已构成了近代中国文化事业史和中法文化交流史上的重要一页。[2]本文试图对其动议时间及基本性质等问题提一点个人的思考。

（一）

近代欧洲国家以Academy作为学术与科学研究机构的名称，最早出现于文艺复兴发源地意大利。[3]17世纪30年代，法国的一些学者和文人为了澄清法语混乱和进行文学交流，在路易十三的宰相黎塞留的大力襄助下，于1635年成立了主要从事字典资料整理和语法研究的法兰西学院。[4]这一学院又称语文学院，后与相继设立的金石学和文学院、科学院、伦理学和政治学院、艺术学院共同构成法兰西学院。这一由学术权威组成的研究机构，对近代法国学术与文化的协调发展，起了非常重要的推进作用。成为法兰西文化精神的主要载体。

近代中国较早记述法兰西学院情况的是郭嵩焘。他在《伦敦与巴黎日记》中写道"学优才赡，著作等身，朝野均荐之，博士是也。法国博士四十人，有穷一学者，有修国史者，名之最难得者也"，稍稍提及了法兰西学院四十名终身院士的情形。较早到达过法国的王韬，则在《法国儒莲传》一文中，称法兰西学院为"法国翰林院"，院士为"掌院学士"，并以为"欧洲惟法国有此名"[5]。相形之下，严复则在著译中三次提及。在《原强》一文的增订稿中，他指出"阿克德美"最早是古希腊学者柏拉图所创的"学塾"。《天演论》案语中也说："今泰西太学，称亚克特美，自柏拉图始。"[6] 所谓太学，与翰林院之称一样，都是以旧有名称套异域事物，而毫不论及两者性质的差异。

首先对法兰西学院的情形作出比较全面介绍，并试图将它移植中国的是马相伯。他在《仿设法国阿伽代米之意见》一文中介绍道：

> 阿伽代米，古希腊园主名也，曾以其园供柏拉图等哲学家讲演之用，由此人名作园名，园名作一切讲学所、考文所之称。法国路易十四时，文学与文化方兴，二三名士虑其清杂也，乃因名相设此考文苑。志在正字划、正名词。名词不雅驯者草除之，关于新学者楷定之，古书之难释者择善以注之，讹误者校正之；为发刊通行字典，以统一言文，而岁有所增补焉。又以致知学为一切理义学之根源，度数学为一切形质学之根源，故首重哲学，次算学，而一切耳目二官之美术，关于民智文明者，皆附有专家。

并且还介绍了法兰西学院制定奖励制度以促进社会道德风尚的改善，以及四十名终身院士的评选资格和崇高的社会地位等。[7] 通过马相伯的介绍和宣传，法国的这一重要研究机构才逐渐为人们所熟悉和理解。

现存有关函夏考文苑的文献主要是马相伯的《仿设法国阿伽代米之意见》与《函夏考文苑议》两件。前文系未曾发表的残存草稿，其中出现过"前清""民国"等称呼，表明马相伯撰写此稿时间不会早于1912年；后文分别载于1913年1月26日、2月2日、16日的天津《广益录》上。另据马相伯1913年3月底致李孟鲁函中有"函夏考文苑创议至今，荏苒半载"云云。[8]根据上述几点，方豪先生在《马相伯先生筹设函夏考文苑始末》一文中认为"最初动议大约在民国元年十月"。但笔者认为马相伯在清末即有创设"函夏考文苑"的想法。

在《仿设法国阿伽代米之意见》的残稿末尾，附有一份马相伯亲笔的"考文苑名单"，共十九人。除首列马相伯、章炳麟、严复、梁启超四人外，其余十五人均加注别号和学术专长。名单如下：

沈家本子敦①（法）、杨守敬惺吾（金石地理）、王闿运壬秋（文辞）、黄侃季刚（小学文辞）、钱夏季中②（小学）、刘师培申叔（群经）、陈汉章倬云（群经史）、陈庆年善余（礼）、华蘅芳若汀（算）、屠寄敬山（史）、孙毓筠少侯（佛）、王露心葵（音乐）、陈三立伯严（文辞）、李瑞清梅庵（美术）、沈曾植子培（目录）。

查上述每个人的生卒年，可以发现其中华蘅芳已于1902年去世。按照"苑中制度，悉仿法国"的基本原则，拟选苑士即院士的首要条件在于必须是在世者。作为一代数学宗师，华蘅芳的死讯虽然不可能家喻户晓，但是也决不至于去世十余年而依然不为学界知悉。仅根据这一点，似乎就难以排除名单拟于华去世前的可能性。

---

① 沈家本字子惇。
② 钱夏字中季。

至于名单最初由哪位发起人所推举，现在已无法查考，只能据有关线索作一些推测。马相伯附注中曾说："说近妖妄者不列，故简去夏穗卿、廖季平、康长素，于壬秋亦不取其经说。"这可能反映了章太炎的意见，因为章曾对康有为、廖平的经学观点提出过类似批评。其次，吴宗慈《癸丙之间太炎言行轶录》说及章太炎曾开列过考文苑的预算："当时预算中，所拟办事人才，其高足弟子黄季刚，赫然首选焉。"但在"考文苑名单"中，黄侃名列第四位。在1912年上半年章太炎等人议设与考文苑宗旨相近的"国学会"及"通俗教育研究会"的发起人名单中，也没有上述被删去的三人[9]。而梁启超此时"事多不遑兼顾"，在他写给马相伯有关考文苑的两封信件中，也从未提及名单之事。[10]方豪先生推测那份名单是后来列名发起者的严复所拟，由马相伯删掉三人。这一推测似乎并不可信。我们知道，从晚清到民国，严复对康、梁经历了一个从引为同志到深恶痛绝的转变，民国建立之初，正是严复痛诋康梁学说误国之时。此时他赞同马相伯的评价，应属于顺理成章之事。由此推测，名单虽出自马相伯的手笔，人选却非一人所拟，且所拟时间并不与《意见》一文同时。

考文苑名单的列举者虽无法确定，但如果名单酝酿于华蘅芳尚健在之时，那我们就有理由相信，函夏考文苑的动议时间要大大推前。在这方面，还可以举出一点旁证，那就是马相伯在1902年斥资创建的震旦学院。[11]据1902年订立的《震旦学院章程》所言，学院内开出的所有课程，均由马相伯定夺[12]，涉及人文科学、社会科学和自然科学的众多科目后来大多被纳入函夏考文苑的研究规划。马相伯本人在晚年也回忆说，这所多学科的学院"实具有西欧Akademie的性质"[13]。这就是说，早在1902年时，马相伯就已具有在中国"仿设阿伽代米"的意图和抱负，并已经以震旦学院为试验点加以实验。他为学院所提出的崇尚科学、注重文艺、不谈教理诸信条，后来也一一融入函夏考文苑的宗旨之中。假如上述推测可以成立，那么在1927年中央研究院成立前至少二十五年，中国的有识之士就已经在谋划创立类似的全国最高学术研究机构。

（二）

"民族欲自表其文明，非设考文苑不可。""他国虽有考文苑之设，俱不如法国之矜严周备。"[14]当追求英国式或日本式的振兴富强之路成为时代热潮之际，马相伯为什么要大力倡导仿效法兰西学院？换句话说，他从中看到了哪些东西为近代中国所缺乏和值得借鉴踵武的呢？

首先是学术研究独立自由的基本原则。马相伯称赞法兰西学院"一切制度，职务职权，上不属于政府，下不属于地方，岿然独立，唯以文教为己任"。学院人员的遴选以对其研究成果的评价鉴定作为唯一准绳，"势位与情托，皆在所不行"[15]。马相伯强调函夏考文苑的设立，也必须确保超然独立的地位以及独立研究的原则，从而克服学术研究与现实政治界限不清的情形。20年代后期蔡元培创设中央研究院时，也完全承袭了这一精神。

其次是重视人文文化的陶冶。与注重实际效益的英国文化精神不同，近代法国在工商业方面不甚发达，它继承了意大利文艺复兴以来的人文主义传统，十分注重文化的熏陶、传递和创造。法兰西学院在这方面起了很重要的作用。马相伯指出，法兰西学院一方面给予由学术权威人士组成的院士以崇高的地位，"遍求国中著作之林，文与学清洁雅正，名与实大段无间者而公举之；举定后，俸给虽甚微，而职务则甚高，以此声价之隆，他无与比。帝王若那波仑Napoleon才力之雄，犹可望而不可即焉"。另一方面更注重民智的开发与社会道德风尚的改善。学院中备有雄厚的奖励基金，任何著述只要"果雅驯有法度，可增民智而无亏风化，则不独以褒予为华衮，品题代加冕而已"。任何凡民只要其德行"有关社会之观感，人道之扩充者至深且切"[16]，也都可以受到学院的奖励。准此以观国内，马相伯认为要避免那种"国华无以保存，邦族无以保聚"的可悲局面，首要是必须仿办考文苑，一方面从"作新旧学"着手振兴学术事业，具体步骤是对先秦以来的经、史、子类著述疏通其义、离经分类、依类合经，"变旧学之奥涩，便于今学；使旧学有统系，近于科学"[17]。并及时奖励有补风俗、有益民智的各种著作。另方面，他认为"欲成美社会，非奉凡民为矜式，则奏效迟且难"。所以必须实行"奖诱凡民"的措施，对"凡民有道义者，道义之艰贞者"，从财物与舆论两方面予以奖励褒扬[18]。

最后，也是反映马相伯仿办考文苑初衷的是致力于民族语言文字的改良和规范统一化。17世纪法兰西学院创办的一个直接动机，就是一些文人学者感于当时法语的混淆无章，试图仿效文艺复兴时期人文主义者净化中古拉丁语的不懈努力，通过编纂权威性的法语词典，使本民族语言文字得到纯净、规范和统一，为法兰西文化的繁荣创造前提。所以马相伯说："法文之得袓拉丁，而风行欧土者，斯苑之功为最。"[19]有鉴于法兰西学院"志事首在辨正文字，编字典，纂文规"的经验，马相伯强调函夏考文苑的主要使命之一就是要"厘正新词"，招集国内的专家学者一起校订旧有译名，编订新的统一译名，并"仿文规撰语言规则"[20]。马相伯主张推行拉丁字母注音、改革汉字，都与这些认识有关。

除上述三点外。马相伯还主张仿效法兰西学院保存古代文物的工作，使文物保存与研究也成为考文苑的一项任务，"于古物之发现者保存之，并借照象以广传之；未发现者，当用埃及考古法以搜求之（培养此等人才，亦考文苑所有事也）。窃料搜求地下人造之工，不亚于天造之矿也"[21]。并吸取法兰西学院内分别设立金石学和文学院、艺术学院等机构的经验，于考文苑之外另设附苑：

> 附苑可先设金石词翰与美术，美术可先设绘画、造像、金石、雕镂、织绣等。应按历史搜罗，陈列保存之。古希腊之石人像，神态变幻高妙，遍欧美皆仿置模型，为美术之助；我国音乐之器，惜太简陋，无足陈者，似宜借助金方。金方所称金石词翰苑者，金石以纯璞言，器物言，与碑文体例言；词翰以韵文言，词藻言，与总集别集诸体言。故埃及之石碣几遍欧美。然则我国于名胜之区，可不及时加以保存乎？[22]

从上引马相伯所言中可以清楚地看出，在近代中国，马相伯与列名考文苑发起人的严复一样，都很重视为时人所忽视的美育在陶冶人的情操和理想方面所起的有益作用。虽然两人所获取的灵感来源不同，但无疑都属于当时早于蔡元培强调美育功能的先驱者。[23]

（三）

晚清时期，出现了继17世纪以来的第二次西学东渐大潮。在纷至沓来的国外各种思想文化形态中，独领风骚的是以实证理性为核心、强调有用与实效的近代英国文化。在近代中国人急切探寻富强的途径与发展模式的背景下，它适逢其会地提供了一种明确的努力方向。但同时也直接促成了实用主义、功利主义和社会达尔文主义等思潮在中国社会的泛滥。相形之下，对法国文化的译述和宣传，就产生的实际社会影响而言，基本上表现在介绍卢梭学说与法国大革命史两个方面。建立函夏考文苑的倡议和规划，其旨意显然是想通过这一规模宏大的实践，有效地改变国人在理解和接受域外文化时表现出来的偏颇心态，通过导扬以语文的教育和文化的陶冶为侧重点的法兰西文化精神，寻求近代西方文化发展的另一重要基础和根源，在人们的心目中树立起新的文化理想。对此马相伯曾明确表示：

> 法国文之足为导师者，正以胎息拉丁故。希腊重致知，科分原言、原行与原性；而拉丁文最注重原言，所以法国文以得立言原则见称于世。……今法国之文光万丈，初不禁吾人之凿取，一凿再凿，且将愈凿而愈长；研之究之，其文术之足以导吾问学者，形而上，形而下，无不包罗。[24]

为了落实设立函夏考文苑所必需的资金和苑址，马相伯在1912年至1913年的半年多时间内，屡次上书袁世凯、国务院总理赵秉钧、总统府秘书厅和内务部等政府部门及要员，期望能够得到实际资助[25]。他满怀信心地认为，一旦能获得政府拨给的丰厚基金以及大片苑址，函夏考文苑就能即刻告成。然而，马相伯在腐败的北洋军阀政府中无法找到一个像黎塞留那样的襄助人，一心企求当上皇帝的袁世凯决不会真心支持不受控制的独立研究机构在身边出现。因而尽管当时对议创考文苑之举"中外宣传，叹为盛事"[26]，马相伯的请求最后均告落空。被羁留北京的章太炎在这方面所作的一系列努力，最后也被袁世凯顶回。[27]

倡立函夏考文苑的规划虽然终告流产，但它所显示出来的开创精神却并没有随之消失，而成了后继者的一笔宝贵财富。1927年蔡元培主持创立的中央研究院，后来选定以"Academia Sinica"作为拉丁名称，并不是偶然的巧合。从它的基本性质、价值取向和机构设置等看都透露出函夏考文苑的精神和努力方向。

就基本性质而言，中央研究院作为国家最高学术研究机构，从创立迄始即追求一种超越政治之外的独立自主性，"超然组合，不涉行政范围，用意是在尊重'学术自由'的原则，使其可以充分发展"[28]。这与函夏考文苑明确表明"该苑不干政治，上不属政府，下不属地方"[29]，"维持文教，无一毫政事性质"[30]的宗旨如出一辙。在《国立中央研究院院务月报》发刊词中，蔡元培指出中央研究院"实兼学术之研究、发表、奖励诸务"，承担指导、联络和奖励国内学术研究的主要职责，这与函夏考文苑的总章规定也并无出入。

函夏考文苑的苑士"定额四十名"，其人选资格必须具备"文与学清洁雅正，名与实大段无间"，"须有精当佳作已行于世者"[31]，为国内第一流的研究权威；入选后须"躬与苑议"，承担指导苑务工作和研究方向等使命。列入"考文苑名单"的十九人，按照方豪的说法，其思想与著作已可构成"一篇清末或清末民初我国学术界简史"。中央研究院在成立之初，因考虑到选举院士的困难性，便设置了一个实际行使院士工作的评议会，其评议员的人选资格规定首先也是"对于所专习之学术有特殊之著作或发明者"[32]，并要承担决定学术研究方针、促进国内外学术研究等重要职权。第一届评议会的人数如不将评议长蔡元培算在内，恰好也是四十名。胡适、陈寅恪、陈垣、赵元任、李济、丁文江、翁文灏、傅斯年、陶孟和、竺可桢、丁燮林等人都跻身评议员之列。他们都是代表各自研究领域领先水平的权威人物，足可构成一篇清末民初或民国的学术界简史。在机构设置方面，考文苑拟设的主要研究机构后来也都在中央研究院得到落实。

注：

[1] "函夏"一词出自《汉书·扬雄传》，意指"华夏"；"考文苑"为

　　　　Academy 的汉译。

[2] 迄今为止，只有方豪写过一篇叙述性的文章《马相伯先生筹设函夏考文苑始末》，载《大陆杂志》第 21 卷第 1、2 期合刊。

[3] 1560 年，意大利出现一所从事科学研究的学院（Academia Seretoruin Naturae），成立不久即被教会禁止。

[4] *Encyclopaedia Britarnica*, Vo1. 1. p.58，1967 年。

[5] 《韬园文录外编》，卷十一。

[6] 《天演论·论十一》案语。另一处见于《原富》部戊篇一译文中，译作"阿喀德美"或"专塾"。

[7][14][15][20][21] 《仿设法国阿伽代米之意见》，《马相伯先生文集》增编，第 409—412 页。

[8][25][26][29][30][31] 《函夏考文苑文件九种》，《马相伯先生文集》22 至 32 页。

[9] 参见 1912 年 2 月 28 日《民立报》所载《国学会缘起》及同年 5 月 7 日所载《发起通俗教育研究会宣言》二文。

[10] 两封信已附载于《马相伯先生文集》增编，第 412—413 页。

[11] 关于震旦学院建立时间的考订，见《复旦大学志》第 33 页注释①，复旦大学出版社 1985 年。

[12] 《震旦学院章程》："一切功课，均由马君鉴定。"转引自《复旦大学志》第 39 页。

[13] 马相伯《从震旦到复旦》，《复旦大学志》第 43 页。

[16][17][18][19][22] 《函夏考文苑议》，《马相伯先生文集》续编，第 8—14 页。

[23] 严复曾于 1906 年发表英人倭思弗著《美术通诠》的译文，《严复集》及各种结集均未收入。

[24] 《北京法国文术研究会开幕词》，《马相伯先生文集》续编，第 16 页。

[27] 章太炎当时在倡设函夏考文苑方面的努力，可见《浙江教育周报》31 期《章太炎力争考文苑》、《逸经》11 期《章炳麟被羁北京轶事杂记》以及刘成禹《洪宪记事诗本事簿注》卷二。

[28] 《革命文献》第 59 辑，第 219 页。

[32] 《中央研究院评议会条例》第四条，《国民政府公报》第 1752 号。

　　　　　　　　（原载《复旦学报（哲学社会科学版）》1992 年第 5 期）

附录一　函夏考文苑文件十种

一　函夏考文苑议

考文苑，法国人于二百八十年前首创之，曰"法国阿伽代米"L'Academie Francaise。阿伽代米者，人名也，以希腊致知家柏拉图 Platon 等，尝就其苑讲致知学故耳。致知学者，致极其知，以推穷万事万物之所以然也。由是足以包罗一切，牟卢一切。凡学问有原理之纲宗，橅言之科则，由科则而科条，咸有一贯之统系者，始得名为科学。其研求之所与人，始得名为阿伽代米。

而法国人之创斯苑也，其始不过五六人，十余人，志事首在辨正文字，编字典，纂文规，追踵希腊、罗马（法国尔时不止一方言，一文字，故首在辨正而统一之），以保存其精当雅正先哲之文。而有晦塞脱讹者，力任疏通之，修撰之。名物混淆者，则尚论其时地方言，决择而厘订之，图说之。无可折衷者，宁阙疑，免学者徒费时，徒聚讼。而究其所得，不过抄刊之偶误，古语之失传者而已，甚或求新反晦，语怪而失真。至缘新学理，新事业，发现之新名词，则按切法文条例，而采用其良，俾无各执，而一国之中，言人人殊也。法文之得禩继拉丁，而风行欧土者，斯苑之功为最。译者无以名之，名之曰考文苑。

其继国王路易十四 Louis XIV，即大为提倡。然苑中一切制度，职务职权，上不属于政府，下不属于地方，岿然独立，唯以文教为己任。永定额四十名，非病故不出缺。缺出时，则由阖苑自行投票，遍求通国中著作之林，文与学清洁纯正，名与实大段无间者，而公举之。举定后，俸给虽甚微，而职务则甚高。以此声价之隆，他无与比。帝王若那波仑 Napoleon，才力之雄，犹可望而不可即焉。

被举资格，于文学外，不必兼他科学。由是后之人，附之以科学苑，兼数理化三科，又金石词翰苑，政学道学苑，美术苑，即 L'Academie des sciences, des Inscriptions et Belles-Lettres, des sciences morales et politiques, des Beaux-Arts。凡四苑，各有定额，而主体则共拥考文苑。

考文苑嗣因输助基本金者日盛，故得用为奖励金者颇巨。其奖文学也，岁无问世之作，不加考察，果雅驯有法度，可增民智而无亏风化，则不独以褒予为华衮，品题代加冕而已。凡所箸已成者，又准其功，颁苑金以犒之。未成与未箸者，若关民智与时局，所应研求，则悬巨金以待之。虽国外之史乘、民族、政教、文学、风俗、物产、陶冶、渔畋、畜牧、蜂蚕、商工、农虞、财用生计之方，无一遗焉。虽华人所译，不为其文，而为其有补于轩轾也，亦往往犒奖之。惟然，故不惟文学是重，其宏奖有德，抚恤始终忠信者甚厚。如累世忠仆，忘己身辅主家之类，有关社会之观感，人道之扩充者至深且切，故赠予之也，不厌其优。若仅一时之见义勇为，非不嘉也，而不得于抚恤之条者，盖道德之动人，每以贞久而愈挚。其关于宗教及伦常之性质者，通国视为固然，而不待奖予。奖予则反令作伪矣。

法国考文苑章，大致既如右述。准是以谈国内。而今言庞行僻，公私道德，吐弃无遗，家国治权，消亡殆尽，至欲均贫富，公妻孥，而公之均之，意在唯我。凡欧美巷议，穷滥野心，无不登高以呼，教猱升木，猛兽洪水，杨墨盛行（盖为我之至，将肆情从欲为自由；兼爱之至，将废兵废刑为政体），不驯至国华无以保存，邦族无以保聚不止。邦人君子，纵不能烈而焚之，辞而辟之，毋亦近师考文苑以提倡学风也乎？学风者，分言之，则学术也，风化也，由风化以酿成风俗也，不待文王而后兴者，非在野之先知先觉是望而谁望？由是提倡之方：一学术，二风化。其仿办总章：

学术一，又分为二：一作新旧学，示后生以从学之坦途；二厘正新词，俾私淑者因辞而达义。

风化二，又分为二：一奖励箸作之有补风化民智者；二奖诱凡民之有道义而艰贞者。

总章一之一，作新旧学。

旧学可先从秦以前入手。经、史、子三者，大都经子言理，而间言事以喻其理；史言事，而间言理以究其事。言必有文，文学是已。其用，言理足使知使由，言事足援往策令。至所言之事之理，则大半为治己治人。有治不治，而善恶生焉。西哲有善恶辨，辨人为之学也，殆即道学欤？然则旧学可分为二：一文学，二道学。

秦以后，可分唐以前，唐以后。秦以前未统一，少忌讳，故思想无依傍，下至唐以前，文字犹无依傍。唐以后，似不然矣。文乃有集，然泛言之，《礼记》亦集也。

作新者，一能变旧学之奥涩，则便于今学，二能使旧学有统系。则近于科学。以故作新之用亦有二。

一作新旧学之关于文学者，今其用一。

一变其奥涩。以文学言，一正字，二断句。字既正，而句不难断矣。大要按法国人，辨正古文，及古今名物之所为而已足。曰已足者，盖鸟兽草木之外，又有衣食住所等物名，及人地名焉。国文有同音同义，而数字可通者，应择定其一，于谐声及部首最适用者而公布之，以省脑力。盖于言之文不文，本无与也。国文又有双声叠韵等字，含有切音之法，由来最古。大都只取其音，离之则无义者。如尚羊方弗等，采用其字画最简单者，亦省脑力之道也。由上所言，凡字可通，音可假者，皆可删也。其数定不少。又其用二。

二使有统系。一以文法言。字句法已见《文通》篇章及段落，大要在起、承、收；之三者，又有各寓起、承、收者焉。实即哲学家三段论之法耳。二以文体言。言事言理，两大别耳。其言之也，有独使知者，有兼使由者，有独援往者，独策今者，又有互相兼者。其事与理，有独举大纲者，有兼举细目者，有关系德性、问学及社会、政治者，分门别类，汇举大纲。大纲以门类言，事项言，有首要，有次要。可按各级课程选别适于诵法及观览者，以趣进文学而保存之。

二作新旧学之关于道学者，今其用一。

一变其奥涩，似不外疏通其义。但字句之奥涩既去，义不待疏而自通也，故作用无殊文学。又其用二。

二使有统系，一离经分类，二依类合经。一谓类别关于德性者，问学者，及社会政治暨农与工者，自为篇段，不按原经也。二谓就所类别者而综合之，譬之同一事理，而比兴可万不同焉，然于事理无与也，类而合之，但可为文学之助。至事理之为劝为戒，必有可劝可戒之所以然，能各依类而推穷之，斯有统系矣。

总章一之二，厘正新词。

新词有关于哲学、数理、政治、理化、星躔、地塽、矿石、动植、重力、机械等，有旧有者，旧译者。其旧译者，以晋唐所译梵书为最古，次则明季与清初，又次则日本维新之始译者，汉文尚审正不讹。其后译者，未免杂以和文矣。

厘正者：一校订旧译，二编纂新译。以故厘正之用有二：

一校订旧译。其校订也，可延海内专门者各任一门一科，编为字类。字类先后，一依本科，二依西文字母，各系以简当之界说图说。二编纂新译。大抵政治、数理两门，应增补者无多，动植等似应仿拉丁文格正物品之大宗大族，而以显色形色等识别其万殊也。理化学之 Agent 原行，与 Element 原质，及 Monade 太素，三者命意不同。凡原质之名，名以寻获者之名者，不如以别于其他之特点为名矣。旧译取音，音既不谐字，又生造，不如径用西文为愈。数理学用西文字母既通行矣，何以独原质而不用也？且世界语亦用之，名片又多用之。车站站名无不用之，独于原质反是。斯真不可解者矣！

总章二之一，奖励著作。

著作有二，一有补风化者，二有益民智者。

一风化。以道德言：一私德，应从不自欺，不惮改下手。事事须本良知，有宗旨，心口交诚，不妄动，不虚生，光阴是宝，财色非宝。二公德，应从报恩始。孝之为义，报恩也，忠于社会，亦报恩也。不损人，不害人，权利不侵，义务必尽。凡中外史乘所载，关于前项事实，有步武可绳者，及比喻之足为当前指导者，或编或撰皆可。

二民智。一凡关于借物以自养者，二凡关于通国之自治者，三凡关于人之常识者，兹仅概举其凡。而关于性法、教法、国法不与焉者，非不与也，但不待详耳。而自治自养之内容，从何推暨矣。奖励有二。一著作已成者，准功以犒之，二在所应研者，悬金以待之。

总章二之二，奖诱凡民。

凡民者，侧陋之齐民也，居通国十之九。士夫位望不同，即有奇行，不足以动之。故欲成美社会，非奉凡民为矜式，则奏效迟且难。一凡民有道义者，二道义之艰贞者。一、道义云者，必权利于让之无过者，加让也；必义务于应尽之外者，加尽也。二、艰贞云者，必困衡空乏之备尝也，必历久弥坚而不渝也。

奖诱者：一以财物，二以文字。一加其身，二及其嗣。

右所具提倡之方，知多挂漏，俟得欧美通行本，增译可也。

今所倡者，拟名为函夏考文苑。苑中制度，悉仿法国，人员定额亦四十名，由发起人推举三之一，余由三之一，通信公举。抱定"宁阙毋滥"四字，庶几考文苑方有价值。

无论到苑前后，个人著作，不得视同苑版。应否加冕，与苑外人同。

本苑袛设京都。苑宇须大，以便附设他苑，及早可向公家领用。

苑中须有藏书楼。国内新书，应由出版人各存一部。

基本金可先请领官荒，俟有捐款，自行开垦为妙。

住苑董理人员，俟公举后再定。

附苑可先设金石词翰与美术。美术可先设绘画、造像、金石、雕镂、织绣等，应按历史搜罗，陈列保存之。古希腊之石人像，神态变幻高妙，遍欧美皆仿置模型，为美术之助。我国音乐之器，惜太简陋，无足陈者，似宜借助金方。

金方所称金石词翰苑者，金石以纯璞言，器物言，与碑文体例言；词翰以韵文言，词藻言，与总集别集诸体言。故埃及之石碣，几遍欧美，然则我国于名胜之区，可不及时加以保存乎？

二　为函夏考文苑事致袁总统条呈

敬将仿办函夏考文苑事，条呈钧核。

一、法国路易王十四时，五六文人，聚研文艺，王即以其王宫假予叙会，殊得风气之先。欧地至今称之。论者至谓法国斯文之盛，于变之休，政与教胥于此苑基之焉。

一、该苑不干政治，上不属政府，下不属地方。所事者，一校定古大家文字，一以《说文》释名法，编字类，一收罗著作之有用者，评题之，又预约有用者，悬奖以待之，一齐民幽德，必设法表彰之，奖助之。

一、该苑定额四十名，由苑公举。所举须有精当佳作已行于世者，乃可。无其人，不如虚其位。禄极微，志不在此也。惟奖励金则甚巨，非富有基本金不可。

一、古道德即国魂也。魂寓于文，考之我国尤信。故振兴古道德，以提倡古学为宜。创办不如仿办，仿办一不见疑，二不贻误，以有经验良方可循故也。际此破坏之余，似以仿设函夏考文苑为要事，即仿第二条悬赏与表奖二事，容于收放心、化野心，不无稍济。

一、基本金非筹官荒千顷，似不足用。开荒之法，先少开。少开则需费少，辗转以开得之利，赓续之，则事易举。荒愈南，尤易举，且使学者知开荒之利，与开荒之易，于举国皇皇然无官则□之习，庶有豸乎？

一、苑址须大，以日后须设附苑故也。苑屋须不太陋，以外人研汉学者，必来就访故也。目前以悬奖为最要，但登报足矣，无须先有额员及院务员驻苑也。惟请预为指定相当公产，腾移待用。特此肃陈，饬准施行。

三　致总统府秘书厅

敬启者：函夏考文苑，前蒙大总统允准在案，中外宣传，叹为盛事。缘此，法国考文苑硕士白里社，特偕法公使康德过访，询知函夏苑颇师其法，乃大表欢迎，意在早观厥成，以为不用政府之权力，止用心理之同然者，以提倡民间之道德，贤才之学诣，至可贵也，亦破坏之余为建设家所必要。唯以中国之大，奖励金不可不丰其本云。窃维函夏既劳国务院允为赞助，不敢有始无终，听其消灭。谨申前请。

一、拨遵化州之东陵及天津军粮城南之排地，官既放荒，请速指令，领到该荒契据，仍拟送存内务部，以昭慎重。

一、山海关迤南一带，本为外国戍军所占，内有滨海约长二里，宽一里许者，久为西人海浴之所。兹由西人交到其图奉上，但求一允字，在政府则惠而不费，在函夏苑便可树碑碣，以与戍军交涉。图内英国打靶场，亦可派人缓与商迁，不然，彼得自由建筑，故不如拨归考文苑之为愈矣。

一、函夏苑既关国粹，其苑宇亦以古建筑为宜。苟有合式之大寺院，或大公所，请预为指定，勿致如前翰林院之争屋，别生枝节。

一、苑员暂不指定。惟祈先拨借公宇一小所，为筹办之地。

右陈四件，请代催询，并呈大总统核行，不胜盼祷之至。良晤兹暮日，岂好倒行哉？本苑既以人民心理之同然，维持文教，无一毫政事性质，故义务重，权力轻。倘蒙允准，求人自代，意欲早为之计也。亟亟渎陈，顺请大安。外地图一纸。三月三十一日。

附：

据呈已悉，请将关外海滩沙地，拨归函夏考文苑，事属可行，已由院知会内务部发给执业凭照，俾资信守。

国务院批：马先生呈，大致如此，其字句则记忆不清，日内即可公布矣。又铮复向内务部说明，一俟执照办出，随即送交马先生。此纸请辅周先生带呈马先生。

四 致赵总理

智庵先生大鉴：函夏考文苑，第就宏奖道义言之。按法国人施为基本金者极富，吾国十倍之不为多，况共和国民德，其奖诱机关，不与众共之可乎？则舍考文苑不可。既蒙大总统及国务院以次慨允赞助，以符时势，与人心亟亟观成之望，乃本苑发起人章、梁二君，各以事牵，不遑兼顾矣。良亦忝居发起，敢不静候贵院函允之件，预为指实。否则，将何以有始有卒，报命于函夏？故遵化之放荒，纵有缪辀，既可放，即可预留余地，一也；天津军粮城南名排地者，田尚污莱，民荒价一元一亩，官荒亦有三四百顷，可尽拨以为民荒开垦之倡，二也；又距山海南，可为夏日海浴之滨沙滩十余顷，皆可化无用为有用，三也。在贵院但费一纸书，与冯督筹定，拨归本苑，而苑金有著，造福于民德者，固已万禩不朽欤！不胜大愿，愿从速指拨。谨此肃颂政履。二月一号。

敬再密启者：山海关南既为外国戍兵之地，距八地许之沙滩官地可十余顷，西人久据为夏日海浴之用矣。因筹考文苑基本金，有数西人极表同情，谓该滩若划归考文苑，以西人之所重，而与之交涉，每年可得租金一二千元不难也，并出图以示。窃以为租金事小，主权事大，不速则彼自由行动其奈何？然此意未便公布，故特密陈，乞代达大总统示复为祷！

五　致　国　务　院

国务院总理大鉴：昨承贵院秘书函教，考文苑苑宇及官荒，可径与内务部筹商，以归简捷。仰见大总统及贵院于文化民风提倡之热诚，观成之恳切，其大有造于民国无疑。良等不才，虽任发起，但苑额四十名，不如留以有待，既不敢忝居，亦不敢指实其人也。内务部既归贵总理兼任，为此祈指定时日，以便趋教。据熊都统秉三言：遵化一带，不日开荒，不难指拨千顷，以春初即可开垦为妙。又闻西苑北海一带，将开作公园，不识能无碍公园，区画院落，颇齐整可关阓者为苑宇否？其附苑恐无大院落可并容，似不妨别为指定，不知有大寺院大公所较北海更整齐者否？肃此预定，恭候复音，不具。

六　致张仲仁

仲仁先生惠鉴：函夏考文苑，既承大总统及国务总理以次允为筹拨，但官荒非先指定，则苑基不立。发起人章、梁既各以事牵，良不守求国务院指定，将有始有卒之谓何？故不敢南者此也。其官荒一在遵化之东陵，一在天津军粮城南之排地，一在山海关南八里许之沙滩，该处为外国驻兵之所，滩为夏日海浴之用者久矣。近以本苑基本金问题，西友之关心者，谓该滩虽自由用为海浴场，若领归函夏考文苑，则可说令出租十余顷地，岁一二千元可得也。以租金事小，主权事大，已函请赵总理，从速化无用为有用，拨归本苑，以便约令春日开工，得供夏日之用。夜短梦长，非敢日暮倒行也。

七　致李孟鲁

孟鲁仁弟鉴：函夏考文苑，创议至今，荏苒半载。虽经国务院允与各部直接以免迟延，而得道路传闻，所未呈请者，而财部已有批驳之说。得毋国务院自相驳耶？奇文！奇文！兹遵所教，谨缮今函，有无作用，则在仁弟矣。倚枕祷叩，即颂日安。三月三十一日。

附：五月三日内务部函

迳复者：前接华翰，并北海图略一纸，敬悉。函夏考文苑屋舍无着，进行殊难，拟将北海之阅古楼、漪澜堂两所，拨给应用等因。惟查北海地方，前据京师总议事会呈请开放，改设公园等情，当以三海地方，既经总统府接收，是否可行，业已函致国务院，核办在案。兹奉前因，除由部仍行函达国务院查照见复外，先此奉闻，即颂公祺。

八 致某某先生

□□先生足下，敬启者：良为函夏考文苑事，先后请大总统、国务院酌拨荒地、经费及苑址等，均蒙赞同，至为欣幸！又蒙大总统委请执事速办，闻讯之下，无任欣慰。此事经太炎、任公先生及良三人发起后，正苦入手维艰，无由进行，兹有执事主持，定可即日举办。前派王君世澄、叶君景莘趋谒仲远先生，以资接洽，承示办法大概，感荷无已！惟屋舍无着，进行殊难。兹查北海琼岛之西北隅，有阅古楼、漪澜堂两所，颇能合用。阅古楼存有三希堂石刻，尤宜急图保存。漪澜堂东界倚情楼，西界分凉阁，中有围墙一带，鸿沟天然，于公园之组织，绝无妨碍。其屋舍似为居住而设，本不合公园之性质，且约计所占者不过全岛十之一耳。倘蒙拨用，全国士子，自当铭感不尽。前蒙仲远先生面告王、叶二君，谓北海现由拱卫军守护，恐非大部势力所及。惟北海日后既须开作公园，自应在大部管辖之内。此时拱卫军之责任，仅在守护，指拨之权，仍在大部。设使手续上须与拱卫军合议，亦请大部径与磋商，以省□□。用特不揣冒昧，一再续陈，务恳俯允所请，不胜盼祷之至！专肃，祗请公祉。马良谨上。

又铮先生大鉴：接诵六月九日手书，仰见提倡之热诚，感纫无量！承询苑宇之数，得有如漪澜堂、阅古楼之大厅事两所常屋十余间，方足敷用。盖一经筹办，中外学人之来瞻仰者必众。闻王室废庙甚多，倘有够数之屋，而瞻观尚属壮丽者，请即指拨为感。又凭信尤乞速颁，因前与接洽之西人，不日将离京也。且山海关戍地本属官荒，似亦属大部辖内者，想必易为力也。

九　仿设法国阿伽代米之意见

阿伽代米,古希腊园主名也,曾以其园供柏拉图等哲学家讲演之用,由此人名作园名,园名作一切讲学所、考文所之称(所,指地;讲学考文皆指事。译为宏博等称,未免专指人矣)。

法王路易十四时,文学与文化方兴。二三名士虑其清杂也,乃因名相设此考文苑,志在正字画,正名词。名词不雅驯者革除之,关于新学者楷定之,古书之难释者(时方原本辣丁文创造国文,正之以免各原其原,各造其造。如考卷耳一物,虽数万言仍不能定,何如就地考证,姑定一物),择善以注之,讹误者校正之。为发刊通行字典,以统一言文,而岁岁有所增补焉。以上各职,由担任者报告各员,校定批准。

又以致知学为一切理义学之根源,度数学为一切形质学之根源,故首重哲学,次算学。而一切耳目二官之美术,关于民智文明者,皆附有专家。然邦族之文明,不专在民智,尤在民德。民德尤重公德。公德为合群所必要,且公德盛,私德亦昌。所以凡因公德,如因救水火而致死致伤者,或忠于雇主之孤嫠,行文调查确凿以后,必有以表彰之,抚恤之。抚恤不逮于其身;必逮于其孤嫠焉。为供以上两节之用,筹有基本金极丰。

员额四十名,实为主体,皆终其身,故号称不朽。轮补者须有清真雅正之著作(指书籍不指文集。文就各题论,不专尚词彩也),经考文苑全体鉴定,悬之国门可无愧者,然后可补。不然,宁缺毋滥。势位与情托,皆在所不行。真除者宜谒总统,以重其选,必有一篇即真文字,以示其志趣。真除后,惟躬与苑议者,可岁得二百四十佛郎为车马费。意者必如是,而后通国知所重在学不在禄也。

他国虽有考文苑之设，俱不如法国之矜严周备。我国如欲仿设：

一、于发行字典外，又当搜罗古籍，择要发刊。于古物之发现者保存之，并借照象以广传之；未发现者，当用埃及考古法以搜求之（培养此等人材，亦考文苑所有事也）。窃料搜求地下人造之工，不亚于天造之矿也。又各地面所产动植等物（有经洋人已调查者），亟当奖助学者，各就本地所见，参以志书，彼此互证，一一笔之于书而传布之。盖古物者，古代之文明也。物产者，物质之文明也。民德者，精神之文明也。均此立国于天壤，而欲表示之，非文言二者不为功。他国文言合犹易，我国文言分故难。难则表示不广，夫何怪外人之以蛮族相视哉（日本维新后，其政治与教育之进步，皆有英、法、德文以报告。而代吾报告者，则无非吃烟与乞丐及种种野蛮刑具，故前清时，法国尝派专员专照乞丐，而往来行人，必视察囚犯与受刑诸状。故外交之失败，其由来久矣）！

一、员额可定为大衍之数。始创人不可预其额，以示无偏。

一、基本金可以二三万顷为之。民国前各府各县皆有书院，书院皆有花红奖助寒士，或集义捐，资助死事。故民族欲自表其文明，非设考文苑不可。况奖助与抚恤等用，以一千七百州县分摊，一州县一万金，亦须一千七百万，故二三万顷之基本金，实不为多。

一、我国文字之难，以其虚实死活，但视其位，而无定形。如"明明德"二"明"字，上活下死，其辨在位不在形。加以天下万民，皆先有语言，后有文字，文字但传语言之音则易。我国不然，故难。今欲仿造字母以传其音，莫如且用外国通行字母。若舍通行而增造，徒费造者习者之脑力，甚无谓也！反是而用通行者，则一切外国地名、人名及新发明之物名，皆可用原文，不须转译，其便一也；通国皆谙字母之拼音，于学习洋文必易，且使洋人学习我文亦易，其便二也；又于统一方音，关系非浅，其便三也；且读度数等书，用字母指方位者，易于了解，其便四也。字母不外声韵，声不含韵，韵不含声，方为确当。声者一失口而即穷，故宜用仄。韵者余音袅袅，故宜用平。平用平韵，不加记号，惟上去入施以 ハ、・ 等记号。四声既准，必较洋人现所用者，更为确切。

可仿文规，撰语言规则。词义则分门列之，如天文门、人事门等等，使学语言，不难寻究。

再字母之音宜备，使粤人谐粤，闽人谐闽，各得其音，久之与拼音俱化，而音他方之音，亦不难矣。计外人代谋者，已得二十余种，然皆偏于一方，似不如但取其备之为愈矣。

变用字母，字既无意，须用一意为一名词，一名词写为一字。如"王不留行"虽四字，实一名词，故用字母须写为一字。又如"今日特地过来问候"，皆两音为一字，字各分段不联，似字句亦易分别。（下缺）

十　考文苑名单

马　良 湘伯　　章炳麟 太炎　　严　复 几道　　梁启超 卓如
沈家本 子敦（法）　　　　杨守敬 惺吾（金石地理）
王闿运 壬秋（文辞）　　　黄　侃 季刚（小学文辞）
钱　夏 季中（小学）　　　刘师培 申叔（群经）
陈汉章 倬云（群经史）　　陈庆年 善余（礼）
华蘅芳 若汀（算）　　　　屠　寄 敬山（史）
孙毓筠 少侯（佛）　　　　王　露 心葵（音乐）
陈三立 伯严（文辞）　　　李瑞清 梅庵（美术）
沈曾植 子培（目录）

（说近妖妄者不列，故简去夏穗卿、廖季平、康长素。于壬秋亦不取其经说。）

附：梁启超书

一

湘伯先生几席：惠简祗悉。惟即日寝味多福！蒋君于东国语言颇有隔阂，檄令归国，以期别展所长，不但为耆贵而已。考文苑系神州宏举，震烁古今，匡翊之责，谊不敢让。台谕以空言不若奖金办法，至为扼要，当以时咨告同人，浼其赞同尊恉，俾中原文献藉假大贤之力而天壤长存，何其幸也！事冗，无由候晤，瞻想无穷，惟慎护！岁寒，加意卫爱。私情不胜祝愿之至！　梁启超顿首。十八。

二

相伯先生有道：考文苑大稿先检奉还，稍暇更当僭作一序。先生何日首途？顷患痢颇惫，未能强送，无任瞻恋。惟万万为道自卫！敬颂道安不庄。　后学启超叩。

（原载朱维铮主编《马相伯集》卷二，复旦大学出版社，1996年12月）

附录二　马相伯先生筹设函夏考文苑始末（方　豪）

一　前　言

"函夏考文苑"这一名称，我相信对大多数读者是生疏的；"马相伯先生"，我想很多青年人对他也不会熟悉，所以我必须在文前作一概括的说明。

"函夏考文苑"，大体上说来，就类似现在的中央研究院。马先生计划创办"函夏考文苑"，是仿照法国"阿伽代米"（Academie），蔡孑民先生筹办中央研究院，多少也受了"法兰西研究院"（或译法国科学院）的影响。

函夏考文苑的最初动议，大约是在民国元年十月，民国二年六月后便告流产；民国三年又曾一度提出，仍未实现。函夏考文苑想在民国元二年出世，实在可以说"不是时候"，但比中央研究院的成立要早十六年，马先生的识见是值得令人敬仰的。

民国元年，马先生已是七十三高龄的人了，倡导规模庞大、影响久远的国家学术最高机构，如此壮志、如此雄心，当时更无第二人；且以声望言，亦无人足与相老颉颃，徒以项城袁氏不学无术，其幕府无非官僚，加以政局不定，无暇及此，相老为此事呼吁近一年，声嘶力竭，终成泡影，否则，此一国家学术最高机构当能早十六、七年出现，国家学术进步亦可提前十六、七年，不能不说是一件憾事！

马先生生于民国前七十二年，即清道光二十年（一八四〇），原籍丹阳，寄籍丹徒。世奉天主教。原名志德，又名钦善，亦名建常，改名良，字相伯，亦作湘伯、芗伯。长兄早卒。二兄建勋，字少良，以御太平军有功，任湘军粮台。弟建忠，字眉叔，比他小六岁，以马氏文通名于时，实则此书乃相伯、眉叔昆仲所合撰。眉叔早岁留学法国，归国后，协助李鸿章办理新政；平朝鲜政变，执大院君归；总理招商局。光绪二十六年（一九〇〇）卒，年仅五十有五。

　　这里限于篇幅，只介绍先生的学术生涯。先生十二岁入上海徐汇公学，那时徐汇公学也只创办了一年。国文外，兼攻拉丁文及西算等。二十三岁入耶稣会为修士，读哲学、神学等；三十一岁（同治九年一八七〇）晋司铎，传教于安徽宁国府，又调江苏徐州府。三十三岁，任徐汇公学校长；三十四岁著《度数大全》，又译其他数学书百余卷，教会都把这些原稿束之高阁，不替他印行。三十七岁奉命调至南京，因不满意外籍教士措施，退出耶稣会。时光绪二年（一八七六）。眉叔先生也曾入修道院，先就退出了。也是由于外国籍院长歧视中国修士。光绪二年眉叔以郎中派赴巴黎中国使馆，学习洋务。

　　光绪二十九年（一九〇三）马先生创办震旦学院于徐家汇天文台内，时已六十四岁；马先生曾请耶稣会协助；两年后，外籍司铎南从周任教务长，尽改旧章，学生抗不从命，先生辞职而去，学生大哗，相率离校，遂在吴淞另创复旦公学。先生自任校长。后由严又陵、夏剑丞、高梦旦诸先生继任。宣统元年（一九〇九）先生复任校长。民国二年，一度任北京大学校长。同时，又与英敛之先生上书教廷，在华北设立天主教大学，所以先生是辅仁大学原始发起人。此后从事译著，老而不倦。抗日战起，先生移居桂林；二十七年十一月，拟移居昆明，至谅山，以病，不堪跋涉，止于谅山。二十八年全国曾为先生庆祝百龄大寿；十一月四日，寿终谅山。

　　本文不拟介绍马先生的政治生涯，但他和两个人的关系不能不提。一是李鸿章，一是袁世凯。光绪二十年前，先生初入仕途，到日本、到朝鲜，在外交界工作，都出于李鸿章的推荐；民国初年，洪宪以前，先生和袁世凯的关系颇为密切，曾任总统府高等顾问、参议院参议、参政院参政、平政院平政等职。袁氏之所以如此优礼先生，实因在朝鲜一段时间，袁氏颇受马先生的提拔。

二 仿设法国阿伽代米之意见

在目前我所知道的有关"函夏考文苑"的资料，最早的一件是马先生亲笔拟的"仿设法国阿伽代米之意见"，可惜是残稿，陈援庵先生藏，曾收于拙编《马相伯先生文集增编》（四〇九页）。凡创办函夏考文苑的宗旨、规模等等，都包括在这篇草稿中，而且正因为它是草稿，所以连措辞和结构都不太修饰，更可以窥其真意所在。为此特将全文录后，让读者亦可以知道马先生创设函夏考文苑志趣之所在。

> 阿伽代米，古希腊园主名也，曾以其园供柏拉图等哲学家讲演之用，由此人名作园名，园名作一切讲演所、考文所之称（所，指地；讲学、考文皆指事，译为鸿博等称，未免专指人矣）。
>
> 法王路易十四时，文学与文化方兴，二三名士虑其清杂也，乃因名相设此考文苑，志在正字画、正名词；名词不雅驯者革除之；关于新学者楷定之；古书之难释者（时方原本辣丁文创造国文，正之以免各原其原，各造其造；如考"卷耳"一物，虽数万言仍不能定，何如就地考证，姑定一物），择善以注之；讹误者校正之；为发刊通行字典，以统一言文，而岁岁有所增补焉。以上各职，由担任者报告各员，校定批准。
>
> 又以致知学为一切理义学之根源，度数学为一切形质学

之根源，故首重哲学，次算学，而一切耳目二官之美术，关于民智文明者，皆附有专家。然邦族之文明，不专在民智，尤在民德，民德尤重公德，公德为合群所必要，且公德盛，私德亦昌，所以凡因公德，如因救水火而致死致伤者，或忠于雇主之孤嫠，行文调查确凿以后，必有以表彰之、抚恤之；抚恤不逮于其身，必逮于其孤嫠焉。为供以上两节之用，筹有基本金极丰。

员额四十名，实为主体，皆终其身，故号称不朽；轮补者须有清真雅正之著作（指书籍不指文集，文就各题论，不专尚词彩也），经考文苑全体鉴定，悬之国门可无愧者，然后可补，不然，宁缺毋滥，势位与情托，皆在所不行。真除者拟谒总统以重其选；必有一篇即真文字，以示其志趣。真除后，惟躬与苑议者，可岁得二百四十佛郎为车马费，意者必如是而通国知所重在学，不在禄也。

以上指出法国阿伽代米的特色，当然也就是说明为什么必欲"仿设法国阿伽代米"的理由。下面是说中国阿伽代米应做的工作、名额，以及基金的筹措等等。全文尚不见"函夏考文苑"一名，可见此文实为最初的草稿。马先生接着说：

他国虽考有文苑之设，俱不如法国之矜严周备，我国如欲仿设：

一、于发行字典外，又当搜罗古籍，择要发刊。于古物之发现者保存之，并借照像以广传之；未发现者当用埃及考古法以搜求之（培养此等人材亦考文苑所有事也）。窃料搜求地下人造之工，不亚于天造之矿也。

又各地面所产动、植等物（有经洋人已调查者），亟当奖助学者，各就本地所见，参以志书，彼此互证，一一笔之于书而传布之。盖古物者古代之文明也；民德者精神之文明也；均此立国于天壤，而欲表示之，非文、言二者不为功。他国文、言合，犹易，我国文、言分，故难；难则表示不广，夫何怪外人之以蛮族相视哉（日本维新后，其政治与教育之进步，皆有英、法、德文以报告，而代吾报告者，则无非吃烟与乞丐及种种野蛮刑具；故前清时，法国尝派专员专照乞丐，而往来行人必视察囚犯与受刑诸状，故外交之失败，其由来久矣）！

一、员额可定为大衍之数，始创人不可预其额，以示无偏。

一、基本金可以二、三万顷为之。民国前各府各县皆有书院，书院皆有花红奖助寒士；或集义捐，资助死事，故民族欲自表其文明，非设考文苑不可。况奖助与抚恤等用，以一千七百州县分摊，一州县一万金，亦须一千七百万，故二、三万顷之基本金，实不为多。

一、我国文字之难，以其虚、实、死、活，但视其位，而无定形，如"明明德"二"明"字，上活下死，其辨在位不在形；加以天下万民，皆先有语言，后有文字，文字但传语言之音则易，我国不然，故难。今欲仿造字母以传其音，莫如且用外国通行字母，若舍通行而增造，徒费造者、习者之脑力，甚无谓也！反是而用通行者，则一切外国地名、人名及新发明之物名，皆可用原文，不须转译，其便一也；通国皆谙字母之拼音，于学习洋文必易，且使洋人学习我文亦易，其便二也；又于统一方音，关系非浅，其便三也；且读度数等书，用字母指方位者，易于了解，其便四也。字母不外声韵，声不含韵，韵不含声，方为确当；声者一失口而即穷，故宜用仄；韵者余音袅袅，故宜用平，平用平韵，不加记号，惟上去入施以，丿丶·等记号；四声既准，必较洋人现所用者更为确切。

可仿文规，撰语言规则，词义则分门列之，如天文门、人事门等等，使学语言，不难寻究。

再字母之音宜备，使粤人谐粤，闽人谐闽，各得其音，久之与拼音俱化，而音他方之音亦不难矣。计外人代谋者，已得二十余种，然皆偏于一方，似不如但取其备之为愈矣。

变用字母，字既无意，须用一意为一名词，一名词写为一字，如"王不留行"虽四字，实一名词，故用字母须写为一字；又如"今日特地过来问候"，皆两音为一字，字各分段不联，似字句亦易分别（以下残）。

根据这一原始文件，马先生理想中的"中央研究院"是有一套计划，并且是有一定目标，和固定工作的，不像现在中央研究院的着重自由研究。

这一所法国式的"考文苑"还包括了现在国立编译馆的工作。其门类代为借用今日通行名词称之，大约可分列如左：

一、哲学研究所。
二、数学研究所。
三、物理学研究所。
四、艺术研究所。
五、考古学研究所。
六、动物学研究所。
七、植物学研究所。
八、中国大字典与专门字典编纂所。
九、名词统一委员会。
十、古物保管委员会。
十一、古籍刊行委员会。

十二、中国语文改进委员会。

十三、奖恤委员会。

马先生有一个极艰巨的工作，也想交给"考文苑"去研究和推行，那就是他认为中国的语（言）文不一致，所以阻碍学术研究，他主张采用"国外通行字母"，那就是拉丁字注音；不过他的目的似乎只在学习方便，倒并不是统一读音，推行国语；所以他主张广东、福建等方言都要有拉丁注音。我们更不要忘记《马氏文通》虽是他的兄弟建忠（字眉叔）署名发表的，实是他昆仲二人合作的，所以他也把"仿文规，撰语言规则"的工作也交给"考文苑"了。

但对于"考文苑"名额，马先生这一篇草稿中初则说："员额四十名。"继则说："员额可定为大衍之数。""大衍"是五十，可见他当时思虑亦不甚周备。

三　函夏考文苑议

除了这一篇"仿设法国阿伽代米之意见"的亲笔草稿之外，马先生另有一篇更长更详尽的"函夏考文苑议"，于民国二年一月二十六日、二月二日、二月十六日发表于天津《广益录》第四十九、五十、五十一张。广益录是《益世报》和《益世主日报》未发刊前，天津天主教会发行的一个周刊。这是一个定稿，已拟定了正式名册。"函夏"二字出《晋书·左贵嫔传》，指整个华夏，有全国的意义。这篇定稿既发表于民国二年初，所以我想马先生之有意创立这一考文苑，以及草拟上面录出的那一篇初稿，最迟当在民国元年冬。

"函夏考文苑议"已收入拙编《马相伯先生文集续编》（第八

页），无论在文字方面，在内容方面，都可以看出是根据草稿而修改成的，虽然改得很多，这里只录后半部：

> 法国考文苑章，大致既如右述，准是以谈国内，而今言庞行僻，公私道德，吐弃无遗，家国治权，消亡殆尽，至欲均贫富，公妻孥，而公之均之，意在唯我；凡欧美巷议，穷滥野心，无不登高以呼，教猱升木，猛兽洪水，杨墨盛行（盖为我之至，将肆情从欲为自由；兼爱之至，将废兵废刑为政体），不驯至国华无以保存，邦族无以保聚不止；邦人君子，纵不能烈而焚之，辞而辟之，毋亦近师考文苑以提倡文风也乎？学风者，分言之，则学术也、风化也，由风化以酿成风俗也，不待文工而后兴者，非在野之先知先觉是望而谁望？由是提倡之方：一学术，二风化。其仿办总章：
>
> 学术一，又分为二：一作新旧学，示后生以从学之坦途；二厘正新词，俾私淑者因辞而达义。
>
> 风化二，又分为二：一奖励著作之有补风化民智者；二奖诱凡民之有道义而坚贞者。
>
> **总章一之一："作新旧学。"**
>
> 旧学可先从秦以前入手，经、史、子三者，大都经、子言理，而间言事以喻其理；史言事，而间言理以究其事；言必有文，文学是已。其用，言理足使知使由，言事足援往策今；至所言之事之理，则大半为治己治人，有治不治，而善恶生焉。西哲有美恶辨，辨人为之学也，殆即道学欤？然则旧学可分为二：一、文学，二、道学。
>
> 秦以后可分：唐以前，唐以后。秦以前未统一，少忌讳，故思想无依傍；下至唐以前，文字犹无依傍；唐以后，似不然矣，文乃有集；然泛言之，《礼记》亦集也。

作新者：一、能变旧学之奥涩，则便于今学；二、能使旧学有统系，则近于科学；以故作新之用亦有二：一、作新旧学之关于文学者，今其用一。

一、变其奥涩。以文学言：一正字，二断句；字既正，而句不难断矣。大要按法国人，辨正古文，及古今名物之所为而已足。曰已足者，盖鸟兽草木之外，又有衣食住所等物名，及人地名焉。国文有同音同义，而数字可通者，应择定其一，于谐声及部首最适用者而公布之，以省脑力，盖于言之文不文，本无与也。国文又有双声叠韵等字，含有切音之法，由来最古，大都只取其音，离之则无义者，如尚羊、方弗等；采用其字画最简单者，亦省脑力之道也。由上所言，凡文字可通、音可假者，皆可删也，其数定不少，又其用二。

二、使有统系：（1）以文法言。字句法已见文通，篇章及段落，大要在起、承、收，之三者，又有各寓起、承、收者焉。实即哲学家三段论之法耳。（2）以文体言。言事、言理，两大别耳。其言之也：有独使知者，有兼使由者，有独援往者，独策今者，又有互相兼者；其事与理：有独举大纲者，有兼举细目者，有关系德性、问学及社会、政治者，分门别类，汇举大纲；大纲以门类言、以事项言：有首要，有次要，可按各级课程选别适于诵法及观览者，以趣进文学而保存之。

二、作新旧学之关于道学者，今其用一。

一、变其奥涩；似不外疏通其义；但字句之奥涩既去，义不待疏而自通也，故作用无殊文学，又其用二。

二、使有统系：一、离经分类；二、依类合经。一谓类别关于德性者、问学者，及社会、政治暨农与工者，自为篇段，不按原经也。二谓就所类别者而综合之，譬之同一事理，而比兴可万不同焉。然于事理无与也。类而合之，但可为文学之助，至事理之为劝为戒，必有可劝可戒之所以然，能各依类而推穷之，斯有统系矣。

总章一之二："厘正新词。"

新词有关于哲学、数理、政治、理化、星躔、地堮、矿石、动植、重力、机械等，有旧有者、旧译者。其旧译者，以晋唐所译梵书为最古，次则明季与清初；又次则日本维新之始译者，汉文尚审正不讹，其后译者，未免杂以和文矣。

厘正者：一校订旧译，二编纂新译，以故厘正之用有二：

一校订旧译。其校订也，可延海内专门者各任一门一科，编为字类；字类先后一依本科，二依西文字母，各系以简当之界说图说。二编纂新译。大抵政治、数理两门，应增补者无多，动植等似应仿拉丁文格正物品之大宗大族，而以显色、形色等识别其万殊也。

理化学之 Agent 原行与 Element 原质，及 Monode 太素，三者命意不同，凡原质之名，名以寻获者之名者，不如以别于其他之特点为名矣，旧译取音，音既不谐字，又生造，不如径用西文为愈。数理学用西文字母既通行矣，何以独原质而不用也？且世界语亦用之，名片又多用之，车站站名无不用之，独于原质反是，斯真不可解者矣！

总章二之一："奖励著作。"

著作有二：一有补风化者，二有益民智者。一风化以道德言：一私德，应从不自欺，不惮改下手，事事须本良知，有宗旨，心口交诚，不妄动，不虚生，光阴是宝，财色非宝；二公德，应从报恩始。孝之为义，报恩也，忠于社会，亦报恩也；不损人，不害人；权利不侵，义务必尽，凡中外史乘所载，关于前项事实，有步武可绳者，及比喻之足为当前指导者，或编或撰皆可。

二民智：一凡关于借物以自养者，二凡关于通国之自治者，三凡关于人之常识者。兹仅概举其凡；而关于性法、教法、国法不与焉者，非不与也，但不待详耳。而自治自养之内容，从何推暨矣。奖励有二：一著作已成者，准功以犒之；二在所应研者，悬金以待之。

总章二之二："奖诱凡民。"

凡民者，侧陋之齐民也，居通国十之九；士夫位望不同，即有奇行，不足以动之，故欲成美社会，非奉凡民为矜式，则奏效迟且难。一凡民有道义者，二道义之艰贞者。一道义云者，必权利于让之无过者，加让也；必义务于应尽之外者加尽也；二艰贞云者，必困衡空乏之备尝也，必历久弥坚而不渝也。

奖诱者：一以财物，二以文字；一加其身，二及其嗣。

右所具提倡之方，知多挂漏，俟得欧美通行本，增译可也。

今所倡者，拟名为函夏考文苑，苑中制度悉仿法国，人员定额亦四十名，由发起人推举三之一，余由三之一通信公举，抱定宁阙毋滥四字，庶几考文苑方有价值。

无论到苑前后，个人著作不得视同苑版，应否加冕，与苑外人同。

本苑祇设京都，苑宇须大，以便附设他苑，及早可向公家领用。

苑中须有藏书楼，国内新书应由出版人各存一部。

基本金可先请领官荒，俟有捐款，自行开垦为妙。

住苑董理人员，俟公举后再定。

附苑可先设金石词翰与美术，美术可先设绘画、造象、金石、雕镂、织绣等，应按历史搜罗、陈列、保存之。古希腊之石人像，神态变幻高妙，遍欧美皆仿制模型，为美术之助；我国音乐之器，惜太简陋，无足陈者，似宜借助金方。

金方所称金石词翰苑者，金石以纯璞言、器物言、与碑文体例言；词翰以韵文言、词藻言与总集、别集诸体言。故埃及之石碣几遍欧美，然则我国于名胜之区，可不及时加以保存乎？

马先生文笔本已古奥，再加所用名词多为五六十年前旧译，如文中"性法"，实即今日所称"自然法"。又法兰西研究院对特优著作，颁给奖状、奖金，通称为"法兰西研究院加冕之书"，学者以得此为荣，封面书名下必加此"衔"，其由研究院代为出版或代付出版费者称"院版"，马先生作"苑版"。金石词翰苑即 L'Academie des Inscriptions et Belles-Lettres，美术苑即 L'Academie des Beaux-Arts。

四 函夏考文苑发起人与初期人选

民国三十六年春，我在北平马先生高足徐子球先生家中，见到了马先生亲笔所拟函夏考文苑名单，包括各人的姓名、别号和专长。但前四人（包括马先生本人在内）不列专长，似表示他们四人是发起人，也许像"仿设法国阿伽代米之意见"草稿中所说："始创人不可预其额"，所以他们四人或者不算是正式"苑士"（马先生没有取这名称，这是我仿现在中央研究院院士的称呼而戏为代拟的）。

马 良 湘伯　　　　章炳麟 太炎

严 复 几道　　　　梁启超 卓如

沈家本 子敦（法）　　杨守敬 惺吾（金石地理）

王闿运 壬秋（文辞）　黄 侃 季刚（小学文辞）

钱　夏 季中（小学）　　刘师培 申叔（群经）
陈汉章 倬云（群经史）　陈庆年 善余（礼）
华蘅芳 若汀（算）　　　屠　寄 敬山（史）
孙毓筠 少侯（佛）　　　王　露 心葵（音乐）
陈三立 伯严（文辞）　　李瑞清 梅庵（美术）
沈曾植 子培（目录）

马先生在名单后并加上一条说明：

　　说近妖妄者不列，故简去夏穗卿、廖季平、康长素，于壬秋亦不取其经说。

　　根据这一条附加的说明，似乎这名单是别人拟的，马先生删去了三人；至少这一名单不是马先生一人的意见。不然，为什么要他"简去"呢？

　　时隔半个世纪，这十九位学人中，恐已有半数或半数以上，对现代的青年学子难免有生疏之感。我想如果将这十九位学人，每人作一小传，并介绍他们的思想和著作（包括被删去的三人在内），岂不就是一篇清末或清末民初我国学术界简史？不过那已经不是本文篇幅所能容纳的了。

　　但对于发起人问题倒不妨再说明一点。

　　马先生有致徐又铮先生一信稿，已收入文集（三一页），有云："此事经太炎、任公先生及良三人发起后，正苦入手维艰……"可见最初发起人只有章太炎、梁任公、马相伯三人。马先生致国务院总理赵秉钧书（文集二九页）亦说："乃本苑发起人章、梁二君，各以事牵，不遑兼顾矣。"又致张仲仁（一麟）函（文集三〇页）亦云："发起人章、梁既各以事牵……"足证严几道先生是后来加入的，章、梁二公既"各以事牵"，不与闻此事，所以那张名单也许就是严先生所拟，而由马先生删去三人而已。

这一揣测的另一根据，即马先生既主张"人员定额亦四十名，由发起人推举三之一。"现在这一名单，除马、章、严、梁四人外，共十五人，加上被删去的三人，便多至十八人；按四十名的三分之一，应为十三人或十四人，十五人已是多了一人，如为马先生一人所拟，应该不至于那么多。

五　梁任公与马相伯、眉叔兄弟及函夏考文苑

在四位发起人中，马先生最长，严几道先生小马先生十四岁；章太炎先生小二十九岁；梁先生年最幼，小三十三岁。

梁先生在未认识马先生之前，先认识眉叔先生。光绪二十二年（一八九六）梁先生曾为眉叔先生的《适可斋记言记行》作序，当时诽谤眉叔先生的人很多，但梁先生却说："今秋海上忽获合并，共晨夕饫言论者十余日，然后始霍然信中国之果有人也。"又说："君之于西学也，鉴古以知今，察末以反本，因以识沿革递嬗之理，通变盛富强之原，以审中国受弱之所在；若以无厚入有间，其于治天下若烛照而数见也。"足见梁先生对眉叔先生的推重。但眉叔先生却承认自己的学识远在哥哥之下，把哥哥介绍于梁先生。根据《曼殊室戊辰笔记》梁先生："二十四岁丙申（按即光绪二十二年）由京之沪，……伯兄以作报馆论之余暇，更从丹徒马相伯、眉叔兄弟习拉丁文。"（按此节已收入丁文江编《梁任公先生年谱长编初稿》）

《梁任公年谱长编初稿》又录有《时务报时代之梁任公》文中，记录与马氏兄弟过从情形的一段：

丙申七月，《时务报》出版，报馆在英租界四马路石路，

任兄住宅在跑马厅泥城桥西新马路梅福里，马相伯先生与其弟眉叔先生同居，住宅在新马路口，相隔甚近，晨夕相过从。麦孺博于是年之冬亦由广东到上海，与任兄及弟三人，每日晚间辄过马先生处习拉丁文。徐仲虎建寅、盛杏孙、严又陵、陈季同及江南制造局、汉阳铁厂诸公，与乎当时之所谓洋务诸名公，皆因马先生弟兄而相识。马先生以任兄年尚少，宜习一种欧文，且不宜出世太早，其主张与吴小村先生相同，谓黄公度先生为贼夫人之子。自丙申秋至丁酉冬，一年半之间与马先生几无日不相见。马眉叔先生所著之《马氏文通》，与严又陵先生所译之《天演论》，均以是年脱稿，未出版之先，即持其稿以示任兄。

年谱初稿又节录是年九月十二日任公给夏穗卿先生的信：

弟近学拉丁文，已就学十余日，马眉叔自愿相授，每日两点钟，一年即可读各书，可无窒碍云。俟来岁相见时，君听我演说希腊七贤之宏旨也。

两年以后，即光绪二十四年（一八九八），眉叔先生和相伯先生合撰的《马氏文通》即在这年脱稿，同年，梁先生曾上书清廷请设译学馆，同时又请法国驻华公使转商江南倪主教，敦聘相伯先生主持译学馆。马先生建议将译学馆设于上海。上议将定，忽逢所谓戊戌政变，因而中止。

又过四年，即光绪二十八年（一九〇二）马先生退隐上海徐家汇，梁先生第一个去求教拉丁文，接着去的有蔡子民、张菊生、汪康年、胡炳生、贝寿同诸先生；据马先生自己说：其时梁先生已读过五个月的拉丁文。大约就是光绪二十二年时读的。

次年（光绪二十九年一九〇三）马先生在上海徐家汇办震旦大学院，这时，梁先生正在日本，听说这消息，即在《新民丛报》汇编时评栏第八百十八页至八百二十三页，刊登震旦学院章程和功课预算表，并亲撰《祝震旦学院之前途》一文。文中有一段说：

> 吾闻上海有震旦学院之设，吾喜欲狂，吾今乃始见我祖国得一完备有条理之私立学校；吾喜欲狂，该学院总教习为谁，则马相伯先生，最精希腊、拉丁、英、法、意文字者也。……士生今日，不通欧洲任一国语言文字，几不可以人类齿。而欧洲各国语学，皆导源拉丁，虽已通其一，固亦不可不补习拉丁，而先习拉丁然后及其他，则事半功倍，而学益有根底焉。此马相伯、眉叔兄弟所素持之论也。眉叔云殁，士林痛惜，此学院即相伯独力所创也。其愿力洵宏伟，其裨益于我学界前途者，岂可限量？

光绪三十三年（一九〇七）九月十一日，梁任公先生成立政闻社于日本东京，请马先生任总务员，《年谱长编初稿》曾录十一月社报——政论第三号页一一五〇，经过大略如下：社长一席暂虚，以丹徒马相伯先生良为总务员。派汤觉顿往沪欢迎。阴历十一月十一日开会欢迎，到社员数百人，汤君报告"本社成立之始，咸以马先生道德学问为当世所尊仰，因推为总务员云云。"并提及到沪时，"适遇苏杭南路事起，先生正为路事备极忧劳。"马先生亦起而演说，众大鼓掌，欢声雷动。是日，梁先生有一函致蒋观云，徐佛苏及社员诸君，亦见《年谱初稿》，云："马先生已到，（原注：觉顿言：与之等见此公后，五体投地）此公之持积极主义，其勇更逾吾辈，今日与畅谭一日，已承许以全力担任社务，此真吾社前途最大之幸福也。土曜日此间在中华会馆开欢迎大会，大约木曜或金曜必起程来京，届时当沿途以电报告。到新桥时，当以职员全体出迎车站，请稍预备可也。"与之姓黄名可权。

"政闻社成立后，立宪党势大张，及马相伯先生抵日，到处欢迎演说，声势更盛极一时，因此引起反对党的妒忌。"梁公年谱中有十一月十二日梁兆南给任公先生的一封信，述当时情形甚详，其中记十日在横滨演讲，说："诚如吾兄所云，中国无出其右者。弟以为日本之大隈约略近似之，听众大为感动。"然后提到反对者妒忌说："该党嫉视诋毁，习以为常，非因马先生到滨而起，其狂妄无理，本不足置辨，所恐者马先生若受一言之辱，各同志亦不能平。"

同年十二月十五日蒋观云先生致梁任公先生信中亦说："今日得东京信，知□□对本社之行动，风声日恶，日来为防护马先生，煞费苦心；以此等事弟早虑及，但以马先生一无障碍，或不致此，不谓且然。"

那年十一、二月间清廷派资政院总裁伦贝子报聘日本，梁先生作了一篇上资政院总裁论资政院组织权限说帖，请马先生领衔。

是年，梁先生已准备将政闻社迁往上海，仍请马先生任总务员。在致徐佛苏书中说："沪上同人均不主张孺博驻沪，秉三、孝高皆云然，今将孝高书呈一阅。若得马先生为实际的总务员，则孺虽稍迟亦可，果尔，则请其在东京主持。马先生处，则须觉顿为之秘书官耳。此亦觉顿所甚欲也。"

这时，梁先生常和马先生在一起，十二月三日梁先生致蒋观云先生书"台从来神时，以趋侍马先生时日多，不能深罄所怀为歉！"同信中又提到拟招股在汉口办报，说："顷所列名者，马先生之外，各科主任咸列。"或许是马先生太穷，或许是梁先生不愿他花钱。

十二月二十九日梁先生致徐佛苏先生信中谈到马先生说：

　　本社亦既告天下以成立矣，而南海与弟之地位皆不能出现，故万不得已,以马先生领袖之。马先生肯对吾社负责任,既为社之前途莫大幸福。虽然,马先生则既老矣,虽其热心不让少年,而精力因有所不逮,无佐之之人,则亦同于虚悬此席。

光绪三十四年(一九〇八)正月,政闻社本部迁往上海,由总务员马相伯、常务员徐佛苏等主持之。政闻社社员则散赴各省,联名向清廷请愿速颁宪法、开国会等,声势大张,清廷急欲中伤之;又谣传康、梁谋倒张之洞、袁世凯,袁党遂力促张之洞奏请解散政闻社。当时任公与徐佛苏确密谋倒袁,马相伯先生亦极力主张,任公年谱收有是年马先生致梁先生书有云:"皮党竟为土党参利用可恨!……大土每以难不见谅言,而不悟其难也其自造之。恃一不读书之土头,将何事而不难耶?张又谓京信有先去小土意,而复出大土于辽东,恐将予以根据地也。"张之洞南皮人,故称皮党;"袁"字头上作"土"字,故袁世凯党称土党。

二月十七日徐佛苏有致梁先生书,因当时先生正在病中,故除《大江日报》事外,多谈摄生之道;其中一段提及马先生,颇有趣:"丹徒何以日见矍铄,饮食丰腴,寝兴有节也(原注:此老每餐必食大块肉,每夜必于十时就榻)。先生岂未之见耶?"

是年春,马先生又有一函致梁先生,其中值得提出的几件事:

一、马先生在政闻社似不拿钱,因为他说:"社会以经济问题为要,不独我社然也。不才不担经济,亦断不以此相困,觉顿想已代达,但不可以此责望他员。"

二、介绍英敛之先生到汉口协助解决《大江日报》经济问题:"托英敛之来汉,代为经报,英君亦慨允。"

三、当时英先生正在天津办《大公报》,所以马先生希望梁先生能为代觅一《大公报》主笔;但最希望能提倡改良社会,所以说:"《大公报》主笔务请代访妥人,盖英君道德甚高,非此亦不足改良社会，即不才亦断不敢以纷华相率也。"马先生之所以如此慷慨陈辞，因当时政闻社在汉口办报的一些社员，在外征逐应酬，糜费太大。

六月二十七日上谕，政闻社社员、法部主事陈景仁革职，由所在地方官查传管束。因陈景仁曾奏请三年内开国会等。七月二十六日《申报》载政闻社告全体社员书，即声明："本社对内对外，皆以总务员马君良为代表，屡次建议发电，皆用马名义；其余社员于政治行动苟不悖于本社主义，固然欢迎，但只认为社员个人之行动，不能指为全体。"但实际上十七日上谕已查禁政闻社，并拿办社伙。于是政闻社解散。但从这半年时间中的活动情形看来，马先生在社中处最重要的地位，亦可见任公对老先生的尊敬。

这是我约略就我手头所有的资料，向读者先介绍马梁二先生的交往，然后我们再说梁先生和函夏考文苑的关系，可惜我搜到的资料只是梁先生的两封信。

这两封信也是我在北平徐子球先生家中找到的。第一封信是别人执笔，梁先生签名；第二封信完全是梁先生手笔。先把第一封信节录于后：

相伯先生几席……考文苑系神州宏举，震烁古今，匡翊之责，谊不敢让。台谕以空言不若奖金办法，至为扼要，当以时谘告同人，浼其赞同尊恉，俾中原文献藉假大贤之力而天壤长存，何其幸也！事冗无由候晤，瞻想无穷，惟慎护！岁寒，加意卫爱，私情不胜祝愿之至！　梁启超顿首。十八。

第二封全文如后：

相伯先生有道：考文苑大稿先检奉还，稍暇更当僭作一序。先生何日首途？顷患痢颇惫，未能强送，无任瞻恋。惟

> 万万为道自卫！敬颂道安不庄。　后学启超叩。

这两封信中还没有"函夏考文苑"名称，第二封信梁先生又称马先生寄给他的为"考文苑大稿"，同时马先生似乎请梁先生作一序文；第一封信只有日期而无年月，但有"岁寒"云云，我上文揣测马先生计划考文苑和草拟初稿是在民国元年冬，"函夏考文苑"名称拟定，以及定稿完成是在民国二年初，和"岁寒"二字亦吻合；所以梁任公先生的这两封信，也必在此一时期。

还有一点亦足以帮助考定任公第二函的日期，因为梁先生在信上曾问马先生"何日首途？"这是指马先生由北平回上海。在我所搜集到的马先生家书中也有两封提到考文苑，而又提到"本拟阴历年前回沪"。

家书八（文集四二五页）：

> 余本拟阴历年底回南，一则以考文苑须筹基本金，一则以宪法行当起草，故又须再留二月。……

家书十九（文集四二八页）：

> 余本拟阴历年前回沪，无如痔血懒动；且宪法起草在即，南而复北，不胜奔驰，故只得国会开后再南矣。近仿法国设函夏考文苑，领屋领荒，荒非千有余顷为基本金，不足以供奖励才德之用，应与内务部直接商领者也。又开办费三四万金，应与财政部商领者也。故一时又难以回南，而老身病困日增，虽以卅六点钟之火车，海上亲友可望而不可及矣！

这两封家书都提到考文苑，都提到阴历年前拟回上海，又都提到宪法起草，便可以确定它们的时代：以阴历言，还在民国元年，以阳历言，却已民国二年。宣统三年阴历有闰六月，所以连民国元年的阴历除夕拖迟到阳历三月七日。所以"函夏考文苑议"发表于民国二年一月二十六日、二月二日、二月十六日，那正是民国元年阴历十二月二十日、二十七日和民国二年阴历正月十一日，可见民国元年阴历年底，马先生想回上海过年而终于没有回去，筹设函夏考文苑必是最大原因。

六　计划中的函夏考文苑苑址

作者藏有马先生致袁世凯总统条呈，系经马先生亲笔改定的底稿。其中一条述及苑址说："一苑址须大，以日后须设附苑故也。苑屋须不太陋，以外人研汉学者，必来就访故也。"

马先生所称"附苑"，等于现在中央研究院的研究所。对于苑屋的建筑式样，马先生另有致总统府秘书厅函说："函夏苑既关国粹，其苑宇亦以古建筑为宜。苟有合式之大寺院，或大公所，请预为指定，勿致如前翰林院之争屋，别生枝节。"这封信署的是三月三十一日。

后来马先生看中了北海一带地方，大约公事往返，又花了三四个月时间，到头仍是毫无结果。

马先生有致某先生函稿，现亦由我保存；这封信稿虽没有受信人名字，但我所藏的另一封信稿，却是致"又铮"先生的，所谈内容相同，两信必是致同一人的。

第一封信上说：

> 兹查北海琼岛之西北隅，有阅古楼、漪澜堂两所，颇能合用；阅古楼存有三希堂石刻，尤宜急图保存；漪澜堂东界倚情

楼，西界分凉阁，中有围墙一带，鸿沟天然，于公园之组织绝无妨碍，其屋舍似为居住而设，本不合公园之性质；且约计所占者不过全岛十之一耳；倘蒙拨用，全国士子自当铭感不尽。前蒙仲远先生面告王、叶二君，谓北海现由拱卫军守护，恐非大部势力所及；惟北海日后既须开作公园，自应在大部管辖之内，此时拱卫军之责任仅在守护，指拨之权仍归大部；设使手续上须与拱卫军合议，亦请大部迳与磋商，以省（此处遗落若干字）。"（下略）信末并注"附呈漪澜堂、阅古楼图略一纸。

信中所称"大部"当指内务部。五月三日，内务部有一复函，现亦由我珍藏。信上说：

> 迳复者：前接华翰并北海图略一纸，敬悉。函夏考文苑屋舍无着，进行殊难，拟将北海之阅古楼、漪澜堂两所拨给应用等因。惟查北海地方，前据京师总议事会呈请开放，改设公园等情，当以三海地方既经总统府接收，是否可行，业已函致国务院核办在案。兹奉前因，除由部仍行函达国务院查照见复外，先此奉闻，即颂公祺。

马先生因北海开公园之说，所以后来也不坚持一定在漪澜堂一带。我保存有他一封致国务院总理信稿，而在另一函中称"赵总理"，当指赵秉钧。这封信稿没有日期，可是信中提到请在遵化一带，拨荒地千顷为经费，接着说："以春初即可开垦为妙"，所以这封信的日期或许尚在阴历年前，以我国旧俗至少要在新年后方能称春也。信上说：

> 又闻西苑北海一带，将开作公园，不识能无碍公园，区画

院落，颇齐整可开关者为苑宇否？其附苑恐无大院落可并容，似不妨别为指定，不知有大寺院、大公所较北海更整齐者否？肃此预定，恭候复音，不具。

到了六月九日，苑址依旧无消息。我所存马先生致"又铮"先生函云：

接诵六月九日手书，仰见提倡之热诚，感纫无量！承询苑宇之数，得有如漪澜堂、阅古楼之大厅事两所，常屋十余间，方足数用。盖一经筹办，中外学人之来瞻仰者必众。闻王室废庙甚多，倘有够数之屋而瞻观尚属壮丽者，诸即指拨为感！

可见这是马先生所请求的只是函夏考文苑苑本部的房子，如研究所尚不在内，已是一拖再拖。六月九日以后的文件，我没有再见到。

七　函夏考文苑的经费来源

马先生在致袁世凯的条呈中曾说考文苑"禄极微，志不在此也；惟奖励金则甚巨，非富有基本金不可。"如何来筹这庞大的基本金呢？马先生在"函夏考文苑议"中已说过："基本金可先请领官荒，俟有捐款，自行开垦为妙。"在上袁世凯条陈中又说：

基本金非筹官荒千顷，似不足用；开荒之法，先少开，少开则需费少，辗转以开得之利，赓续之，则事易举；荒愈南，尤易举，且使学者知开荒之利，与开荒之易，于举国皇皇然无官则□之习，庶有豸乎？

马先生看中的荒地有两处，另一处为海滨浴场。在他致总统府秘书厅函中说：

一、拨遵化州之东陵及天津军粮城南之排地，官既放荒，请速指令，领到该荒契据，仍拟送存内务部，以昭慎重。

二、山海开迤南一带，本为外国戍军所占，内有滨海约长二里，宽一里许者，久为西人海浴之所。兹由西人交到其图奉上，但求一允字，在政府则惠而不费，在函夏苑便可树碑碣，以与戍军亦涉。图内英国打靶场，亦可派人缓与商迁，不然，彼得自由建筑，故不如拨归考文苑之为愈矣。

海滨浴场似指北戴河而言。

民国二年二月一日（阴历元年十二月二十六日）马先生有致赵秉钧总理书，再提到这些荒地事：

故遵化之放荒，纵有镠镯，既可放，即可预留余地，一也；天津军粮城北名排地者，田尚污莱，民荒价一元一亩，官荒亦有三、四百顷，可尽拨以为民荒开垦之倡，二也；又距山海关南，可为夏日海浴之滨海沙滩十余顷，皆可化无用为有用，三也。在贵院但费一纸书，与冯督筹定，拨归本苑，而苑金有著，造福于民德者，固已万襈不朽欤！不胜大愿，愿从速指拨。

敬再密启者：山海关南既为外国戍兵之地，距八地（里？）许之沙滩官地可十余顷，西人久据为夏日海浴之用矣。因筹考文苑基本金，有数西人极表同情，谓该滩若划归考文苑，以西人之所重，而与之交涉，每年可得租金一、二千元不难也。并出图以示。窃以为租金事小，主权事大，不速则彼自由行动其奈何？然此意未便公布，故特密陈，乞代达大总统示复为祷！

马先生一心希望能在民元阴历年前把这件领荒事办妥,希望来春即可开垦。所以他致国务院赵总理书中借"熊都统秉三"的话说:"遵化一带,不日开荒,不难指拨千顷,以春初即可开垦为妙。"

马先生似乎相信只要基本金有来源,房子有着落,函夏考文苑的成立毫无问题。他最初一直希望能在民元阴历年间前办妥手续,告一段落,然后安心回上海过一个年,但结果不能如愿。最后又托到了张仲仁先生(一麟)(时任袁世凯幕府),我存有他给张先生的信稿,没有日期,但有"以便约令春日开工"之语,亦可以证明那是民元阴历年前所写的。节录如下:

> 函夏考文苑既承大总统及国务总理以次允为筹拨,但官荒非先指定,则苑基不立。……其官荒一在遵化之东陵,一在天津军粮城南之排地,一在山海关南八里许之沙滩,该处为外国驻兵之所,滩为夏日海浴之用者久矣。……已函请赵总理从速化无用为有用,拨归本苑,以便约令春日开工,得供夏日之用,夜短梦长,非敢日暮倒行也!

八　函夏考文苑的尾声与流产

民国二年三月三十一日马先生致李孟鲁函稿中说:函夏考文苑创议至今,荏苒半载,虽经国务院允与各部直接(作者按此处似漏二字),以免迟延;而得道路传闻,所未呈请者,而财部已有批驳之说,得毋国务院自相驳耶?奇文!奇文!兹遵所教,谨缮今函,有无作用,则在仁弟矣。倚枕祷叩,即颂日安。三月三十一日。"

由三月三十一日而与"荏苒半载"句一核,可知函夏考文苑最初动议当在民国元年十月初。曰"倚枕",马先生其时当在病中。

同日致总统府秘书厅函亦有"窃维函夏既劳国务院允为赞助，不敢有始无终，听其消灭"之语，一定是当时已有不能成功的迹象，才使马先生说出"不敢有始无终"的话。所以在这封信末，马先生更感慨地说："良俺兹暮日，岂好倒行哉？"他并且希望成功以后，立刻让贤，所以接着又说："本苑既以人民心理之同然，维持文教，无一毫政事性质，故义务重、权力轻；倘蒙允准，求人自代，意欲早为之计也。"

在致赵总理书中，马先生亦迫切地说："良亦忝居发起，敢不静候贵院函允之件，预为指实，否则，将何以有始有卒，报命于函夏？"

当时马先生所接洽的机关是国务院和内务部。在致徐又铮先生函中，似乎已将成功，只等作为基本金用的荒地的执照。所以说："凭信尤亟速颁，因前与接洽之西人，不日将离京也。"

在拙编马先生文集中，有国务院批示一件，云：

  据呈已悉，请将关外海滩沙地，拨归函夏考文苑，事实可行，已由院知会内务部发给执业凭照，俾资信守。

这件批示，并非原件，亦非原文，因为下面有徐又铮先生附加的几句话说：

  国务院批马先生呈，大致如此，其字句则记忆不清，日内即可公布矣。又铮复向内务部说明，一俟执照办出，随即送交马先生。此纸请辅周先生带呈马先生。

根据这几句话，似乎是徐又铮先生看到国务院的批示，但又没有将原文记下，而预先将大意透露于马先生。

可是遵化州东陵、天津排地,以及山海关南西人海滨浴场等处的执业凭照,究竟有没有发出呢?我们手头并无文献可以肯定或否定。只知道后来章太炎先生为袁世凯逮捕,其门人钱玄同等曾拟代请于袁,改设弘文馆,预定馆员除玄同外,尚有马裕藻、沈兼士、朱希祖等,已变成了师生讲学性质,但亦未成功。

民国三年二月,马先生又一度提出;旋又改名为宏儒院,王闿运《湘绮楼日记》民国三年五月二十七日记曰:"参议院见马良,字湘伯,或云眉叔,眉叔已死,此其兄也。请开宏儒院。"但不论马先生怎样努力,这一所等于今日定名为中央研究院的函夏考文苑,它的命运已注定要胎死腹中了!

(原载《大陆杂志》第 21 卷第 1、第 2 期合刊)

百岁寿星马相伯（摄于谅山）

马相伯生平简表

廖 梅

1840年　清道光二十年庚子　一岁

　　4月7日,农历三月初六,马相伯生于江苏丹徒(今镇江)。父松岩,母姓沈,原籍江苏丹阳马家村,家族世奉天主教。据传远祖为元初江西乐平人、《文献通考》作者马端临。但马松岩已弃儒经商,兼为中医,生有四男一女,长男早卒,次为女,故马相伯行四,却为次子。

　　马相伯,名良,以字行。曾名志德,字斯臧;又曾用名乾、钦善、建常,改为良,字相伯,或作湘伯、芗伯。曾署笔名为求在我者。晚年自号华封老人。出生满月,即受洗为天主教徒,取教名若瑟,故又号若石。

1842年　清道光二十二年壬寅　三岁

　　患天花,赖姊悉心看护,脱险。姊之教名为玛尔大,后嫁原籍海门的上海富商朱姓,育子二,均为天主教名人。

1843年　清道光二十二年癸卯　四岁

　　开蒙。

1844 年　清道光二十四年甲辰　五岁

入塾，随陶姓塾师读四书五经，凡七年。由于教授不得法，引起马相伯对"经学"的终生憎恶。同时在家诵习《圣经》，由其母督教，尤强调按宗教伦理律己处世。

1845 年　清道光二十五年乙巳　六岁

弟建忠生。建忠，曾名钦良，字眉叔，也自幼为天主教徒，曾充耶稣会修士，后退出；于 1877 年由李鸿章选派，随福州船政学堂出洋学生赴法。曾任清廷驻法公使郭嵩焘、曾纪泽随员，并入巴黎大学攻读政治法律。1879 年获法学博士学位，应召归国入李鸿章幕府，长期充任李鸿章办理洋务与对外交涉的首要助手。卒于 1900 年，年五十六。著有《适可斋纪言》《适可斋纪行》等。

1851 年　清咸丰元年辛亥　十二岁

独自由镇江至上海，入法国天主教会所办徐汇公学，对各种自然科学尤其数学特别喜欢，深得教习意籍会士晁德莅欣赏。

1852 年　清咸丰二年壬子　十三岁

弟建忠亦入徐汇公学。晁德莅任公学校长。

赴南京应江南乡试，因太平天国战争，考试不了了之。

1853 年　清咸丰三年癸丑　十四岁

始任徐汇公学各班的国文和经学教授助理工作，边学习边教书。

1854 年　清咸丰四年甲寅　十五岁

诵习法文及拉丁文。曾随其老师参观上海洋行。

1855 年　清咸丰五年乙卯　十六岁

诵读古文，服膺苏辙之文章及襟度。

1857 年　清咸丰七年丁巳　十八岁

得徐汇公学圣学奖赏。"圣学"为研究天主教教义的课程，课本为利玛窦所著《天主实义》。又列名于西文奖赏附录。

上海法领事聘马相伯为秘书，辞未就。

1859 年　清咸丰九年己未　二十岁

得徐汇公学圣学奖赏，并列名于西文奖赏附录。

1860 年　清咸丰十年庚申　二十一岁

太平军攻入上海，亲见李秀成驻军徐家汇，清早祈祷。

1862 年　清同治元年壬戌　二十三岁

入耶稣会，同时入新成立的徐家汇耶稣会初学院为修士。该院专务神工，尤以看护伤病者为日常事工。晁德莅担任该院院长。学习天文学，对西方及中国数学发生强烈兴趣。

赴苏州等地救护难民，染伤寒，病卧六十余日。

1864 年　清同治三年甲子　二十五岁

在初学院初学期满。开始研究中国文学及拉丁文学。

1865 年　清同治四年乙丑　二十六岁

始习哲学。

1866 年　清同治五年丙寅　二十七岁

仍在耶稣会学习经院哲学。

1867 年　清同治六年丁卯　二十八岁

在耶稣会学习神学。

1870 年　清同治九年庚午　三十一岁

通过耶稣会通考，成绩"特优"。获神学博士学位，并祝圣为司铎。开始在安徽宁国和江苏徐州等地传教，得父同意，出家财数百金抚恤百姓，后为教会以违规禁止，并令马相伯反省，与教会渐有矛盾。

入南京圣玛丽住院，随兰廷玉神父进修科学。

1871 年　清同治十年辛未　三十二岁

返徐家汇，任徐汇公学校长。

1872 年　清同治十一年壬申　三十三岁

丁父忧。

1873 年　清同治十二年癸酉　三十四岁

率公学学生应童子试。该校学生考试多能获选，故马相伯很注意学生的经史子集的讲习。

1874 年　清同治十三年甲戌　三十五岁

任耶稣会初学院院长兼徐汇公学校长。仍努力于数学研究，译著《度数大全》等数理书百余卷，未能印行，后大多散佚。

1875年　清光绪元年乙亥　三十六岁

调徐家汇筹办天文台,当时仅有利玛窦用过的一台旧仪器,难以开展研究,又转攻数学。

1876年　清光绪二年丙子　三十七岁

调南京,专译数学教材。不久,退出耶稣会,离宁赴沪。

曾致函文成章神父允许自己领受圣体。

任山东布政使余紫垣幕僚。时山东官场中人,对世界情形毫不知晓,遇有国际问题发生,多就商于马相伯,然对马相伯所谈瀛寰事,多将信将疑。

1877年　清光绪三年丁丑　三十八岁

调山东机械局总办。

1878年　清光绪四年戊寅　三十九岁

交卸山东机械局差事,奉李鸿章命,调查山东矿务。

结婚,妻为山东人。共育二子一女。

1881年　清光绪七年辛巳　四十二岁

随黎庶昌出使日本,任使馆参赞。抵日后,改任驻神户领事,与日本维新要人伊藤博文、大隈重信等往还酬酢,并考察日本民俗。半年后回国探视病危的长兄马建勋。马建勋曾任淮军粮台。马相伯甚得力于马建勋的社会关系。

被李鸿章留作幕僚。本年末或次年初,受李鸿章派遣,代替幼弟马建忠赴朝鲜任国王的新政顾问。

1884 年　清光绪十年甲申　四十五岁

李鸿章任命马建忠为招商局会办，并派遣马相伯前往国内主要分局检查财务。马相伯作《改革招商局建议》。

1885 年　清光绪十一年乙酉　四十六岁

受台湾巡抚刘铭传之邀赴台。途经香港至广州，向两广总督张之洞献策，辟九龙为商埠，未得采纳。抵台后建议刘铭传借款开发经济，又未见用。

1886 年　清光绪十二年丙戌　四十七岁

代表马建忠与美商旗昌洋行谈判，正式收回招商局的主权。

奉李鸿章命赴美借款建设海军，因借得款项数额太大且条件优惠，致李鸿章反遭清廷大吏怀疑，功败垂成。离美赴欧，在英、法等国考察政务民情，并赴罗马晋见教皇利奥十三世。

1887 年　清光绪十三年丁亥　四十八岁

由法回国。

1890 年　清光绪十六年庚寅　五十一岁

在沪养病。

1893 年　清光绪十九年癸巳　五十四岁

妻携子回山东老家探亲，死于海难。

1895 年　清光绪二十一年乙未　五十六岁

母去世。马母生前信教虔诚，对二子退出教会一直心存遗憾。

1896 年　清光绪二十二年丙申　五十七岁

《时务报》发刊。教授梁启超等学习拉丁文。康有为询其以吸收欧洲文化之捷径，答以留学日本。

1897 年　清光绪二十三年丁酉　五十八岁

通过沈则恭神父的斡旋，与教会建立融洽关系。将未成年的一双儿女托付给教会保育，只身重返徐家汇。并将大部分家产捐给教会，以作兴办教育之用。在佘山避静一月。

1898 年　清光绪二十四年戊戌　五十九岁

上清廷书请设译学馆于上海，并呈请徐家汇耶稣会诸司铎襄理校务。

与弟建忠合著《马氏文通》一书脱稿。

1900 年　清光绪二十六年庚子　六十一岁

马建忠去世。

1901 年　清光绪二十七年辛丑　六十二岁

主持徐家汇天文台事务。翻译圣经。

1902 年　清光绪二十八年壬寅　六十三岁

作《开铁路以图自强论》，谓洗刷国耻，努力自强，必以开铁路为枢纽。

1903 年　清光绪二十九年癸卯　六十四岁

创办震旦学院，校址设上海徐家汇天文台内。手订章程，行学生自治制。崇尚科学，注重文艺，不谈教理。

1904 年　清光绪三十年甲辰　六十五岁

《马氏文通》由上海商务馆印书馆出版。

1905 年　清光绪三十一年乙巳　六十六岁

因反对外籍教士强迫学生守教规,率学生退出震旦学院,在吴淞另创复旦公学,任校长。但并未抽回在震旦的基金。

丹阳设商会,被推为名誉会长。

1906 年　清光绪三十二年丙午　六十七岁

留日学生为抗议日本政府取缔令,发动学潮,奉派赴日安抚学生,以"爱国不忘读书,读书不忘爱国"的名言,被张之洞誉为"中国第一位演说家"(此条据实藤惠秀《中国人留学日本史》,目前未见中文记载)。

应两江总督之邀,赴南京讲演君主民主政制之得失及宪法之真精神。

1907 年　清光绪三十三年丁未　六十八岁

为英华政论文选《也是集》作序,强调立宪是"国民权利",批驳清政府所谓人民程度太低、政府完全有能力自订宪法等言论。

年末,应梁启超之邀,东渡日本,就任立宪团体政闻社总务员。提出"神我宪政说",主张用基督教神学作中国宪法的基础。

1908 年　清光绪三十四年戊申　六十九岁

政闻社迁回上海,不久解散。返回徐家汇,但常应社会各界邀请,外出演说。

在《政论》第三号发表《政党之必要及其责任》。

1910 年　清宣统二年庚戌　七十一岁

重任复旦公学校长。

夏，震旦学院行暑假礼，出席演说，反复推论"古之学者为己，今之学者为人"之义。

"资政院"行开院礼，列名于江苏省谘议局推选的民选议员名单上。

1911 年　清宣统三年辛亥　七十二岁

武昌起义爆发后，复旦公学由吴淞迁无锡，复迁上海，并改名为复旦学院。后校事停逾一年。复校后即改名复旦大学。

1912 年　中华民国元年壬子　七十三岁

曾任南京府尹（市长），江苏都督府外交司长，代理都督。发布《劝勿为盗布告》。

此年后，与章太炎等，欲仿效法兰西科学院，建立"函夏考文苑"。

1913 年　民国二年癸丑　七十四岁

李登辉出任复旦大学校长。此后马相伯脱离复旦校务。

北上，任北京大学校长，旋辞。

与章太炎、康有为等八人，列席袁世凯召集的"中央政治会议"，并任约法会议议员、总统府高等政治顾问、参议院议员等。

发出《致江南公教进行会支部书》，要求各省教会通电反对"教育部率司员行礼及男女学堂均拜孔"，主张信仰自由。

出版《新史合编直讲》。

1914 年　民国三年甲寅　七十五岁

因袁世凯主持祀孔仪式，发表《一国元首应兼主祭主事否》，抨击袁世凯违背民国"约法"。

1915 年　民国四年乙卯　七十六岁

出席参政院会议,对君主立宪案未投反对票。

与英华等同建辅仁社。

1916 年　民国五年丙辰　七十七岁

与雍剑秋等在北京联合天主教教民,聚会反对定孔教为国教。又与雍氏发起天津信教自由会,联合基督教、伊斯兰教、佛教、道教信徒,拥护信仰自由。五月七日,在北京中央公园演讲《圣经与人群之关系》。

该年针对"天坛宪法草案",著有《宪法草案大二毛子问答录》《书天坛草案第十九条问答录后》《书请定儒教为国教等书后》《保持约法上人民自由权》《约法上信教自由解》《宪法向界》等文。另代天主教各教区信教公民草拟"反对孔道请愿书"五篇。均反对孔教立国,力主信仰自由为实现政治民主和保护基本人权的必要条件。

1917 年　民国六年丁巳　七十八岁

南下返沪,隐居徐家汇。

1918 年　民国七年戊午　七十九岁

撰《民国民照心镜》。

1919 年　民国八年己未　八十岁

教皇本笃十五,派光主教任中国教务视察员。因撰《答问中国教务》,建议各国教士"改为中国籍","迎合现今社会,结交官长,广立学堂,培养科学适用人才"。教皇颁发"夫至大"通论,马相伯将其译成汉文,自费出版。

为陈垣重刊《灵言蠡勺》作序。

1920 年　民国九年庚申　八十一岁

作《代拟北京教友上教宗书》,建议中国教务应由中国籍人管理。

1921 年　民国十年辛酉　八十二岁

南归,仍居徐家汇。此后近十年,生活由震旦大学补助。

1922 年　民国十一年壬戌　八十三岁

被举为江苏财政交代核算委员会会长,任期不详。

应《申报》五十年纪念征文,作《五十年来之世界宗教》。

教廷首任宗座代表刚恒毅主教抵华,马相伯、英华等集资购赠公署。

1925 年　民国十四年乙丑　八十六岁

英华于北京创办辅仁大学,请马相伯为校长,不就。

作《尤其反对基督教理由书后》。

1926 年　民国十五年丙寅　八十七岁

上海天主教教友创办《天民报》,马相伯任总主笔,撰《发刊词》,重申《民国民照心镜》中主张,并重申宗教与道德同属救世精神。

《致知浅说》由商务印书馆出版。

1927 年　民国十六年丁卯　八十八岁

与徐允希司铎合译《灵心小史》。

1928 年　民国十七年戊辰　八十九岁

蔡元培、于右任发起，假徐汇公学为马相伯庆九十寿辰。蔡元培祝词谓中国科学发展出于宗教家，盛称马相伯早年提倡科学有力。

震旦大学二十五周年纪念，以创办人身份莅临讲话。

1929 年　民国十八年己巳　九十岁

撰《教廷使署志》，因使署建立是中国教会本土化象征。

1930 年　民国十九年庚午　九十一岁

为江苏通志局拟"宗教门"稿。

1931 年　民国二十年辛未　九十二岁

九·一八事变爆发，发表广播救亡演说，出任支援东北抗日义勇军的协会领袖，并以本人名义，发起组织多个支援抗日战争团体。

1932 年　民国二十一年壬申　九十三岁

一·二八事变。发表《国难人民自救建议》。派门人携《提议实施民治，促成宪政，以纾国难案》，赴洛阳参加蒋介石召开的"国难会议"。发起中国民治促成会，江苏省国难会，不忍人会。加盟宋庆龄、蔡元培建立的"中国民权保障同盟"。

《马相伯先生国难言论集》出版。

1933 年　民国二十二年癸酉　九十四岁

《马相伯先生国难言论集》增订再版。

1935 年　民国二十四年乙亥　九十六岁

沈钧儒、章乃器等在上海组织各界救国会，出任名誉领袖，发表救国宣言。

1936 年　民国二十五年丙子　九十七岁

丹阳建立马相伯图书馆，捐赠中西书籍八千七百册。

应天主教南京教区主教于斌邀请，由上海移居南京。

《一日一谈》由上海新城书局出版。

1937 年　民国二十六年丁丑　九十八岁

任国民政府委员。

七·七事变后，在中央广播电台演讲《钢铁政策》。

上海沦陷，迁居桂林风洞山。

1938 年　民国二十七年戊寅　九十九岁

春，发表《停止党争，一致对外》一文（未见）。

应于右任要求，欲从桂林迁往昆明或重庆，病阻于越南谅山。

1939 年　民国二十八年己卯　一百岁

四月五日，国民政府发布褒奖令。

四月六日，全国各地举行遥祝百龄典礼，政府高级官员、各党派领袖纷纷电贺。罗马教宗亦派代表前往谅山颁赐祝福。

十一月四日，寿终谅山。

（原载朱维铮主编《马相伯集》，复旦大学出版社，1996 年 12 月）

国府褒奖令
马相伯先生百龄庆典

国民政府五日命令云："国民政府委员马良，学贯中西，名德夙著。中年以后，慨捐巨款，倡学海滨，乐育英材，赞襄匡复，为功尤巨。近自御侮军兴，入佐中枢，秉老当益壮之精神，参抗战建国之大计，忠忱硕望，宇内同钦。兹已寿登百龄，襟情豪迈，无减当年，匪惟民族之英，抑亦国家之瑞。载颁明令，特予褒嘉，以旌勖贤而资矜式。此令。"

（原载重庆1939年4月6日《中央日报》。孙瑾芝辑录）

中国共产党中央委员会致
马相伯先生祝百龄大庆的贺电

桂林新四军办事处探转马相伯先生尊鉴：

兹值先生百龄大庆，国家之光，人类之瑞。谨率全体党员遥祝，并致贺忱。

中国共产党中央委员会　皓

（摘自1939年4月7日重庆
《新华日报》第三版。孙瑾芝辑录）

马相伯老先生百龄大庆祝辞

李登辉

盖闻裔云结幄,浮瑞氤于瑶枢;灵霭盈轩,炳荣光于绛斗。银膏滴沥,琼浆斟菊并之觞;紫阙岩峣,碧奈衍桂阳之纪。由来硕德,籍总属于夜摩;自古名贤,年尽班于兜率。岂惟彭篯恬静,夙号长生;宁徒雍伯肥高,独登洪算。

恭维相伯马老先生鲁国灵光,商颜绮季。应福星而度世,含神雾而在山。凤誉凤毛,长夸犀角。神姿轩异,同赵泉之在众中;进止雍闲,类裴休之来座上。精湛学术,郑康成籍甚东山;博极群书,颜之推翩然北阙。先生领袖名流,风标儒雅。爰筹学府,熔铸宏才。壁沼沦漪,扇芬芳于芹藻;槐阶清荫,蒸髦誉于菁莪。铜沟清泚,衍我嘉宾。黛馆抉疏,绥余良士。马空冀北之群,桂擢淮南之树。一天秋碧,处处黄花;万种春红,溪溪绿径。采珊瑚于海底,罗翡翠于炎洲。时则翘材莞尔,人尽栋梁;趋侍临瞻,才皆瑚琏。国家资厥谟猷,疆场凭其智力。或秉钺海外,或宣化域中。莫不得云雨而扬鬐,挟风雷而烧尾。所谓玉尺裁成,具是岳乔之伟杰;金针度出,无非奎璧之清光。时逢精华结纽之辰,适值期颐赐几之庆。仆与先生,夙连兰契。摄衣上座,谬充蓬岛之宾；扬觯升阶，敢献麦邱之祝。

李登辉敬祝

（原载《复旦同学会会刊·马相伯先生百龄大庆二十八年年会专号》，1939年3月号，第八卷第二期。孙瑾芝辑录）

相伯先生寿言

邵力子

吾师丹徒马相伯先生,当建国之二十六年,春秋九十有八岁矣。世颂人瑞,国尊师保,溯距沪渎受教之始,三十五年于兹。同门著籍者遍海内,其文章德业,遵先生之教而能自树立者背肩相望,方兴未艾。顾学殖荒落如力子,数十年来,志虑日纷,艰虞日集。虽违侍日深,而日念谆谆启牖者,亦奋发贾勇,自忘老大。于造次颠沛之际,幸获坚立己立人之志,而差免于谬戾。今者跄跄济济,称觞京国,杖国硕德,旷代殊典,咸思所以为先生寿,弗赞一辞,深愧于游夏之列,窃自感念今昔,有不能已于言者。清季自同光失策,内政外交,大错日铸。中贵阃冗,犹沉酣于文恬武嬉;学乖致用,靡知所从。先生东南冠冕,早岁知名。与介弟眉叔先生,倡导实学,一时无出其右。哲理名学,会通西欧。撷彼精英,攻错孟晋。大江南北,首沐其化,始稍稍而蔚为风气。有志之士,翕然从游。先生不厌不倦,栖栖弗遑,尽焉悲怜之怀,奋逐虞渊,若将不及者。当时卿相,于先生虽优礼有加,而竟不得藉手,以尽其才于万一。陈富强之策,明夷夏之义。壮岁远游,遍涉重洋。樽俎折冲,照耀人寰。达则兼善,竟不可得。仲尼不能遂东周之志,而衍洙泗之流。古今若出一辙而究亦何损耶,然先生则贮深忧矣。吾侪之初侍先生于震旦学院也，在光绪癸卯岁。时尚未废举业，举世目为新学，实为清廷侧目者。先生于荒江海隅，庀材鸠工。昔时缔造之艰难，较今则逾百倍。延致宿学，远及客卿，四方之来学者日以众。嗣又创复旦公学。先生之所乐者以此，困踬挫折，胥一身任之。时同门年齿多及壮，先生爱之若孩提，饮啄寝息之事，且留意焉。日讲治学作人之要，古今中外学术源流，往往历数时不止，各自忘倦。日惊获有创闻，每燕居造谒，有所答问。于寻常事物，辄广喻引申。穷竟天人之至理，融会贯通，博大精深，洵兼备之。时有辩难，则先生益喜。而所诲之者愈丰。值春秋佳日，于江海之会，风物佳处，登临吟啸之乐，先生亦兴复不浅，婆娑戾止，语及所亲睹列强精进之绩，手指臂画，娓娓万言。乃及国事机阱，民生凋敝，痛言救危济亡之道。环顾诸子，慷慨歔欷，声随泪下，无不振荡警惕；开拓心胸，汲汲于力学报国，匹夫之责，实矢誓于此时，而师弟之笃，得朋之益，抚今追昔，其在人生，莫乐于此时矣。辛壬以后，吾侪学侣，多散处异方，深惧志业不成，愧负先生之教。或久别乍见，或困穷趋谒，先生勉慰之者，一如平昔。自袁曹窃国，征逐纷纭，横逆层出，有类剥蕉。驯致内讧外侮迄无宁岁。吾党奋斗于艰阻忧患之中，旁薄周旋。同门诸子，无役不与，虽百败而弗自馁者，先生督教之严且正也。先总理在时，与先生亦友善，经国大计，时就谋之。夫岂仅以在野龙象，清议归往而重之耶，导先河而启新知，先生之功在国家，百世不可没也。自北伐告成，先生耆年硕德，为国家之祯祥。海滨颐养，乐寿无穷，康豫行健，神明焕爽，望之如天人。历数蓄德遐龄，博闻洽化之前修往哲，皆不足比伦于先生，而世俗祝嘏称觞者，更何足以乐先生耶。九一八变作，东北沦陷，外侮日亟，先生悊焉忧伤，辄大声疾呼于救亡图存之道，顽廉懦立，举世为之振奋，先生又深知舍团结精诚，无以敌强房方张之焰，毅然莅京就国府委员重任，堂堂华胄，在此存亡继绝之顷，讵尚敢杂毫发邪狭念，贻误家国。其忧国之诚，救亡之旨，数十年盖如一日。苟有逞意气而忽正义者，闻先生之言行，其亦知国论之自有正大者在。同门于右任学长今年四月且六十矣。先生兴酣赠诗，大墨淋漓，有云："老夫九十八，壮心犹熊罴。视子五九年，何啻卯角儿。愿子益努力，努力振国威。更历三十年，子年九十时，九州既早同，太平亦庶几。"以兹器量之深之宏，其天爵壮身，大年寿世者，岂有涯哉。夷考我先民之登百年上寿者古籍数见，洪范九五福，寿居第一，康宁居三，后世教养失道，民族浸衰，遂使野老村妪，偶享修龄，群誉为希世人瑞，然氓之蚩蚩顽躯仅存，求其能以寿身者寿世，渺然不可多得，先生之所以难能可贵者以此。方今运际中兴，民族再造，先生固乐期其成，而海内群生之有恃元老壮猷，导之共登寿域者亦至殷，先生之康强逢吉，与国共休，已可于天心民情间卜之，异时海宇澄清，八表开霁；民物洽熙，大同在望。举世群祝先生期颐之寿于共庆国运昌隆之年者，亦可于今日觇之矣。小子狂简，不知所裁，吾师夔铄，或为莞尔欤。

（原载《复旦同学会会刊·马相伯先生百龄大庆二十八年年会专号》1939年三月号第八卷第二期。孙瑾芝辑录）

应成一 | 祝马先生百年寿与民族复兴

祝寿，我国社会中一陋习也。人生由幼而壮而老，循序而进，此有其不易之定理，与一岁中四时之递推，同为隶于自然之法则，而于此乃容其或喜或戚之情，毋亦自视其身者太重欤。顾今日吾人恭逢　马相伯先生百年华诞而伸其庆祝，则与此有别。或谓　先生寿臻百龄，为古今中外之所罕觏，尊德南齿，古有明训，祝寿之义其在于斯。此言也，可成为一说而未足以尽其义蕴也。盖寿者乃人之常，人有反其常而生焉，斯有不寿，在　先生为安顺其常，而吾人乃引以为异而庆之祝之，有不为　先生所呵斥哉。　先生之寿固高于常人之寿，而　先生对于民族复兴之价值，更高于其寿。今日集国中四万五千万人而问其何为最后之企求，其一致之答复，必曰民族复兴耳。吾人之心慕神追于此民族复兴者，既如此其深且挚，而　先生则为吾国民族复兴与具最密切关系之一人，然则庆祝　先生之寿，自将具有其特殊之意义。

在中国近百年史中，以复兴民族著闻于世界者，其人凡三：（一）为致力国民革命手创中华民国之　孙总理，（二）为对内肃清军阀对外抵御强暴为民族生存而奋斗之　蒋委员长，（三）即为吾人正在致其敬礼之　先生。　孙总理与　蒋委员长之丰功伟绩，皆著在于政治，而　先生则殚其毕生心力于学术教育与文化，三人所趋向之途径不同，而其对复兴民族所发生之影响，则殆如桴鼓之相应。　先生秉颖悟卓异之姿，奋黾勉精勤之力；少时穷究于天人物理之学，真理著于天壤，俗说悉予破除；壮岁尽瘁于振兴教育，甄陶人才，凡承其耳提面命，无不为时俊杰；乃已在他人林泉退养之年，　先生则犹孳孳于导扬正气，振刷人心，以国家之耆老，作民众之先锋。非　先生之造诣宏深，吾民族谁与进窥科学之堂奥。非　先生之时雨布化，吾民族谁与灌溉革命之种子；非　先生之高瞻远瞩，危言危行，吾民族更谁与唤起其决心与毅力，为此一年半以来之神圣抗战事业，奠定其基础。　先生生百年矣，此百年中民族之进步，盖已不能以道里计，实皆由　先生有以推动之，吾人于　先生百年诞辰之一日，何能不群起而纪念此　先生之赐予。

且　先生对于民族复兴之贡献，尚不仅在其有形之事功，更在以无形之示范，指示吾人如何为民族复兴而努力。　先生之为吾民族领袖，非人所能否认矣。然　先生则未尝轻易离移其普通国民之立场，未尝视其政治地位为造成领袖之必要条件。迹　先生一生在民族中策动潜移默运之神力，坐致风起云从之影响，盖无不由其个人集中之精神与不断之努力而来，至于政治势力之在人所视为不可少者，反不为　先生所重视。然以在复兴事业上所造致之成功而言，　先生则并不视其他握有政权者，丝毫有所不扣。由此可知吾后生在民族复兴运动上不能有所建功，而诿其过于未能取得政治上地位者，实为一种遁词，只可以蒙蔽流俗，断无以自解于　先生。整个民族复兴事业之完成，其不能无政治上之领袖，此何待言，抑人人以为民族复兴，非先使我在政治上有位置不可，则有不立陷民族于分崩离析，已属幸事，遑论民族之能蒸蒸日上。感谢　先生之典范，吾人已知人人可为民族领袖，而不必人人皆为政治上之民族领袖,则明日之民族必能产生更多之各方面领袖,咸如 先生其人者,而民族复兴之进程,自必更增加其速率。如此则 先生对于民族复兴之功绩,固不仅在于现在,尚将远在其未来,吾人仅以此一日之时间,为 先生而祝寿,方将自慊于不足表扬 先生为人之万一,而祝 先生之寿则又更岂可少。

先生非欢以寿自庆者也,吾人亦不愿仅因 先生之享有遐龄而为 先生称庆也。然从 先生所享稀有之大年上,吾人即可据以豫测民族复兴之希望愈益无穷,则庆之祝之者又乌能自已。盖强大之民族,其人民亦体气充盈而年寿久长,弱小之民族,其人民亦禀赋单薄而生命短促。民族与个人,孰为因,孰为果,学术上虽尚无绝对之结论,而两者间之具有密切联系,则固事实而且已证明者也。如谓民族其因而个人其果,则 先生之年登期颐,体若重壮,而未来岁月方且莫测涯涘,经可知中华民族所孕育者雄奇,所凭依者坚厚,而外人或以病夫相哂者,其为皮相之谈,将不攻而自破。如谓个人其因而民族其果,更可知民族既有此充实光辉之代表,则目前国难之排除与夫未来建设之完成,无不有目的可达,已有其必然之理。盖中国因有 先生之寿而民族之自信力已可增高百倍,亦因有 先生之人而所谓民族自力更生之理想,悉未蹈于虚空。纵以 先生所不屑挂齿之年寿而论,其关系于民族之复兴者且有如此之大,然则即以庆寿而言,庆祝 先生之寿,自又不能与庆祝他人之寿者一概而论。

总之则 先生生于今日之中国,已使其民族得有复兴,更将进而使其民族获有永兴,盖其身体,其精神,已无一处不与整个民族相融合渗化而为一体,吾人庆祝 先生之百岁,实无异于庆祝民族之万年。至于 先生又为吾复旦之手创者,复旦同学之于 先生,更为子之于父、孙之于祖、曾孙之于曾祖,恭逢 先生百年寿诞,其欢忻鼓舞自又与寻常者不同。惟复旦本身即为民族复兴之一重要机构，先生创办复旦，亦即 先生复兴民族事业之一部分，故吾复旦同学庆祝 先生之寿，除即为庆祝中国民族外，又实即庆祝其可爱之复旦。

（原载《复旦同学会会刊·马相伯先生百龄大庆二十八年年会专号》1939年三月号第八卷第二期。孙瑾芝辑录）

敬贺马相伯期颐大寿长卷

编者按：一九三九年四月七日，是马相伯期颐寿辰，处于孤岛环境下的上海复旦同学会（校友会），仍克服重重困难，举办了盛大的庆祝活动，为"国之大老"称觞祝寿。远在越南谅山滞留的马相伯，从报上获悉此事，特写信给上海复旦同学会致谢，并赠百龄寿照一帧，以表谢忱。

这次祝寿活动参加者有马老的亲朋故旧与及门弟子等四百余人签名留念。事后，叶季纯校友将其裱装成长卷，长十一米，宽零点三四米，自右至左的卷面是：卷首是马相伯的期颐照、他从越南寄来的致谢函、四百五十余人的签名录，以及夏敬观的题款。

复旦诸同学英鉴：

顷阅报，藉悉

贵会为百岁贱辰特在沪举行庆祝，足见在远不遗，极感盛意。惟自战事发生以来，国无宁土，民不聊生，老朽何为，流离异域，正愧无德无功，每嫌多寿多辱，乃辱承祝我庆我，自觉难堪耳。回思贵校创立以来，人才辈出，出类拔萃，济济一堂，既致力乎修齐，复矢志于平治，鄙实与有荣焉。

专此致谢，顺颂

学业进步！

期颐叟相伯启

刘百年、王思方、林翼民、金其栋、杨民任、朱曾言、奚毓智、袁英、陆朝隽、恽志方、俞灏、马世鑫、沈麟、黄履申、严以霖、陆一强、赵作人、吴发来暨夫人、张鹏程、陈承荫、鲍慷志、刘保衡、金问洙、李禹封、莫启欧、章蔚然、裘碧安、汤兆珪、石鄰、潘明诵、侯砚圃、张道枢、姚家源、倪松年、毕静谦、黄兆谦、奚毓萃、徐子高、张揆让、徐肇寅、陈鹏、陈珍琦、马卓凡、徐祖铭、刘期洪、黄燕石、王复初、沈国勋、章梓贤、龚施鹗、马谟臣、周濬、俞延生、张雄飞、董宝枢、吴久华、杨中慧、程清遗、郑村女、简石农、梁国英、顾因明、周钧如、朱光宇、丁钟俊、周景秀、吴溯吾、徐炎、张桢林、孙田苏、俞浩如、陈志巩、万国华、潘国光、胡金水、叶秉孚、高君介、陈延鹤、高吹箫、张公琰、邢仪瀚、郁同珩、李英冠、赵钟、成伟冠、成吉冠、成言方、孙宗堃、史悠陶、彭学修、毛云溪、叶震伟、马地泰、丁延道、张充仁、陈仲达、夏宗辉、沈元恺、罗杨谦、曹忠信、黄中定、陆泽山、周其相、屠鹤云、孙惠培、周郁文、周士新、谭华、孙俊在、穆清、石锡伯、周克传、庞至长、董伯家、钱如璋、胡介峰、荣锡增、谢季康、周锡福、施昌炎、邹叔臣、戚其章、苏荦坨、丁颂词、朱祖舜、方培群、胡三葆、金克浩、赵云浦、鲍汝为、汪礼彰、汪咏赓、吴增发、毛西璧、郑伟三、陈丰镐、宋锡权、周享子、谢仁冰、赵青、范维滢、葛镛声、温业沆、戴铁初、包甘德、冯念汉、张廷良、章蓠农、张一志、陈纬千、程锡觉、林康侯、黄盂超、王仲规、陈庆萃、周受之、方辅卿、周仲平、钱子才、周家桢、顾鼎吉、陆景闵、李福镇、张炳桂、王元龙、施伦一、黄鉴民、蒲长元、樊刚庭、邵根基、顾祥贵、梁传愈、项佛时、葛敬和、谢林风、朱炎之、叶藻庭、韩景琦、陈培德、陈幼石、屈伯刚、严兴宽、吴稼农、陆贞明、张季量、张宛若、高君平、费志仁、应功九、江禄炜、吾行健、王公温、张振英、张澹秋、夏孙镇、汤增敫、丁令仪、沈昆南、徐德芬、萧文卿、徐修、蒋浚瑜、傅祥翼、林兴鄂暨夫人、甄文柱、傅祥瑞、林丽瑜、胡丽娟、吴乐天、邵惠珍、周静泉、杨吉时、余裴山、陈嗣庆、李白园、周科章、赵耀章、沈谷孙、夏剑丞、魏金煊、季宛宜、陈鸿雪、许俊堪、郭云观、陆雪英、诸金之、罗霏特、蔡文波、朱仲华、梁启瑞、柳玗青、朱志尧、袁民生、沈觳、施家幹、李宝琛、施福保、陈宪漠、朱承勋、董纯标、朱吉仁、卢桂滋、张道渊、马如赓、仲兰士、董禄民、杨毓龙、徐鼎、殷润甫、李楚修、吴祖龙、仲太林、樊侃如、高尔柏、赵璧、高尔松、季钟梁、陈德麻、沈永年、侯绍贤、胡铭石、陈宗太、马木轩、张若谷、傅庭璠、曾江岷、郁燮昌、张酞泉、荣宝仁、沈西宾、史宝楚、叶启发、闵宪章、庄孟文、苏季敏、周德熙、吴梦周、季英伯、楼兆鼎、张天胜、史匡、戴岂心、庄志瑾、戴昌善、葛学礼、贺忠训、蒋士杰、张锦祥、袁际唐、顾仲彝、叶萃英、郭智石、黄亚英、郑识三、魏振寰、陈英泉、虞继尧、徐祖荫、奚玉书、姚绍福、奚金韵、叶通、奚耀、吴承杰、朗静山、吕忠铨、陈棠年、赵晋卿、姜可生、周乐山、周曾棫、郑初年、严秉仁、邹兴家、胡荣新、颜箴之、夏楚、吕燮华、朱钟新、马浙生、金锡章、徐素芳、王颂孚、邓文厚、邓文熙、王国贤、高君湘、秦褉卿暨夫人、李寿彭、魏伯桢、李权时、邬烈佐、吴鉴如、姜子祥、郦象春、屠佩英、邢铁民、张则民、袁礼敦、陈孟如、姚承卿、陈杨波清、郁蔚珍、王杨恩美、何家骥、郑洪述、邱圣英、郑国楠、丰毅生、李葆灵、韩奎永、章植、孙宗源、刘南君、钱望宗、江一平、朱斯煌、巢庆临、萧碧川、徐斌才、何毓蔚、焦雨亭、严志弦、宋宝钧、姚庆三、赵曾和、毛家麟、应成一、金璐英、郑达麟、汪云史、赵传鼎、王维驷、徐家豪、周越然、窦光奎、屠孔邻、汪彭年、徐树声、顾再平、陶增棠、郑葆元、盛金英、王岐、孙宗炳、江万平、孙宗鑫、叶凤池、叶叔眉、黄子雄、倪频怡、董廉、盛澄世、邹玉、汤彦颐、蒋载华、郑积生、孙璧威、李常、耿淡如、许其昌、盛丕华、夏仁麟、叶亮仲、钱萝泽、叶陈碧嵋、蒋君毅、于开敏、蒋宏成、张葆奎、许晓初、高平青、王伯元、包镜第、张素斐、杨洪兴、徐寄庼、江百平、钟兆琳、金威珩、钟养圣、李叔和、龚幼廉、傅耀诚、夏懋信、傅桂振华、曹畴玉、林家铮、蒋彦武、左嘉谟、陆鼎传、刘亦筏、石振江、沈星五、陆新发、钱翎酥、王孝通、王振寰

予与相伯先生为忘年交，三十有五年矣。岁乙亥，先生年九十有六，予曾为作《械朴图》，以纪其作人之盛。明年先生百岁，复旦同学毕觞称祝，予亦忝列宾座。时先生已避兵南游，止居谅山，曾有戋谢。今先生逝世，季纯仁弟重兹遗墨，装背乞题。展卷歔欷，为识数语。

己卯初冬夏敬观

（原载许有成编《复旦大学早期校史资料汇编》，台北市复旦校友会，1997年5月。孙瑾芝辑录）

毛泽东、朱德、彭德怀电唁马相伯家属

马相伯先生家属礼鉴：

马相伯先生于本月四日蹇归道山，老人星黯，薄海同悲，遗憾尚多，倭寇未殄，后死有责，誓复国仇，在天之灵，庶几稍慰。特电驰唁，敬乞节哀。

毛泽东、朱德、彭德怀　庚。

（摘自1939年11月10日重庆《新华日报》第二版。孙瑾芝辑录）

吴南轩 | **在复旦大学追悼马相伯先生大会上的报告**＊

我们敬爱的景仰的马老校长，竟倏然长逝，这惊人的噩耗传来，使我们每个人都遭受了强烈的刺激，感觉十分悲伤。

复旦由马老校长一手造成，是马老校长一生爱护的。在这学校里教育出了不少的人才，在党国军政方面都占着很重要的位置，担负着很繁重的任务。尤其在抗战期中，更是竭力匡救危难奠定国基。所以，中外共仰的马老校长逝世，是我们全校最悲伤的，全国人士所哀悼的。

马老校长的生平是值得我们追念不忘的。

马老校长是举国鲜有的百岁老翁。有人曾问他养生之道，为什么能百年长寿，他有两句精妙的答复："我养生之道，第一耳不听闲话，第二手不数钞票。"这话表面上看来，似乎是个落伍的消极的人，而骂他是落后的消极的。他的耳不听无谓的闲话，除了有关学问、国家民族的话之外，他不愿以过多的时间和精力来做此无益的消耗。他一心一意专注他的事业。

同时，马老校长是廉洁奉公的，他不是为钱驱使而奔驰，他的一生，都在为国家民众图打算，他的手是为大众做事的手，为大众

＊ 复旦大学追悼马相伯先生大会于 1939 年 11 月 4 日在四川嘉陵江边举行。吴南轩时任复旦大学校长。

造福的手，临终的时候，都还为着他的伟大的国家在伏笔写作。

在满清的时候，他即深深觉得满政府的无能，他主张民主，施行宪政，所以，马老校长主持下的复旦、震旦两校，培育出了不少带革命思想和革命作风的人物，成了革命党人集会的处所。辛亥革命的成功，马老校长尽力不少。

马老校长除对内希望民主外，对外是希望打倒侵略国家，尤其是日本帝国主义，所以在抗战（爆发）以后，他是主张抗战到底的，是鼓吹抗战的，在"九一八"时更可很明白地见到，他是很明确地主张，支持抗战到底，对胜利的前途抱着十分的乐观。

所以，马老校长是前进的，积极的，我们在追悼他的今天，我们自然感到十分的悲伤，可是悲伤是无用的，我们要本着他的精神，继承他的遗教，以同样的作风努力奋斗，完成他最后的期望。

其次，觉得马老校长虽死犹存。我们依据心理学家的分析，人有三我，即物质的我、社会的我、精神的我。马老校长的物质的我虽逝了，但马老校长的社会的我、精神的我，却依然长存。

我们知道，马老校长的弟子散满天下，在学术上成为一代宗师，在时代的先头，他受成千上万的人和平顶戴，所以在社会上的马老校长，在大众的教师和尊重之下，他是永垂不朽的。

在精神来说，马老校长的道德、修养、学说、思想等，无不占着每个人的心，□着他一生的行为做事的决定力量是□样的态度和方法，□创造改进一切。所以，马老校长的精神亲托在许多人身上。我们全校师生也是马老校长指导下的一群，是爱护的一群。我们今天在追悼他的时候，应本着他的精神的我和社会的我，而继续努力前进，使我们社会的、精神的马老校长永垂不朽。要以实际的思想行动来追悼他，继承遗志，始终不失我们追悼的真义。

（原载1939年11月15日《嘉陵江日报》。孙瑾芝辑录）

祭马相伯先生文

于右任

惟中华民国二十有八年十一月四日,国民政府委员马相伯先生薨于谅山,越二十有六日,重庆各机关团体设位公祭,其受业弟子于右任,谨和泪吮墨为文,以告于灵前,曰:

呜呼吾师,今胡遽别?余将胡依,民胡矜式?大愿将酬,抗敌救国,胡晏庆功,而悭一昔。嗟师之生,忧患百年,罗胸武库,握手空拳。报国之心,托于造士,笃志殚精,忘其暮齿。伊余小子,讲犹一儒,诗狱瓜蔓,文网秋荼。师拯其危,亦药其陋,大义微言,鳣堂密授。共和肇建,再起匡时,中山国父,丹徒国师。刘巴居蜀,兵于敢欺,神奸觑鼎,师实折之。回车北都,结庐汀上,民治重辉,伊师之望。岛夷滑夏,发难沈阳,封狼荐食,浸窥南疆。其鼓堂堂,大呼杀贼,霜雪盈颠,风雪统舌。国有巨人,振裘得领,雪耻复仇,倾心托命。蒲轮就道,作宾上京,谋参密勿,礼尊老更。孰谓已老,心坚而贞,钢铁政策,播音铿铿。芦沟弄兵,妖胡内窜,何以御之,长期抗战。万里南天,一灵鲁殿,县目中兴,有光若电。呜呼哀哉,心则不老。其年大齐,穷边岚雾,颓龄曷支,湖湘三捷,喜极而唏,声声"消息",断续依稀。呜呼哀哉。伊余之身,师实再造。余粗有知,惟师所诏,玩日愒时,骎骎亦老。余则负师,将何以报?师之灵爽,陟降帝阁;师之心血,注于人人。万心一力,应济艰屯。收京有日,再为告文。

呜呼哀哉,尚飨。

(原载1939年11月26日重庆《国民公报》。孙瑾芝辑录)

马相伯先生追悼大会启事

公启者,百龄人瑞、国府委员马相伯先生于国历十一月四日在谅山逝世。马先生年高德劭,道齐古今。同人等爰于本月二十六日(星期日)下午三时假座加路连山孔圣堂联合举行追悼大会,用志哀思。除纪念办法另行决定外,为爱惜物力起见,凡挽联及花圈等概不收受,但如有诔词及挽诗等,可将原稿寄来本筹备处,俾便汇集,以便刊入哀思录。凡马先生亲好故旧,或对马先生道德文章有所景仰者,届时务请拨冗,贲临参加,同表哀悼。此启。

筹备处:国民银行七楼复旦同学会香港分会

(以笔画多少为排列先后次序*)

发起人:王正廷、王晓籁、王云五、王冷斋、孔令侃、何东、杜镛、宋汉章、李晋、李绶、李星衢、吴铁城、周寿臣、胡政之、胡文虎、俞鸿钧、陆费伯鸿、许世英、许崇智、章叔淳、郭泉、孙维栋、张一麟、张澜洲、陶百川、叶恭绰、郑洪年、钱永铭、钟

---

* 原文以繁体字笔画多少排序

锣、罗旭和。

发起团体：中央赈济委员会、中国红十字总会、中国文化协会、中华书局、香港记者公会、香港华人银行同业公会、香港报界公会、商务印书馆、复旦同学会香港分会、华商总会、华侨教育会香港分会和九龙教育会联合会、华侨工商学院、广州复旦中学。

（原载 1939 年 11 月 21 日《大公报（香港）》）

马相伯先生追悼会

甲、重 庆 方 面

渝市各界于廿八年十一月廿六日开会追悼马相伯先生，礼堂布置，庄严肃穆。油画的遗容，与谅山移榇时的四幅像片，更引起来宾无上的敬意与哀思，哀挽文字不下千余件。上午举行公祭，到林主席代表吕超、孔祥熙、何应钦、朱家骅、张群、李济琛等百余人，团体方面有行政院、监察院、军令部、市党部、警察局、复旦同学会、各报联合委员会、中央日报等几十个单位。下午二时三十分追悼会开始，到马老先生生前友好及及门弟子，于右任、叶楚伧、陈立夫、邵力子、洪兰友、马超俊、程天放、潘公展、翁文灏、余并塘、吴南轩、程沧波等五百余人，由吴稚晖先生主席领导行礼献花，并即席致词。他说："在我认识马老先生时，马老先生须眉皆白，已是七十三岁了，但是精神好像少年。马老先生，一生扶助革命，拼命呼喊；他要叫醒中国，要使中华民国苏醒过来。他生于道光庚子，死于民国二十八年。他在这一世纪中，饱经了多少沧桑变故，世事转移，到现在他虽然已经叫醒了中国的人民，一致地起来救国救世，但是马老先生所认为所有叫醒的地方正多着，今天我们来追悼马老先生，应该继承他的遗志，赓续他的呼声。"

于斌主教接着报告赴谅山治丧经过，和国际间对马老先生逝世的哀思。他说："西方人有些人甚至认为这是'世纪末日'的来临，马老先生的死，不但是中国的缺憾，并且也是世界的大损失。"

于院长说马老先生的事业和成就，在暮年是愈益彰明，他所遭际的国事，在暮年也愈益恶劣，但他没有一天悲观，更没有一天气馁。马老先生对国事总是乐观，他相信中国必有办法，我们必需珍贵他这一种精神不断的向上的活力，和蓬勃焕发的朝气。

追悼会于三时四十分礼成。

乙、上　海　方　面

母校创办人前校长马师相伯先生，战乱后一年（即二十七年十一月二十日）由桂林风洞山迁居桂越边境谅山，甫及一载，先生遽于二十八年十一月四日病故谅山寓所，噩耗传来，震惊宇内。渝沪母校同学即筹办追悼会，上海母校及同学会于廿八年十一月十五日上午十时，假浦东同乡会六楼为礼堂，到有母校先后同学及各界来宾闻兰亭等都千人。济济一堂，极一时之盛，兹将当日情况分述如次。

一、大会执事　（见同学会动态中马师相伯追悼会筹备会决议）

二、大会仪式　大会仪式于上午十时举行，端肃庄穆。主席夏敬观献花后，继之校董会代表郭仲良，大学部代表金通尹，附中代表殷以文，实中代表朱祖舜，同学会代表许晓初，分别奉献鲜花。陈仲达先生恭读祭文，主席致词，毛西璧先生宣读行述，叶季纯先生演说，马先生家属代表张充仁先生致答辞，十一时半礼成。

（一）陈仲达先生恭读祝文

维中华民国二十有八年十一月十五日，复旦大学校董会、复旦大学、复旦附属中学、复旦实验中学、复旦同学会，谨以清酌庶羞之奠，致祭于前校长丹徒马相伯先生之灵曰：

呜呼。夫子崛起亚东，名世间出，五百年中。起衰济溺，发聩振聋。从风而靡，物望推崇。夫子之功，邦之菁莪。鞅掌宣劳，奔走中外。乐后忧先，奠国康泰。长算深谋，社稷利赖。夫子之道，其道犹龙。厚仁博爱，慈惠温恭。正直无隐，清净为宗。礼精探得，朝野景从。夫子之心，如月如日。志洁行廉，抱朴守一。南州远离，谅山是逸。蒙难坚贞，明夷卜吉。夫子之学，深究天人。致知格物，精微无垠。度权贱备，体大思纯。译述四圣，逆厘三神。夫子之年，康强寿考。面玉瞳方，眉庞发皓。术通安期，岁跻少昊。如冈如陵，邦国至宝。夫子之教，老而弥勤。传经洙泗，讲学河汾。房杜受业，刘贾能文。生徒广聚，绛帐著闻。天实挺生，古迈今越。国之祯祥，民之津筏。驻景无方，如何奄忽。来祭无忘，赍志以后。哀此一老，胡不愁遗。向所仰止，今失归依。匪阿所好，公论在斯。天下之恸，门人之私。泰山倾颓，攀援无路。情重师资，恩深思慕。窃爇瓣香，将何依附。服持心衷，筑室庐基。山川间隔，陈词难宣。醪羞敬奠，惟格惟虔。神兮来享，鉴愚衷焉。感念终始，泪洒涕涟。呜呼哀哉，尚飨。

（二）主席夏敬观先生报告

今天复旦董事会、复旦大学附中、实中、复旦同学会共同举行马师追悼会，以志追思。我与先生相交多年，故能深知先生平生之趋向。先生一生在社会上作事，壹以我国固有道德为宗，陶铸世人，砥砺气节，实足以振颓风而移末俗。今天大家追悼先生，同时应毋忘先生生平之趋向及意志。

（三）毛西璧先生宣读行述

老师姓马氏，字相伯，江苏丹阳人也。父松岩公，业医，性好施；母沈太夫人，亦乐善为怀。老师以清道光廿年（民国纪元前七十二年）三月十九日生，即鸦片战争英人陷我舟山之岁也，五岁入学，是年其弟眉叔生，故老师长眉叔五岁。综合老师生平行谊，可分为四时期，谨述如下：

（一）少年修养时期　入学后，即读教中经典及四子书，聪颖绝伦，过目成诵。年十一，与弟眉叔入徐汇公学，四书五经毕读后，先后计读普通科者十年，专门科者又十年，宗教、哲学、希腊、拉丁、理化、天算等科，无不淹通。

（二）布教从政时期　老师年十四岁，洪秀全入金陵。二十以后，奉教会命，在苏太间从事救济事业，力疾从公，不辞劳苦。年三十，罗马教廷授以司铎之职，于是传教于苏皖之间，并得松岩公同意，散财纾难，辄近发起开濬徐汇市河暨鬻书，以充水灾赈款，此皆老师秉承家教，并推基督爱上帝爱邻人之心，以及于难胞也。在从政方面，以办理外交与议政为主，办理外交则在三十六至五十六岁廿年之间，初入李文忠幕，帮办洋务，深为器重；拟办国家银行，奉派至美借款五千万，卒以廷臣梗议，未果；为巩固邦交，派赴朝鲜，而大院君不能用；赴法考察商务，备受欢迎；五旬以后，曾任长崎领事暨使馆参赞，至任江苏外交司则在民国元年议政时期，前后亦有十年之久。纪元前二年，江苏省谘议局成立，老师被选为省议员，民二改为省议会，民三袁氏命令解散，民六复活，嗣后每届改选，老师必获选，对江苏省政，献替良多。

（三）办学时期　老师办震旦，年已六十四，斥资数万，目的从语言入首，以求西学。科目有四大类：（甲）语文学，（乙）象数学，（丙）格物学，（丁）致知学。老师自任拉丁、致知、天算、星期日集会演讲，其他科目则教会长老任之，学校行政则学生佐之，乃开学生自治之先河。老师于震旦散学后，成立复旦，年已六十六矣，请准江督周馥，拨吴淞炮台湾官地七十余亩为校址，并拨款二万元,就吴淞提督行辕,先行开办,又请准江督,月拨二千元为常年经费,复旦公学之基础乃立。老师为第一任校长,翌年,奉派赴日,办理归国学生善后事宜,两年之间,三易校长,严又陵、夏剑丞、高梦旦,三公也,纪元前三年复职,纪元前二年以谘议局议员兼领校务。辛亥光复,吴淞校舍被占,停顿一年,民元,老师和于右任、邵力子请当局拨徐家汇李公祠为校舍,并奉孙总统拨款万元,继续办理,老师再复任为校长,其间去而复职者凡二,老师关怀母校之深,于此可见。

（四）晚年著述及蒙难时期　七十八岁以后,老师则居土山湾乐善堂,临池作书,复习绘事,时人得之者,奉为珍品。老师除五十以后,与其弟眉叔成《马氏文通》一书,为中国文法圭臬,六十以后,著有《拉丁文通》,为震旦教本外,八十以后,则有《致知浅说》之作,九十以后,则有《致知浅说续编》,复有《四圣福音》之译著。九一八事变后,老师多忧时愤世之言,二十五年冬入京,翌年中央选任为国府委员;秋,沪战作,国府西迁,老师安车入桂;去秋,老师年九十有九,移居谅山;本年十一月四日,无疾而终,适百岁寿诞后七月有半也。综观老师生平,政治方面,均未能行其志,赞助文忠办理外交,而国家银行计划未能实行;谋图中鲜邦交,而大院君不能用;民五袁氏帝制自为,老师劝阻勿听,此其明征也。至办学则虽遭挫折,而再接再厉,终底于成。母校历史之久,成绩之宏,皆老师之赐也。近十余年来,老师年事虽高,又不良于行,而对于手创之母校,时刻不忘,十九年秋,复旦举行二十五周纪念则远赴江湾,二十三年夏,附中举行九五祝嘏,二十四年春,附中力学堂落成,则均轩车莅止,参加典礼。老师为人富情感,好与青年人晤谈,向求书法,有求必应,挥毫虽累数小时怡如也,其人生观可谓与孔圣"发愤忘食,乐以忘忧,不知老之将至"相似。最近病中闻捷音,则异常兴奋,起坐进食,弥留尚有

"消息消息"之微弱声可闻,则其关怀国事与孙中山先生"和平奋斗救中国"之临终遗言,具有同等意义也。老师所期之好消息,虽尚有待,而老师对办教育之成功,灵而有知,对此今日致祭满堂桃李,必含笑于白云乡矣。

(四)叶季纯先生演说

诸位先生,诸位同学,今天复旦五团体举行丹徒马老师相伯夫子追悼会,我还记得距今不久在三月十九日那一天,我们曾开过一次老师的百龄大寿庆祝会,仪式庄严隆重,到会人数六七百人。当时我们觉得老师已享寿百岁,精神仍异常矍铄,那无疑的我们有无尽的祝寿会可开,我们有无尽的欢乐在后面,岂能料到今天大家在此地参预追悼会呢,抚今思昔,悲痛的情绪,激动了每个人的心弦,并且还觉得我们的预期是错误了。可是老师的精神,老师的天禀,确能不骞不崩。与南山同其寿,这一点我们确不能自认为错误。人生终不能免一死,老师以百岁之身,忧国忧民,鞠躬尽瘁,任重道远,死而后已,正所谓死有重于泰山了。方才我听行述上说,老师无疾而终,以老师平时之言行,无疾而终,是很可相信的事。不过我以为老师的体质虽不病,但老师的心病是无法医治的,记得上次祝寿时,老师亲笔来信中,有"老夫何为流离异域"一语。就可知那时老师的心中又何等沉痛。国家之疾,就是老师之疾,老师的体力可以由百岁而二百岁三百岁,而精神上的心疾,是无法挽救的。现在老师已抱恨而离尘世了,我想国人受了老师的精神灌溉,必能大有造于邦家,则老师虽死,而老师的精神却已千古不磨,垂诸万世而不朽了。

(五)张充仁先生致答辞

外曾祖奔走在外,虽已历两年,而每月总有信给我,要我代为采办药品食物，分期寄去。最近我结婚的一日，老人体气尚佳，有信来嘱咐我礼节不可疏忽，费用要节省。十五日接马太太来信，谓老人病重，听觉记忆，异常衰弱，客来访者，退而始问姓名，要我同上海名医斟酌疗养之法，迨至本月五日谅山来电云，老人去世，详情尚未能深悉，俟后当再行报告。今天特地谢谢复旦五团体举行追悼会追悼外曾祖之盛意。

（六）哀挽诗联附录

兴庠造士广栽桃李新阴举世仰醇儒撷彼南金蔚成东箭
谋国忧民迁徙桄榔异域老成有遗恨未瞻北定遽赋西归
复旦董事会敬挽

上寿百龄师表百世
招魂万里贻泽万年
复旦大学教职员学生鞠躬敬挽

赞民族千秋之业
奠复旦百世之基
复旦附中教职员学生全体谨挽

薄海一老天不愁遗相同哭失声宁独吾党及门再传弟子
上寿百年死为归宿伊谁得要道或者帝所凭式大招先生
复旦实验中学全体教职员学生拜挽

斯道何道天下大道
经世人师百世宗师
复旦同学会敬挽

合文章性道之成永昭千古
举江汉秋阳为喻莫赞一辞
复旦同学会敬挽

学贯古今百年人瑞
名垂中外一代师宗
上海市会计师公会敬挽

蒲轮欢迎桂省安居忆当年大庆期颐恭逢三祝华封寿宇宏开叨福荫
南极星辉东方人瑞痛此日仙游兜率忍随千行桃李下风肃立拜祥云
惠灵中学校长汪彭年拜挽

百岁胡尘中自居乌狗狂吠毕生岂期尽撤藩篱卧榻竟容鼾睡客
一廛蛮海外沈视贪狼凶锋不戢未逮归修墙屋曝檐输与太平民
南洋中学同人恭挽

胸罗百国寿享百龄中外古今人瑞少
业炳千秋老征千里晦盲天地怆怀多
松江中学敬挽

经遍道咸同光宣迄于民纪百年近世史恰写终身大龄竟属学人仗公突破疑年录
奔走沪京汉湘桂远出边围一颗老人星遂沉南极每日索观战讯抵死长留报国心
黄炎培挽

从今国瑞失山梁空留后人仰止
自古耆儒称申伏是惟先生过之

　　　　　　　　后学高燮率子门生君湘拜挽

通儒传经共闻绛帐
大老名世公推白眉

　　　　　　　　后学吴伯昂顿首拜挽

寿逾百龄心雄万古
才高一代名重八方

　　　　　　　　李登辉敬挽

中华复旦寿其世
南极一星高在天

　　　　　　　　郭承惠敬拜挽

百年人瑞
一代宗师

　　　　　　　　浦缉庭拜挽

是大师先觉觉后
亦贤哲己立立人

　　　　　　　　晚李迪华鞠躬敬挽

道贯古今中外
学兼修齐治平

　　　　　　　　晚苏心槎敬挽

百世之上百世之下皓皓不可尚已
必得其名必得其寿巍巍无能称焉
　　　　　　　　　复旦同学会执行委员会敬挽

名业炳乾坤世运扶衰开学派
期颐甘薪胆国仇切齿见遗言
　　　　　　　　　复旦同学会监察委员会敬挽

世称大老道重人师东来铁骑犹屯许国羞同商岭卧
寿介阳春病沉秋雨西去蒲轮不返招魂怅望谅山寒
　　　　　　　　　复旦同学会会所管理委员会敬挽

学殖悉西欧力襄革命方针独有勋名传往昔
瑞星殒南国遽失文章泰斗更无述作励来兹
　　　　　　　　　复旦校刊社敬挽

迢迢接音徽如此江山留正气
灵修原浩荡萧条天地想扶风
　　　　　　　　　复旦小学全体师生敬挽

为教育家为学问家长留不死精神楷模国士
是先起者是先觉者综合一生德行矜式世人
　　　　　　　　　复旦小学敬挽

百岁历沧桑撤瑟犹留千古恨
几时迎广柳望尘痛哭一庄荒
　　　　　　　　　复旦大学甲子级毕业生同叩挽

道德文章垂万世

馨香俎豆足千秋

　　　　　复旦大学乙丑级全体学生敬挽

寿过期颐名高尚父综生平道德文章旷古所稀允矣永为后世法

气吞河岳功炳日星正壮士风云叱咤凯歌将奏伤哉顿失老成人

　　　　　复旦大学一九三七级同学会拜挽

庠序已成墟赤县沈昏惭后死

期颐称上寿谅山风雨泣先师

　　　　　复旦大学二八级毕业同学会敬挽

为山川灵秀所造成得天独厚

开女学光荣之记录亘古不磨

　　　　　复旦女同学会敬挽

后天下乐先天下忧壹志拯时艰盖百年如一日

尽己为忠推己为恕留题奉师训即二字足万金

　　　　　　　　　洙

　　　　　严命受业金问源鞠躬敬挽

　　　　　　　　　泗

百龄赞大计矢志在中兴海内及门尽面命

六字诏鲰生薪传惟正气壁间留训服心衷

昔睽绛帐垂三十年迨调任沪上始重获请益近蒙书赠三不能

淫移屈六字一帧悬诸座右瞻对手泽潸然向往

　　　　　受业郭云观恭挽

热忱爱国至老不移值兹满地腥膻知此去师难瞑目
拼命著书自强未息景仰高风亮节论私淑我更伤心
受业余裴山拜挽

垂髫立程门忆当年化雨频溉赤手支持兴复旦
期颐忧国难怅此日高山安仰伤心未睹定中原
受业余裴山敬挽

绛帐传经一代宗师仰泰斗
白头报国千秋事业比干城
受业 陈世璋 拜挽
　　 张晏孙

从游半载胜读十年兴学救衰时幸亲炙高深自愧不才辜厚望
修养百龄播迁万里考终归上界愿更弘悲悯重来斯世拯群生
前震旦学院学生张宗儒叩挽

百龄上寿一代完人乐后忧先万方多难
国丧元良士失师表山颓梁坏薄海同悲
受业陈制传德百拜敬挽

文章著海内咸钦硕德曩时马帐列附时沾化雨
百年享遐龄同尊耆老今日大芒遽敛痛失良师
受业郭健霄拜挽

淞沪两地绛帐高悬弱冠负书来许我得随群彦后
上寿百年雄心未泯道山赍志去及身不见九州同
受业叶永鎏拜挽

道大莫能容遁世谅山此身乃隐
德高无伦比传经徐汇教泽长留

学生毛经文恭挽

悉列门墙三六载薪传无状深自愧
会看桃李万千株噩耗惊闻共举哀

受业毛经学敬恭挽

百龄全上寿
一代失通儒

受业顾因明恭挽

四十年依倚程门叹墙高数仞宫室未窥空仰望百世宗师百龄上寿
二三载睽违绛帐遽梦入两楹山梁竟颓更那堪万方多难万里招魂

受业叶秉孚鞠躬敬挽

一代醇儒百年人瑞
国丧元老吾哭宗师

受业门人龚幼廉拜挽

仰百岁鳣堂海上曾觞彭祖寿
痛九秋鹤驭岭南忽陨老人星

受业 陈志巩 / 戚其章 敬挽

望隆朝野学贯中西寿享百龄名万古
少附及门壮违函丈心伤三载念常寻

门生朱鹤皋 / 朱鹤翔 敬挽

沪渎忝追随回首不堪三十载
谅山惊噩耗齐声同哭百龄师

　　　　　　　　　　　愚侄季英伯叩挽

椁散负师承忆频岁抠衣请业奉罂言欢迢遥万里游踪遽逢石老云荒日
松凋为国恸纵他时堕泪留碑范金铸象磊落百年心事孰当薪尽火传人

　　　　　　　　　　　受业徐清扬敬挽

百龄上寿同林类
一代宗师忆马融

　　　　　　　　　　　受业殷制章瑞敬挽

诲人以道德
寿世有文章

　　　　　　　　　　　小门生朱承洵叩挽
　　　　　　　　　　　　　　　　勋

师表千秋怅望南天悬涕泪
河山再造慭遗一老赞升平

　　　　　　　　　　　门生朱应鹏敬挽

一世纪日月重光悉凭默运
五百年英豪继起共沐余波

　　　　　　　　　　　受业应成一立本叩挽
　　　　　　　　　　　　　　功九业伉

宗教学术任一方于时则导师于国则柱石

经世放怀终百岁在地为河岳在天为日星
　　　　　　　　　　　　　小门生许晓初鞠躬敬挽

境界变沧桑慨亚雨欧风吾党何堪丧一老
门墙厕桃李合儒林文苑先生自足寿千秋
　　　　　　　　　　　　　　　受业奚玉书敬挽

开学派扶国本百岁壮心存宗师世仰文中子
卧翠微怀敌忾九秋凶问播家祭心悬陆放翁
　　　　　　　　　　　　　　小门生刘百年敬挽

一代宗师薄海英才称弟子
百龄元老中原文献属先生
　　　　　　　　　　　　　学生王思方鞠躬敬挽

上寿迈期颐立雪法承君子德
蛮烽莽江国惊天忽陨老人星
　　　　　　　　　　　　　小门生张国华谨挽

望重枌榆应五百年名世而生介眉寿祝期颐颦铄正叹犹龙齿德俱重鲁殿灵光推国老
门盈桃李附三千子及座之末爇心香和怀淑艾栩蘧惊化蝶典型长在谅山风雨哭人师
　　　　　　　　　　　　　　受业沈西宾顿首拜挽

圣人者知以为麟也
夫子之道其犹龙乎
　　　　　　　　　　　　　　门人杨民任敬拜挽

圣门四科德行言语政事文学夫子兼而有之
名世一代程朱许郑王谢彭聃斯民同失所归
学生鲍慷志敬挽

韩昌黎起八代衰旷世人师尊一老
郭汾阳称五福备危时砥柱失先生
小门生陈承荫鞠躬敬挽

林类可比管宁可比王通亦可比名世挺生至今空想象
寿考无双明哲无双儒业又无双师门感念此后失归依
学生赵渭人敬挽

术坏山颓哲人其萎
霜凄星陨吾道何之
门生夏育万叩挽

为斯世造成华国英才异时青史褒崇尤得特书详列传
于此际骤失旧邦人瑞共感黄杨厄闰不愁一老见中兴
门生李鸿寿敬挽

为一代通儒从教北面生徒传经争重文中子
值万方多难忍使南交羁旅书愤长哀陆放翁
学生袁英敬挽

艰难创复旦先人树百年绛帐扶风堪媲美
凄绝展重阳后哲萎一老素旐交趾痛招魂
学生史宝楚敬挽

一代宗师经传绛帐
百龄人瑞魂断谅山

　　　　　　　　　门生张道枢拜挽

富贵寿考尊荣一世
道德文章炳耀百年

　　　　　　　　　受业生张雨苍拜挽

道德文章一代师资推此老
智慧寿考百年事业是传人

　　　　　　再门生　何继纲　敬挽
　　　　　　　　　　刘仙舟

大寿登百岁是人瑞亦是国瑞
功勋垂千秋有美名更有英名

　　　　　　　　　小门生吴鼎三拜挽

桃李遍瀛寰一代儒宗推夫子
声名溢宇宙百年事业让先贤

　　　　　　　　门人黄淑谦　拜挽
　　　　　　　　　　　　媛

期颐宿耆煎怀国难蒲轮驰远域八表景同望硕德
一代宗师兴志办学化鹤归道山万方桃李哭春风

　　　　　　再门生　俞灏　沈麟　敬拜挽
　　　　　　　　　　黄履申　严以霖

蔡宗野称江南夫子
王仲淹有宰相门人

　　　　　　　　　学生黄孟超拜挽

国丧隽望（横匾）

　　　　　　　　　　复旦社会学会敬挽

一代宗师（立轴）

　　　　　　　　　　乡晚徐德润敬挽

哲人其萎（立轴）

　　　　　　　　　　受业周越然敬挽

星沉岳坠（幛）

　　　　　　　　　　门生张一志鞠躬

山颓木坏（横匾）

　　　　　　　小门生　许晓初　鞠躬敬挽
　　　　　　　　　　　陈承荫

遗教永存（立轴）

　　　　　　　　　　学生吴乐天敬挽

泰山鸿毛等一死此老达尊兼惠齿百岁经过多痛史唤醒青年知国耻

修龄大勋世无比去去西南行复止谅山凭吊故战垒旅魂何日归桑梓

请翰门下峨峨士再造乾坤继公起

　　　　　　　　　　沈恩孚敬挽

伤时频为祷天阍铜柱栖迟道益尊犹有放翁家祭愿从招楚客远游魂

黉宫尝设明窗榻广厦长怀绛帐恩泅涌吴淞江上水大贤遗泽百年存

　　日斜戈尚盼重挥河上舟遥望屡违不藉青囊元化寿未迎皂帽幼安归

　　门墙遍种春前树薪火谁传夜半衣颀洞八荒音问阻短笺追咏梦痕稀

受业金问泗敬挽

　　上寿期颐有几人明珠珍重岁寒身谅山风雨今凄惨噩耗遥传共怆神

　　河山破碎怅何之慷慨悲歌不自持年齿愈高心愈热伤时忧国鬓如丝

　　等身著述足千秋学说中西一例收懿德嘉言垂典则如斯人格亦难求

　　人伦师表共推崇国事于兹有大功砥柱中流元老在观成扶杖寄深衷

　　母校曾凭只手擎栽培几许属奇英惭余笫滥同侪后瞻仰遗容泪欲倾

学生丁延道敬挽

（原载《复旦》1940年6月号。孙瑾芝辑录）

张若谷 | **我所见闻的马相伯先生**

一 从镇江跑到上海

九八老人马良,字相伯,别署华封老人,九十后以叟自号。清道光二十年(庚子·一八四〇年四月十七日)夏三月十六日,诞于江苏丹阳马家村,生逢国家患难之秋。他的父亲,是当时镇江地方上一个有名的惜老怜贫的儒医,生有儿子五人,夭折者二,长子建勋,相老居次,老三名建忠,就是做《马氏文通》的马眉叔。在马家先祖中,出过几个知名的学问家,做《文献通考》的马端临,是相老的二十世祖。

马相伯自幼天禀独厚,有异常童,孩提时代即富于幻想。据他自述:"我在儿童时最喜欢仰观天象,并且欢喜追求天象的根源。当万里无云的天光之下,我总喜欢看月亮。有一次在月亮底下拼命地追赶,但是终于徒劳。又有一次我登楼开窗,拿着一枝竹竿去敲月亮,但是终于落了空!因此我对长辈发了许多问题,如:月亮是活的吗?月儿生在哪儿?到了初三四或二十四五时,我又要问:为什么只有半个了呢?那半个上什么地方去了呢?但是不幸得很,十有八九都要遭受长辈的呵斥,不然,就是瞎三话四的回答我,说什么：半个月亮被老虎吃掉了。我总是不能满意。到了后来我研究天文学的兴趣，便从这儿童时代许多幻想发展出来。"同时他看见了太阳，忽发奇思，会对太阳说："太阳，太阳，我知尔为太阳；太阳能识我为谁乎？我能而尔弗能！不我若矣。"相老幼年时代即有这种幻想，可以说就是他的天才的萌芽表现。

他八岁在家塾里正式读书，其后随父母迁居丹徒。到了十一岁，独自一人从镇江跑到上海，走的时候，父亲母亲都不晓得，他积了几块钱盘川，悄悄地离开家庭，从镇江到上海，现在乘火车，只消四五小时，那时交通不便，坐民船一共航行了十天工夫。

二　一面读书一面教

到了上海以后，他进徐汇公学读书，从十四岁起，一面助教做先生，一面读书做学生。他对于各种自然科学，非常有兴趣，特别喜欢研究数学。他的国文颇有根底，在学校助教国文经学。他的师长为意大利籍耶稣会神父晁德莅。十五岁学习法文拉丁文，二十岁研究哲学，二十三岁研究天文，他研究数学几乎发了狂，夜上睡眠，常在帐顶上隐约看见数目字，甚至连梦中也会发现四处都是数学公式。在求学时代，他做了一部《度数大全》，积稿一百二十多卷，可惜后来散佚无存，没有机会刊印出来。

相老自幼即因国家忧患而感受痛苦，他偶读法文通史课本，其中有讥刺中国民族无功来呼吸天地间的空气的论调，他的老师晁神父常提示他为国努力。十八岁时，法领事署欲聘他作秘书，他谢绝道："我学法语，是为中国用的！"他们很惊讶，只好作罢了。

在研究数学之余，他又读了四年神学，考得到神学博士学位，学生生活，就算告终。他毕业后，即被天主教会任命为徐汇公学校长兼任教务。不久调至南京，派他译述数理书籍。

三　两件生平得意事

光绪五年（一八七九）日本取琉球的第一年，那时马建勋正在淮军办理粮台，深得李文忠的信任。命相伯到山东藩司余紫垣那里掌理文案，后接任山东机械局差事，在山东为宦三年。光绪七年（一八八一），随黎庶昌（莼斋）公使到日本，任使馆参赞，后改任神户中国领事。归国后受知李鸿章，派往高丽襄助办理改革新政事宜，那时袁世凯年才十九岁，正在驻扎高丽的中国军队里当一个小分统。从高丽回国后，他的三弟马建忠任招商局经理，李鸿章又派他到天津、汉口、上海、烟台、厦门、广州等地调查招商局财产事宜。光绪十一年（一八八五）李鸿章派他做代表到美国去游说银行家接洽借款，想吸引外资办理机器厂及开矿实业，这是相老引为生平一件最得意事，同时也是一件最遗憾的事，且看他的自述：

> 到纽约时，美国大总统特派侍从武官前来迎迓，美国的银行家巨子皆来相会。我到纽约之后，就和他们大商家商量借款，他们都争着要借，结果大家商订了的数目，共有五万万两。我知道中堂一定不会答应，然而美国银行家意思又不可却，于是我就同他们商量：以五千万为正式借款，以三万万为他们的存款，存款以三厘起息，然后视中国对于财政需要之缓急以为因应。他们也赞成了，但是我将这种办法电禀中堂，中堂来电说，朝议大哗，舆论沸腾，万难照准，把我弄得进退维谷，简直不能见人，我没法，只好溜之大吉！

相老不但精通拉丁、法、英诸国言语，而且擅长口才，有中国第一演说家之目（张之洞语）。他是天生的一个大雄辩家，演说起来从没有预备草稿,在登台前,他踱来踏去只消打一个腹稿,一开口便若银瓶泻水地滔不绝了。

他任中国驻日公使黎庶昌(莼斋)参赞时,某次公使馆开盛大宴会,各国公使和日本的显宦都光临,众人要他说话。他想这种酬酢的外交辞令是不可开罪人的,于是他发言道:"不多时,我在欧洲游历,看到欧洲的政治,的确比东方清明,欧洲的社会也的确比东方进步。现在到东方来,忽然看见东方政治舞台上有一面大镜子,竟将西方舞台上的东西,一模一样照映出来,吾不胜其惊奇!好比学生效先生,青出于蓝,先生好,学生也不差,我恭维学生好呢,还是先生好?吾实在觉得有些进退两难!"一时掌声如雷,外交团中有许多外国人特地趋前向他握手道贺,这是相老在中年时代最得意的一件生平快事!

光绪三十三四年间,留日学生发生学潮,他重渡日本,平定学潮。演词中有"爱国不忘读书,读书不忘爱国"一语,大为湖广总督张之洞所激赏,便称扬他是中国第一名演说家,当日的演说词,是由梁启超笔记的。

四 创办震旦与复旦

马相老既博通东西学术,又擅长辞令,中年服务外交界多年。历任日本及高丽公使馆参赞,常与日本维新开国诸功臣伊藤、大隈等游。民国元年任职江苏都督府外交司,二三年间任北京大学校长。他对于兴办大学,尤具热诚。有清外交失败,他游历欧美回国,决心想办新式的中国大学。

民国纪元前十四年,即公元一八九八(光绪戊戌),中国新学初兴,士风丕变。梁任公受清政府命筹备译学馆,闻马相伯适聘使欧美回国,有意努力教育事业,即敦请其主持,因突遭政变,遽告中止。一九〇三年（光绪癸卯），蔡子民发动创办新学，相老（时年六十三岁）方居徐家汇，蔡执教鞭于南洋公学（今交通大学之前身），二人过从甚密，即联合南洋师生数人，创立震旦学院，取东方光明之义。关于创办震旦初期情况，相老曾作如下之自述云：

> 想当年创办震旦，我因游历欧美回国，决心想办新式的中国大学，和欧美大学教育并驾齐驱；这是理想，事实是这样开始的，蔡子民先生介绍来了二十四名青年，从这第一班学生，逐渐增加，形成学院。这是仿照欧美大学良好的规模。（见《马相伯先生国难言论集》二〇〇页）

> 我教了二十四个学生稍稍有点成绩，各省有志之士，皆不远数千里跋涉而来，中有八个少壮翰林，二十几个孝廉公。这样一来，我们就觉得有把组织扩而大之的必要，于是我们就办了一个学校，实具有西欧 ACADEMIA 的性质，名之曰震旦学院。（见《一日一谈》七七页）。

初期震旦校舍，设徐家汇气象台内。开学第一日，为一九〇三年三月一日，学生二十余人。科目注重拉丁文及哲学。本年计划，分设文理等七科。并提出下列三项信条："一、崇尚科学。二、注重文艺。三、不谈教理。"此时，相老自任教读拉丁文、法文、数学及哲学等课。记者先严杏笙（讳乃昌）府君，助教拉丁文，又聘天主教耶稣会教士一二人，兼教英文法文。

相老初创震旦时所采用之教授法，更为足供中国教育家资作借鉴。兹节录其自述如下：

> 我办震旦时有一事可以告世人的，就是我的教授法的特点。那时一班外国人在中国教我们青年的外国语文，简直有些

颠顸，譬如，他们教英文，一开始就教文句，而不教拼法，弄得学生摸不着头脑，我却从拼音字母教起，使他们渐渐可以独立地拼读外国语文，那时他们教英文所用的课本，大都是英国人教印度人用的，浅薄鄙俗，毫无意义。我却选些英国极有价值的文学作品，如莎士比亚等的著作，藉以提高学生的英文程度。每星期日，我召集全校学生开演讲会，指定题目，先由一人登台演讲，然后轮流推举学生中一二人加以批评，使各人能发挥意见，互相观摩。

马相老主持震旦时，校章尚有一特点，即招收学生，对于学生年龄，不加限止。观其自述云：

> 关于招生办法，我主张年轻的和年长的，甚至三四十岁的，只要他们诚心来学，程度相当，皆应一视同仁，尽量收纳。因为中国的情形与西方各先进国不同。我们的青年固须教育，我们的成年人尤须教育，因为他们学了一点，马上到社会上去，就有用了。

震旦创办后五年，以旧日校址狭隘，乃迁至卢家湾，即今日吕班路之校址。该校自相老手创以来，已有三十余年之历史矣。

相老创立震旦大学不久后，又另外创办复旦学校。最初校址就在吴淞镇台的旧衙门内，开学不久，便遇着辛亥革命，上海经过一次光复，学校被军队占据，他领了学生跑到无锡。革命后又把学校搬回上海，借李文忠祠堂做校址。相老在震旦复旦，对于学生非常爱护，常和他们谈话，亲密得像一个大家庭，一般无邪气的青年都敬畏他若严父。他对于学生修身工夫，又能以身作则，所以毕业出来的学生，有不少对于学术上有贡献的人才。饮水思源，这些都应该归功在创办人马相伯大老的身上。他的得意门生如于右任、胡敦复、徐季龙、翁文灏、邵力子等，至今还能追忆旧日师生欢聚融乐的情形。

监察院长于右任，于《神州日报》三十周年纪念特刊词中，追述他往年在震旦学院肄业，及创办《神州日报》的情形道：

> 纪元前六年，余在三原以半哭半笑楼诗讥切时政，为清廷命捕，时予在开封襆被间关走海上，肄业于震旦学院丹徒马相伯先生之门。同学诸友，多卓荦负材志之士，而山阴邵力子，仁和叶仲裕，平湖金怀秋，尤与余昵。逾年，震旦与外籍教员龃龉散学，诸同学别创复旦公学于吴淞。会留日诸同志，亦以取缔风潮归国，设中国公学于炮台湾。两校同人，相处密迩，哀时念乱，志事相同。而余复以复旦学生兼中国公学国文讲席，师生切劚，关系益切。讲学之余，深忧切叹，以为清政窳腐，外患频仍，国亡无日。上海为全国舆论重心，顾自《苏报》案后，士气消沉，正言不作，迄无起而振刷之者，亦吾辈之耻也，于是遂有创设日报之议。其任发起人者，除余及力子仲裕怀秋外，如河南王搏沙，安徽汪寿臣，四川张俊卿，湖南黄祯祥谭价人等，皆复旦中公两校之同学与同事，其在当时，盖皆不名一钱之穷书生也。

五 晚年隐居徐家汇

马相老见他手建的震旦复旦两校，已渐具规模，即摆脱教务，退居上海西郊徐家汇。徐家汇为明代名臣徐文定公的葬地，也是天主教在江南传教的发祥地。此地有天主堂、天文台、徐汇中学、启明女校、藏书楼、博物院、圣母院、圣衣院、孤儿院、印书馆、修道院、耶稣会总院等等，宗教的大小建筑物，何止数十，处处笼罩静穆的氛围气息，数千居民，都是笃信教徒，安居乐业，风俗醇朴，徐家汇这一个小镇，可以算是天主教的一个小国土。

那高插云霄双塔尖的天主堂，是徐家汇的象征建筑物，从中古世纪流传下的峨特式的穹门，含着崇高虔敬的意味。钟声缭绕，发人深思。沿天文台西行数百步，青翠树丛，衬出一带玉琢般的白墙，路尽为土山湾孤儿院，红楼一角，有小升降机直达三楼，升降机为蔡元培先生等醵资赠建，以省代马老先生上下步伐之劳。

面对着三楼升降机的出入口处，是一间阳光充足的小厅。厅中设长桌一，椅十数，食具储柜一，四壁挂满字画，这便是马老先生的会客室，也是他的膳厅。逢到他谈话兴致浓厚的时候，往往留客吃饭，继续滔滔不绝地同来客畅论天下大事。

会客室中昔年悬有"乐善堂"横额，左右为陆征祥氏所集"乐乎天命""善与人同"的联句，相老曾自命其寓所为乐善堂。堂的西壁，有于右任先生手书王了一（征）的"仿归去来辞"八幅，陆于两氏都署款称"相伯夫子"。前年起又添章太炎氏拜祝九十五寿联"鲁联抗议足完赵""烛武老年犹退秦"。又有段祺瑞氏手录文子寿语。冯玉祥氏手笔"福如东海长流水""寿比南山不老松"的寿联，署款称"相老前辈"，冯氏又向都锦生定织相老绣像，款称"国之大老"。马老先生九十大庆时，吴稚晖氏送联："得天独厚，应寿一万八千龄，才经过二倍百分之一；其道大光，曾传三千七十子，皆能位两间壹是于三"。于右任氏联："先生年百岁，"世界一晨星"。马老先生自己也写了一幅自寿联："有生可悟常生乐""今世当　后世因"。

乐善堂会客室有门户可通相老的卧室。卧室光线也很明朗，同时也是相老译经写字读书阅报的一间大书房。在这间寝室兼书斋的隔室，是一座布置很精致的小教堂，每天清晨有神父到堂举行弥撒祭礼，是相老晨夕祈祷默思的一个幽静场所。

六　饮食起居有定时

　　马相老是一个虔敬的天主教笃信者，年虽将届百岁，每日起居有时，饮食有节。每日清晨，不分夏冬，拂晓五时左右起身，祈祷诵经，在教堂参望弥撒祭礼约一小时，七时早膳，略进咖啡牛乳或稀饭鸡蛋等。餐后披览日报。八十岁后，久厌闻时事，闲辄披阅各方寄赠的宗教及科学杂志，自从九·一八发难后，又开始关怀国事，特别注意报章所刊国际对于中国的态度，并留意科学界的新发明或新纪录。

　　午前，如有客来访，相老往往接见，来宾中有党国要人、文人、艺人、新闻记者、教育家、科学家、留学生、慈善家、宗教家，以及亲友故旧，各色人等俱有，都莫不以得相老一言为荣。五年前，相老违和，病势甚重，幸不久即恢复康健。近年来，医嘱静养，曾拒见来宾。但不速之客，或为故旧，或因时事往谒者，络绎不绝，是相老家族引为最关切而感到最痛苦的一件事，曾登报启事，谢绝访问，甚至嘱仆从反扃其门，终归无效，来访诸人，仍纷至沓来，均以一睹相老颜色并得一谈为快。

　　相老谈兴浓厚时，喜欢留客共进午餐。一壁进食，一壁谈天。老人齿已尽落，镶装全副假牙，每餐只略进鸡汁及煮烂的肉类，所食甚微，足够一日的营养而已。

　　午后宾客兴尽辞去，则倚沙发小睡。有时来宾伸纸央求墨宝，相老欣然对客挥毫，字迹雄健，不类出于年将百龄老人的手笔。相老自八十岁后，始临池作书，曾自嘲为"八十岁学吹打"。

　　来宾中有挟照相机央请留影纪念者，相老从不加以拒绝。郎静山君是他所激赏的一个摄影家。相老容光润焕，绝无龙钟之态，慈祥之脸，衬以银须皓发，益觉飘逸出尘，隆准如蒜又若悬胆的美鼻，是相老肖像上的一个特殊异征。

傍晚披阅晚报二三种，七时晚餐。进食略与午餐同，晚餐后即入教堂祈祷，九时就寝。有时夜深人静，长跪良久，为国家为同胞祈祷祝福。现在隐居比国的陆征祥神父，每夜也仿相老的表率，常晨夕七次入教堂，祈祷天主使中国早日渡过难关，世界得享和平。有其师必有其弟子，相老也足以自慰了吧。

七　长生不老三原则

马相伯大老虽活到九十八岁的上寿，但是精神矍铄，毫无龙钟衰态，一定有许多人要知道他用的是什么长寿秘诀。据记者所知关于马相老过去九十多岁的生活，分析他的摄生之道，不外乎下列三个原则：（一）清心寡欲；（二）早起早眠；（三）饮食节制。

马相老是一个虔诚的宗教家，他从小即信仰天主教，因此生平在身心修养方面是受惯严格的管理的，加之家教又严，据相老追述他的孩童时代家庭状况道：

> 我们家庭奉天主教由来很久，大约在利玛窦到中国来以后，我们的祖先便成为教徒。我的外公婆也是奉天主教的。我小时，母亲教导我极为严厉，对于我的一举一动，一言一行，都不肯忽视。我因母亲督教甚严，却养成一种严肃克己的观念。……口出恶言，在所厉禁，在桌子上和大人一块吃饭时，座位不得侵占人家的地方，捡菜不许越过自己面前的菜蔬。到了外婆家里，母亲必每日照常教我一定的功课，如读生书几页，温熟书几卷，临字若干，等到功课完了之后，才准出去玩耍。……

相老以九十八岁的高龄，如今每天清晨，不分夏冬，五时即起身。这个早起的习惯，也是从小养成的。幼年时，天初明，太夫人即招之起床，诵经祈祷，风雨不更，一日不辍。晚上到了九时即就寝，早起早眠，九十八年来如一日，这种起居有定时的良好习惯，是相老能活上寿的原因之一。相老的尊人寿七十五龄，太夫人八十九岁，姊适朱氏，九十三岁而作古，一门长寿，也是一件有趣味的事件。

相老不但起居有时，而且独居一室，有清心寡欲的美德。他自述在高丽时，曾被袁世凯挟嫌诬告狎妓的一段笑话道：

> 余在高丽任彼邦政治襄助，与吴少轩开诚相助，关系密切。袁世凯往往以私相干，余不能尽如所愿，故毁余于吴，说余常狎妓饮酒，在公署带着妓女困觉，官方不检。吴少轩为人甚正派，且平生不二色，所以最讨厌这种事情。一日清早，大约四点多钟，余方在酣睡，少轩忽一人跑到办事处，直入卧室。余一榻独眠，相见甚欢。余问彼：何以如是之早？彼含糊应之，未尝明言所以。余当时茫然，后来才晓得这么一回事！余莞尔笑道：不但在余房中找不到女子，连一双绣鞋儿也找不到！然而余对袁并未曾有所嫌怨，因为那时余气概方盛，自待甚厚，不把此事放在心里。

马相老常对青年人道：

> 我无其他养生之法，惟自知不浪费精神而已。换句话说：就是要保养元气。应该早起，要养成鸡鸣而起的习惯！年轻人须注意三件事：一、不浪费精神；二、早起早眠；三、少吃东西。

说到相老平日的饮食，非常简单。牙齿已经完全脱落，不能吃米饭菜肉。上午七时早餐，略进牛奶咖啡或薄粥鸡蛋，正午中膳，以鸡汁或肉汁为主要食品，晚餐略与早餐相同。马老除遵守宗教斋期外,并不提倡素食,他常笑对左右道:"从前伍廷芳想要活到百岁,他在世时,就吃长素,但却先我去了。我老人并不吃素,倒还能活到现在的年纪。"

八 思想信仰与著作

马相老是一个哲学家。他从小对于人生观即发作奇想,苦思人生之谜,如何解答?他想:"人生一世,如蚂蚁做窝,忙个不了,又为什么?""人有良心,有灵魂吗?难道所谓善恶功过没有赏罚!""十目所视,十手所指,莫见乎隐,莫显乎微,非体物不可遗之造物而何?""如果世人知道,百岁前后无我,我之为我,作何归宿?"

从上面这几条疑问,相老再三思索,结果他成了一个宗教信仰者,皈依了天主教。他批评中外哲人道:

> 孔子一生,很是高尚,可是夫子之谈性与天道,不可得而闻也!他的门人,这般记载:夫子自道:朝闻道,夕死可矣,可见这道真可贵。老子之道可道,非常道:好在一个"常"字,天长地久,常然真寂!或許他原来是从小亚细亚东来中国;所以晚年又西度函谷关回去;不然,西度何为?列子称西方有圣人,这又是指谁,指救世主么?伟大哲人,毕竟是亚利斯多德,生在距今二千三百多年前,不但精名理,还能讲格物,树立科学的种种基础,至今仍受其学说影响。他的哲学赖有圣多玛斯的整理和扩大。据史传载,老而好学,临终时候,还恳切祈祷于造物曰:祈望长生的上智光照我!亚利斯多德的伟大精神,即此一语,永垂不朽!

相老既是个宗教家,他的人生观念是如此:

> 做人是暂时的，好坏，决不能就此拉到。凡事总要照造物主的意思做去。譬如人要勤劳，才能活命；人要互爱，才能生存。书上说：天降下民，天生蒸民，也是这个意思。从前唐明皇与杨贵妃，那样卿卿我我，说什么在天愿学比翼鸟，在水化为比目鱼，无非是要得"永"爱罢了。

相老对于宗教既有了坚决的信仰，对于科学才发生特殊的兴趣。上海《申报》五十年纪念时，他特地写了一篇"五十年来之世界宗教"长文，他并不以宗教家的立场来论宗教，而以局外眼光，世人常识及世界历史，从事实地的研究。原文中引证五十年来世界著名科学家的言论，以彰明宗教的存在，而打破迷信无稽之谈，是一部今世研究科学与宗教问题者必读的重要文献。

相老生平著述中，以宗教家论宗教者，有《新史合编直讲》，蓝本为费莱弟所编，引用典籍，至五十六种之多，是圣经学中的一部名作。经相老以文言译经，以白话讲解，得二十卷，由上海土山湾印书馆发行。又在创办震旦时期，印有《拉丁文通》及《震旦大学讲义》，现已绝版。哲学方面，著有《致知浅说》，自成一家言，亦震旦大学讲义，今由商务印书馆发行。传记方面，有《灵心小史》，即圣女小德肋撒传，由上海土山湾印书馆发行，近将三版。说起这本小传，却有一段轶事可记。

相老年将九十时亲译圣女小德肋撒自传《灵心小史》，他对人说过："假如有一位西洋太太和小姐来见我，我至多起身招待，点点头罢了！可是这位圣女，千千万万的圣教徒向伊致敬；我老人当然不能例外！因为伊的德行如此高超，能翕合救世主的圣意；不像一般人物自尊自大！伊温良谦卑，倒成了现代世界已故伟人中最伟大的一位圣人呢！"每逢宗教难题发生，相老常说："请这位大圣女转求；我们不过是小走卒呀！"他又亲笔书联，向圣女表示敬礼：

"祈尔万阵玫瑰雨，启予一片赤子心"。

八年前，在徐家汇蔡子民于右任发起的庆祝相老九旬大庆寿筵上，相老的外甥朱志尧演说中也提起此事，他说："我舅年已开百，而仍手不停笔，译述婴孩耶稣德肋撒之小传，尚未脱稿。是我舅亦不自倚老卖老，而奉二十余岁之小德肋撒为保姆为女师；即希望变为小孩而得升天也；即自求长生不老也。"

相老在国难期中，发表言论甚多，其门人笔录汇有《马相伯先生国难言论集》一书，由文华美术图书公司发行。前年春夏间，相老又闭户译成圣经若干卷。完稿之日，上海黄炎培亲书送给他一幅祝寿颂词，中有句云："巍巍相老人，今之徐文定。学邮欧亚通，道籥天人应。政海偶回翔，圣功必以正。皎如日，明如月，如风风人雨雨人。登楼神采长辉发，译完基督遗经千八百年前，先生大年八十又二八。"寥寥数十语，把老人过去生平的略历事迹，都包括写在里面了。

九　迁居南京译圣经

马相老自息影上海徐家汇，久已不问俗事。老人世奉天主教，平日闭户译经，乐天知命，怡然自得。去岁年尾，因天主教成立新教区于首都，南京主教于斌博士，特请相老驻京襄助教务。适其旧日高足于右任氏，在京觅得精舍，敦请命驾，陪同晋京。蔡元培等又以相老捐资毁家兴学，功在党国，呈请国府嘉奖。一月十二日国府明令："行政院呈据教育部呈为耆儒马相伯创设上海震旦学校，捐资达数十万元，成就人才甚众，洵属功在国家，请予嘉奖一案。查马相伯热心教育，慨捐巨资，深堪嘉尚，应予明令褒奖，以昭激励，此令。"十四日，中央开第卅三次常会，又决议选马良（相伯）为国府委员。马相老以本人来京，原系协助于主教办理教务，本无心于出任，曾一再恳辞，后因中央厚爱不可却，始允勉为担任。今日马相老卜居首都，主持中枢的，更不乏他旧日的弟子，当能重续往年师生共聚一室的欢乐情绪了。

马相老卜居南京后，仍过其恬静的幽居生活。关于他的近况，友人近自京拜访相老回来，告我不少快慰的新闻，现在择要记叙如下：

相老人是去冬十二月十二日到京的，他的寓所是在鼓楼西南大方巷十二号之一，一座西式小住宅，虽不甚大，可是窗明几净，布置得十分雅致；他的家族也住在这屋里，所以比前侍候得更能周到。

老人素性好动，息影沪西徐家汇已二十余年，加以近年腿力痿痹，不良于行，久不出门，这次易地颐养，调换空气，为他很感兴趣；迁京四个月来，身体日见康复。当他离上海时每日只吃鸡蛋四枚养生，现在能吃其他菜肴，更能肉食。他的卧室书斋是在楼上的，高兴时也能扶杖下楼，不像以前必需坐在椅中叫人抬走了。据闻上月十日，他竟能乘了马市长派去的汽车，登中山墓，谒陵献花，这真是半年前意想不到的。

马相老对于敬奉真主，崇信公教的虔诚，老而弥笃，迁京后，每晨有司铎送圣体到家恭领，主日和大瞻礼日，更在他寓所举行弥撒祭礼。老人除祈祷诵经之外，又把他近年在上海时翻译的《四史圣经》，重新详加校订，因为翻译圣经，要顾到"信""达""雅"三个条件，所以不惮烦劳，审慎从事。

老人又顾念到世风浇薄，民德日偷，青年的道德修养几无准绳，所以又拟编译一部哲学的伦理篇，定名"原行学"，现正采选欧西善本，从事译著，这种发愤忘年的治学著述精神，真使一般玩日愒岁的青年愧死。我敬祝老人，精神矍铄，年寿绵延，不但能及时付梓，风行全国，更还能有他种益世的文献，流传后人哩。

（原载《文藻月刊》第 1 卷第 5 期，1937 年 5 月。

孙瑾芝辑录）

林 骖 | **土山湾乐善堂旧闻**

上海徐家汇土山湾孤儿院第三层楼,系天主教会优待现任国府委员九八老人马相伯夫子隐居之所,名曰乐善堂。堂有洋房一排五间,一为会客厅,二为老人卧室,三为小圣堂,四为秘书处,五为厨房。老人每晨四句钟即起,着衣盥漱毕,端坐于卧室与圣堂之中间门首,右手握圣经,左手持念珠,闭目默想天主;六句钟,徐西满神父即来做弥撒,老人望弥撒领谢圣体后,即用早膳,膳极简单,不过一盂牛乳咖啡茶,与两块饼干而已。膳后即暂时搁置默祷读经之生活,而入于常人态度。纵观经史子集,博览群书,诵唐宋诗文,而尤喜读四书。逐日必重翻圣经一二段。此外或临各名人草帖,或应人之求,书匾额堂幅屏条。书法颓然天放,横扫千军。常作大长寿字,劲险刻厉,奇伟魁梧,如立、如行、如走,信笔淋漓,其妙入神,老当益壮,绝不似九八叟之腕力也。兴之所至,墨竹与山水,亦偶为之。然此乃千载一时,真难得耳。老人泛爱众,好宾客,极易与之接近,随问而答,信口不穷。且善诙谐,好谈论,或谈中外之风流韵事,或论古今之成败得失,从心所欲,而不逾矩,此所谓国风好色而不淫,小雅怨诽而不乱也。余常于中午退公,到乐善堂陪老人午饭,且食且语。兴高时,欢声震屋,每至于忘飧。孔子云：食不语。吾人此时，则语不食也。老人亦酷爱花鸟，客厅陈列鲜花，艳色夺目，奇香扑鼻，窗前满挂各种笼鸟，娇声巧转，连续不断，如在深山茂林之中。辄于饭后茶余，令仆人开笼，放鸟于屋内，任其飞腾四壁，并以菜果戏喂之，以娱心目。更有一事，可述与读者一粲，即老人喜作字画，亦喜他人之字画。客厅四壁，已为他人之字画补无余白。如于右任、章太炎之墨宝最多，固不足异。所可异者，余本不知书善画，而独屡次命余写之，以悬之。且未几又将余所作揭下，令余再作以易之，盖老人必以余所作昨是而今非。余亦自知，余所作昨是而今非，颇默感吾师之教益。惟最可笑者，老人于入都之先一月，犹命余写字画各四条，字乃录沈某观察纪念徐文定公逝世三百年之近作，画则为墨写松竹兰梅，即裱而挂之。一日，午饭时，老人目睹此拙作之八帧，喟然叹曰，此小子之字画清秀，令吾一观之，便可开胃口而加飧云。余闻老人此语，不禁颜汗，捧腹而自笑。次日晤及余友刘君符诚，即以老人之趣言相告。刘君为余之莫逆，乃不客气戏余曰："君之字画，能加老人之飧，固妙。倘使能加天下人之飧，则野无饿殍，而君亦不至一寒至此矣。"余不禁大笑答之曰："诚哉斯言，世衰道微，非子其谁赠我以袍。"

（原载《文藻月刊》第1卷第5期，
1937年5月。孙瑾芝辑录）

马相老的新史合编直讲

石㵴

天主公教的经典，分古新两集：古经的记述，远在数千年前，篇幅繁多，共有四十六卷，如创世纪、申命纪、圣咏、圣歌、先知语等，是历代古圣先知按天主的启示、笔录而成的；内容纪叙天主造世后五千年间的重要史迹，并预报天主降生救世的情景，使人民追念天主造生顾复的恩情，企盼救世主的来临。新经是耶稣升天后宗徒弟子们因天主圣神默启而著述的，内中四史圣经，也称福音经，详载耶稣一生言行；此外还有宗徒行实，宗徒书札二十一卷，和默照经，共二十七卷，是救世后新教中的重要典律。

全部圣经，以四史新经为最可贵、最重要，它上而印证古经预报救世主的情景，下而预示公教将来的遭遇，而且对于崇信真主，修身救灵的大道，也都包括无遗，真是公教的宝藏，信仰的基础。

公教自始尊重圣经，历代相传千九百年，虽片言只字，也不敢随意增减。全部圣经，大半是用希伯来文写的，但新经中路加圣经是用希腊文写的。在公元四百年左右，圣师热罗尼莫翻译校订，成为全部拉丁文本，经教皇审定推行，自后公教即奉为通行蓝本圣经，全球各国译文，都依据这拉丁本为标准。

公教传行中国，数百年来，侧重教理的传授，大概用"要理问答"一类的书,训导教中儿童,或给志愿奉教者学习,取其简明易习,但也未尝不注意圣经的讲授;如每主日和大瞻礼日,弥撒中必引用本日的圣经作讲道的材题,使教友们终年轮听圣经的纪叙和教训;所以"周年主日及大瞻礼圣经"一类书籍的译本,早已流行教友间,如阳玛诺的《圣经直解》,冯秉正的《圣经广益》,已有二三百年的历史了。

四史圣经的精确译本,要算四十年前李问渔神父译行的《新经译义》为第一,其他通俗语体译本,各地公教印书馆出版的还有好几种,恕不一一缕述。

至于综合四圣史原文,按着年月的先后,裁并成一贯的新圣经,虽艾儒略神父在清初就已编译了一本《天主降生言行纪略》,但只是正文而没有注释;这类的新圣经,如山东兖州天主堂出版的《耶稣言行》,北平西什库的《四史集一》,献县胜世堂的《新经合编》之类,现在已有好几种版本,为知道一些耶稣的言行,确是很需要,也是很适用的读本。

不过圣经妙义,含蓄之处很多,没有注释,就容易误解。直到一九二一年,河北献县萧若瑟神父始把全部新经廿七卷译出,并加简要的注释,取名《新经全集》;他的注解为普通教友阅读圣经,已有不少的帮助,这也算华文圣经译本中的一部重要贡献。

原来注解圣经,是公教中的一种专门学问,注疏家用尽毕生的力量,才能有所著述;现在罗马宗座,且有疏解圣经委员会的组织。历代注释圣经的作品,已是汗牛充栋,不能尽读,不过在中国还是寥若晨星,不可多得。

四十余年前,江南倪怀纶主教,把法国莱山峦司铎所译的意国费来弟主教原著《新史合编新译注》,交马公相伯转译华文,这时马公已年近花甲,鉴于该书内容的美善,为遍饷教胞精神食粮计,不辞艰辛,发奋为雄,数经寒暑,始得脱稿,时倪主教已逝世，继任的由苏主教而姚主教，几经审查，又延搁了十余年，直到一九一三年，才由上海徐家汇土山湾印书馆印行，这也可见公教神长对于审定圣经译注本的慎重了。

该书原著者是教皇庇护第九的亲叔父贝沙罗司牧安德肋马师大裔费来弟主教，他在百余年前，因忠于职守，被国王充发到边远之处，趁着空闲，把四史圣经合编为一，译成意文；他的特长，是在裁并四圣史原文字句，组成耶稣降生年谱，辞气一贯，言行无缺，而时地情景先后，注释考证讲解，根据各圣师和注疏家的谠论，简约明达，不可多得。全书可说是吾主一生的忠实写照，为信友最好的修养读本，使人百读不厌，神味无穷。

马公所译，虽是依照莱山峦司铎译的法文本转译的，但这法文本也是经教皇庇护第九敕书钦定的，忠实可靠，而且马公翻译正文时，还和拉丁四史原文对照，不爽真义。这部《新史合编直讲》，全照原著编法译出，共二十卷，每卷又按事迹分为一二十章，每章正文长短不等，自数十字至数百字，随记事的简繁而定，章首先把圣经正文译成典雅的国文，随后用语体文开讲；倘有特殊情形，如年谱编叙的先后，各史此详彼略，彼有此无，如何首尾衔接，融成一片的理由，必先详细解释一番，然后再把圣经正文，用语体文讲述一篇；文中有意义不明之处，便在应加注释的字句旁附标一二三四号数，在章末一一分别注解。这样一来，在欲熟读经文或引用经句的，可采取章首文字；欲把圣经读给他人听的，可用语体文讲义；要研究圣经精义或预备讲道的，可在注解栏里寻求，当无不详尽明晰。有时一句圣经的注解，引用圣师和注疏家的高论，发挥精义，长至数百字，也可见内容的丰富了。

在四十年前的普通话，也叫官话，和现行的国语稍有不同，马公在《新史合编直讲》里用的语体文，是仿《四书汇参》一类的注讲体裁，描写生动，雅俗共赏。这新史的开篇第一章，就引"圣路

加书札"作弁言,现在把正文(路加经第一章一至四节)录后:

> 缘夫既有多人,发奋编次,论述所有事迹,其告成于吾党也。一如其传授于吾党者然,而由夫有言职者自始亲见之。吾亦欲自初起,事事追溯精严,以次录付于汝,贤哉太敖菲禄,俾汝知素所传习之言,果真实耳。

这第一章的讲义,可说是全书的小序,所以不嫌冗长,也照录在后;同时可见马公所写语文的体裁哩。

"讲"新经是耶稣言行,玛窦、马尔谷、路加、若望四位圣史所记载的。圣教会所信守的,原有四部。四部之中,或此详彼略,或此有彼无,无的要补足,缺略的要凑齐,重复的要删去,又要事事归并在一处,按着年月的先后。这先后又极难考定,虽止求平正通达,编成一部。勿背圣师们的议论,也甚不容易。幸有主教费来弟,他编了一部。每一章头上,略叙事理的先后,以及所以裁并四圣史的缘由,却十分简净明白。又一字一句,都从四部原文摘抄出来,一无遗漏,故曰合编。编即编年之意,分为二十卷,每卷一二十章。每章之后,用常言俗语演说经文,经文之后,才把经中疑难之句,会心之处,伸说数条,故曰直讲。查费来弟主教,原是教宗比阿第九位的亲叔父,又极有学问,他说四部新史中,惟圣路加纪事之初,把圣经的缘起写给他朋友知道,恰好用作通编的小序。

这书卷首目录之后,附有周年弥撒圣经目录;人地名、经籍名、编籍名的音译合璧表;作者参考引用的书,多至三十九种,也可见他考证周详,苦心孤诣,怎样审慎从事了。

书为十六开大本,用四号铅字排印,顶栏有空白二寸许,留作标明四史章节起讫号数用的。全书二十卷,约共一千五百余页,五十余万字，洋洋大观，为中文圣经译注的巨著。凡曾受中等教育的男女教友，都应该购备一部，日常披阅，那么对于圣经学识，灵性修养，必多裨益。就是基督教徒，素来好读新约的，倘能购备一部，和他种版本的福音经参证，一定很能得益；因为灵感不是人人可得的，凭着一己的聪明，强解附会，是很易走入歧途的；像公教对讲解圣经的审慎态度，才能保持信仰的统一于万世。

马公相伯编译的《新史合编直讲》一书，是由上海徐家汇土山湾印书馆印行的，中装十册，售国币二元，洋装硬面二大册，售国币三元，出版以来已历四分之一世纪了，恐怕读过的人还不怎样多，这真是有负老人编译的一片苦心。现在该书快将售完了，老人以望百之年，又亲加校订，拟改良版式，再版印行。不佞购备这书已十有五年，或自己研习，或向人讲解，或引申为文，靠这良师指教，得益匪浅。

（原载《文藻月刊》第 1 卷第 5 期，
1937 年 5 月。孙瑾芝辑录）

复旦大学同学会 | **相伯夫子与复旦**

民国纪元前十年，丹徒马师相伯，创办震旦学院于上海徐家汇。其组织方式虽循教会学校之旧，而在讲授学习上，则隐然树立革新社会政治之始基，以故颇负人望，在当时已自成壁垒。迄纪元前七年（前清光绪卅一年），因学校行政及宗教等问题，校内意见不甚统一，师以平时主张思想自由，并主张校务应由学生自行管理，以养成共和精神，爰决议迁校。于是年二月率全体学生携校额校具图书等项，离徐家汇旧地，以校舍未定寄顿于沪市爱文义路新闸路间之某宅。推叶仲裕、刘学裕、邵仲辉即邵力子先生之学号、王侃叔、沈步洲、张轶欧诸君为干事。旋以沈、王、张三君先后出国留学，邵则赴陕任教职，其为师左右策划校务、促进新校之成立者，惟叶仲裕及亡命沪上变姓名为刘学裕之于君右任。于以当时为清廷刊章通缉，不能显露姓名，故凡与各方接洽校事者，均由叶君出名，而于君恒居复壁中，其工作勤苦，尤为师所倚重。嗣由　师邀集严又陵、熊季廉、袁观澜诸先生，共筹新校舍。维时馆舍未定，新申两报上，忽发见徐家汇震旦学院招生广告，师乃与严、熊、袁三先生联名登报声明，震旦之名被人袭用，即日起改名为复旦，此复旦之名之始见于社会也。时清廷对于新起之党人，

马相伯 96 岁时和复旦师生合影

钩稽备至，震旦知名之士，尤在侦逻之列。沪上人士，对吾校表同情者虽多，以碍于耳目，未敢公然将伯。适其时江督周玉山与师有旧交，且极崇仰　师之为人，因得请而以吴淞营地七十余亩备建校舍，同时拨给开办费万元，又借拨吴淞提镇行辕为临时校舍。修葺既竣，规模粗具，师乃礼延李登辉先生总教务，聘张汝楫先生昆季暨王培元先生等多人分任教席，于是年中秋节正式开校。生徒凡二百余人，分为英文班及法文班两部，除国学外，法文班各科学均用法文讲授，英文班亦然，盖以当时实无高深译本也。先是在震旦时代，师自授拉丁文哲学测量等学，而其他学课则由师请天主教教士义务讲授，校务则由学员能孚众望者承　师意处置之。学员纳费仅资膳宿图书之用，束脩薪水既无所需，故经费不虞竭蹶。迁吴淞后，学校行政虽仍由师指派叶、刘、邵诸君执掌，而教员束脩筹措为难。师乃自授法文班各课，以节支出。时　师年已六十有六，而当其兀坐讲台时，阁铜框巨目镜于鼻端，终日口讲指画，不以为苦。开校以后规模渐扩，学科荐增，需费亦渐繁。是年冬，师乃再请于江督，月拨经常费二千元，学校之根基乃渐固。纪元前六年春，师因事东渡，乃商请严又陵先生任校长。　师虽奔走国是，而于校事时加存问焉。三四年间，校中历校长三人：严先生、夏剑丞先生、高梦旦先生是也。纪元前三年冬，高先生力辞，朝野佥以师为复旦创办人，校长一席实非　师莫属。　师亦慨允复职，同时并延于右任先生授国学。是时清廷号立宪渐解党禁，于先生已得出而从事于新闻事业，旋仍以鼓吹革命遭当局之忌，所办民呼民吁各报相继被封，而　师乃毅然请之来校，藉以启发青年革命思想。纪元前一年秋，革命军兴，吴淞校舍充作光复军司令部，师徒星散，历年所聚仪器图书，几毁损无遗。迨民国纪元，于右任、邵力子两先生，承　师意、呈准　大总统孙，并得陈英士都督之协助，拨徐家汇李公祠为校舍，并拨给经费万元，河山光复，学校亦光复。　师欣然曰："吾十余年来所梦想共和政府下之学校，今始遂吾愿也！"二年春，　师北上乃请李登辉先生继主校长。二十余年来，校务蒸蒸日上，人才辈出，知人善任，其　师之谓乎。近年师鲜与外事，然每值复旦举行典礼，辄躬临对后学训勉有加。二十四年夏，复旦同学会为师九六称觞，　师固不欲，且以倾跌伤足，不良于行。群拟趋土山湾师门叩祝，议未定，请命于　师，师曰必无已。其在复旦附中乎，亦以见　师之始终垂念复旦焉。

（原载《复旦同学会会刊·马相伯先生百龄大庆二十八年年会专号》1939年3月号第八卷第二期。孙瑾芝辑录）

祝我慶我自覺難堪耳回思
貴校創立以來人才輩出之頹振
華濟一堂既致力乎修齊復矢
志於平治鄙實與有榮幸焉專
此致謝順頌
學業進步

朗頤寰 相伯 拜

復旦諸同學英鑒頃閱報藉悉貴會為百歲賤辰特在滬舉行慶祝旦見莊遠不遺極感盛意惟自戰事發生以來國無寧土民不聊生老朽何為流離異域正愧無德無功每嫌多壽多辱乃辱承

陈传德 | 马师相伯先生创办震旦学院之特种精神

先生蚤岁攻学，中外并重，经史子集，既精研有素，外国文与科学，亦具有专长。壮年入李文忠幕，襄办通商外交事务，人皆以洋务人才目之，遍游朝鲜日本及欧美各国，博通拉丁希腊英法意日及印度文，以拉丁文法文为最精深。先生学贯中西，允孚众望，我国学界之鲁灵光也。自戊戌政变，新旧交讧，继以庚子之乱，国势危如累卵，自非广设学校，士子改习泰西有用科学，无由储备专门人才，挽回国势，其时清廷亦知变法自强，虽科举未废，而上海已设有南洋公学矣，北平亦设有京师大学堂矣。先生以举办学校，首当注重译学，拟招集长于国学，或出身科举之有志人士，用速成方法，教以英法德文，从事翻译欧美科学书籍，撷其精华，供吾借镜，此议大为识者所韪，于是有震旦学院之创设焉。震旦创始于民国纪元前九年癸卯春季，校舍师资，俱得徐汇天主教堂之助，以老天文台为学院，聘请外籍教士为教授，先生自任监院。院内各部事务，在先生监督之下，悉归学生管理，称为干事，除项微尘君任总干事、郑子渔君任会计干事为固定职务外，其余干事，于学期开始由学生互推分别担任，其职务至学期之终为止，执掌权限，悉遵学生自治规程。学生初仅数十人，至秋季开学，适爱国学社因苏报案牵涉，自动解散，学生多来转学，传德亦其中之一也，合新旧生有百余人，以后各学期学生，递有增加。学院所订课程，分语文学、象数学、格物学、致知学四科，语文学科以拉丁文与英文或法文为必修学课（如法文列入甲乙班者可兼读英文或德文为第二外国语，如英文列入甲乙班者可兼读法文或德文为第二外国语），盖以拉丁为古文，英法德诸现代文所自出，古文得有门径，治现代文自事半功倍，其教授法亦特异，提挈纲领，注重于文法之练习，但求能阅书译书，不求为舌人，期以二年养成，传德列入法文乙班（当时共有甲乙丙三班）。读本由现任上海区主教法籍惠济良先生授课，循循善诱，获益良多，文法与名人格言两书由先生亲自教授，语多启发，能使学生举一反三，并常引用我国典籍成语，以解释课中文句，其博通今古，融贯中西，迥非时流所能望其项背，而学生得其陶冶，进步神速，即驽钝如传德，习法文未足三学期，已能与法籍教授直接谈话矣。余如象数学、格物学、致知学各科，亦但开示门径，启学者自由研究之风。国文概由学生自修，以学生中国文多有根底，且出身科举，登甲乙榜及名列胶庠者，亦不乏其人，但仍于学期之末，命题各撰文一篇，藉觇成绩。至体育亦极注重，每星期授兵式操三课，请法军官为教授，全体学生同时上操，分编四队，步伐操法，亦均不苟。某日全体学生荷枪实弹，由教授带往卢家湾（当时尚为荒野之地）法兵营，实地打靶。每学生射三弹，平均中两弹者居多数，独李叔和君三发皆中，为全校之冠。关于学院经费，无指定的款，除临时支出，为数较巨，如老天文台迤北隙地，建楼若干幢，楼上为教室，楼下为膳堂，由先生另行筹措外；其经常支出，监院教授干事均尽义务，不支薪水，所有学生膳食、校役工食、院内办公设备各费，以学费（住宿生每学期七十元通学生减半）抵充，足敷开支，至学期之终，收支公开揭晓，列入学期报告。他若院章规定，教授上课，不谈宗教，故遇孔子圣诞

（第二届震旦因孔诞问题至于散学，今之震旦为第三届矣）、耶稣圣诞，均不举行仪式，且仍照常上课。学生在院，不谈政治，俾得一意专攻学业。此外先生于每星期日，召集全体学生于大讲堂，或讨论学术，或演讲时事，或学生中有违犯校规者，尽情指示纠正，先生本为名演说家，庄谐杂出，语语令人感动，故收效甚宏。综上所述，先生创办震旦学院，能以少数经费，造就多数人才，固由先生道德高尚，思想纯洁，学术湛深，精诚感召所致。而院章所定，教授上课不谈宗教，学生在院不谈政治，均为先生办学精神，足资模楷（今复旦校歌内有政罗教纲无羁绊之句与此正合）。至学生自治、财政公开、举行学生训话，今之教育当局群奉为办学良规者，先生于三十年前先已树之规范，昭示后人，其识见远大，先知先觉，尤令人钦仰不置。惟是院舍借自教堂，教授俱系外籍教士，而院务又属学生自治，彼此不无隔阂。有外籍某教授又从而持短长于其间，乃于乙己年之正月杪，学院开学，新旧生正在报到上课，各班教授忽令学生呈验学费收据，否则不准上课，新生初到固属茫然，而旧生以为向来催缴学费，系会计之责，今教授于上课时加以干涉，与学院行政发生权限冲突。一面学生推举代表，谒见先生，欲询原委，而先生紧闭卧阁，称疾不见，学生亦知先生实有隐痛，未便明言。因此扰攘者累日，最后某教授竟来院声称，先生有病，即送医院疗治，院务由伊暂代，学生睹此情形，极为愤慨，推由沈步洲君主席，开会讨论办法，佥谓我辈学生与先生共同进退，情词异常坚决，末由主席取出信笺两卷，置于讲台两端，一为签留，一为签去，听凭同学自由决定。结果，签留者仅宋偑君一人而已，而签去学生，于散会后知先生已去，咸纷纷携带行李，悄然离院，时在二月之初，于是东南声誉卓著之震旦学院，竟以散学闻矣。惟先生精神所在，百折不回，散学未数日，即集学生于群学会，讨论规复办法。当以此事闻于江督周制军，旋奉电饬上海道蔡观察就近拨款万元，为规复临时费，并就吴淞营地指勘七十亩，充作校舍基地，一面先行借用吴淞提镇行辕，筹备未半年，即于是年八月开学，先生为监督，于是震旦学院（今之震旦大学系天主教中另办沿其名非其旧也）蜕化而为复旦公学（顾名思义即知震旦是复旦前身，故以校史言震复实为一校也），即今之复旦大学也。回思母校自癸卯创始于徐汇，乙巳改组于吴淞，迄今垂三十七年，人才辈出，遍于海内，其宣力国家，著名当世者，亦大有人在，饮水思源，皆出自先生所赐也。今同学会以先生寿届期颐，集会庆祝，征文发行专刊，传德附骥参加，敢就所知，为述先生当时办学，具有特种精神，宜乎今日者矍铄康强，跻于上寿，为当代之宗师，称天下之大老，殊令人于称觥晋祝之余，不胜高山仰止之感焉。

（原载《复旦同学会会刊·马相伯先生百龄大庆二十八年年会专号》1939年3月号第八卷第二期。孙瑾芝辑录）

马先生之言行

毛西璧

人类文化含有三大要素，即宗教、哲学与科学。先生得天独厚，而对于上三者均有湛深之研究与心得，转以授人，无怪初学者，听讲之始，不克升堂，云何入室。先生既为国人共仰之现代大师而又登期颐之寿，则其嘉言懿行自必多不胜收，但习见习闻，则不免挂一漏万，爰分三目，略举事例，藉以窥先生言行之一斑。

（一）关于秉性者　先生冲龄时好为战阵之戏，群童对垒，互以瓦砾相击，流血被面，先生叱之，乃代以泥沙，有违令者，辄加面斥，无不翕服。先生天资聪颖，又长于口才，善辞令。幼年，在家延师授经，过目成诵。初入上海徐汇公学，颇得其师意人某氏之垂青，谓中国人感情特富。

（二）关于学养者　先生在徐汇公学时，研究希腊拉丁文字、宗教哲学、象数物理等学，各四三年，无不淹通。中年，与其弟眉叔合著《马氏文通》。六秩而后，有《拉丁文通》之作。年逾八旬，学书习绘事，均卓然有成。《致知浅说》暨《圣经汉译》两书，则九旬以后之作焉。

（三）关于行为者　先生弱冠而后，会洪杨之变，谏其尊人散财纾难，又承教会之命，往来吴门娄水之间，救济灾黎，强仕以后，入李文忠幕，奉派赴美，与纽约银行家商订大借款，拟办国家银行，并兴建海军。以廷臣梗议，其事遂寝，先生在震旦学院中所启迪后进者，其途径有三：（一）语文学，则希腊拉丁等古文，英法德等今文，（二）形上之学，则有宗教哲学等，（三）形下之学则有象数物理等。此外，星期日必召集全体生徒训话。课内，兵操钟节特多，聘法国军官为教官，并练习打靶。纪元前七年，先生创立复旦，筚路蓝缕，苦心孤诣，任监督一年，因公北上，越四年回任。辛亥光复，学校中辍。民元续办，先生又复煞费经营，复任校长。前清末造，民国初年，江苏谘议局省议会中多所献替。韩国钧长苏去职后，先生被推为清算委员，向韩清算，以尽议会监督财政之责。国府奠都南京以还，先生时有谠论，宣诸报章，以供采择。前七年，老同学陈君仲达致无锡县篆后，来沪谒先生，先生则以大学"与其有聚敛之臣，宁有盗臣"，一语为训。

综合上述事例，与平日亲承教诲之处，则知先生治哲学以唯心论为主，所谓道即我心，我心即道，苟能理会此心，可以应万物而不穷。以此心而论神则为宗教，以此心而论物则为科学。本此道心，而以人待道人则为仁。故先生之为人也富于情感，其在震旦，喜与学生会餐，分批对食，因晤谈而知生徒之情性。从而启迪之，深得亚里斯多德诱掖后进之心传。其对国人则以博施济众为怀，故在早年即有散财纾难救济兵灾之义举，其在晚近，则有鬻书以光水灾赈款之仁风。其对官常，则痛恶贪婪而策励廉洁，故对韩省长厉行清算，而对陈同学训以官箴。因长口才，善辞令，故中年曾任日本神户领事，而民元则任江苏外交司司长。因幼好战阵，发号施令，故办震旦时则注重兵操，而民元则兼任江苏代理都督之职。九一八国艰以后，有组织人民自卫团之议与救国必先自救之名言。其言其行，一以儒家之理想主义为指归，而其思想精神均集中于仁：其爱国爱校、爱学生、爱群众，无一而非仁。语曰："仁者乐山，智者乐水。"又曰："仁者寿。"先生既为宗教、哲学、科学之大师，其智乃集现代文化之大成。而先生又为仁人，则仁者之寿，宜其与河山相映，绵绵延延，日进无疆。今逢先生期上颐寿之辰，纪取一二嘉言懿行为我侪后进之楷模。念先生创立母校之功，饮水思源，能无共致庆祝之忱哉。

（原载《复旦同学会会刊·马相伯先生百龄大庆二十八年年会专号》1939年3月号，第八卷第二期。孙瑾芝辑录）

救国老人马相伯先生

<small>邵力子</small>

  吾师相伯的一生，学问、事业、信仰，其最终之目标在救国。现在举世追悼先生，如果我们要替先生上一个谥法，救国老人是最适当的名词。先生病逝谅山，到今天适为20日，重庆各界在明天将举行盛大的追悼会，全国各地定期在明日举行追悼会的，已有香港等地方。先生的精神是"永生"的，追悼先生，莫如发扬先生永生的精神。

  三民主义是救国主义。总理发起革命运动时，中国的国家统治权握在异族手里，所以总理当时革命的目标在推翻满清，建立民国；民国既建，革命的目标在实现三民主义，惟三民主义能实现，而民有、民治、民享的国家方能确立。总理的革命目标，极为宏远，而总理革命的方法，则力求平易。50年前的革命障碍，不在腐朽的清廷统治权，而在当时社会中坚之士大夫，尤在培养未来的士大夫，使之倾向于革命的主义。先生在清季，齿德已尊，先生虽没有参加实际的革命，而先生当时的著书立说与兴学育才，无虑不与革命的目标默契。先生的教导自强，提倡革新，对当时一般精神上是散布革命的种子。当于右任先生间关亡命到沪，先生不但收留他，并且教育他，这种行为，暗示当时社会，革命不为社会唾弃，革命且为老师宿儒如先生者所维护。光绪壬寅癸卯间，先生即创震旦学院，复创复旦公学；复旦的创设，本身就是一个革命的举动，也是一个救国举动。在前清末年，先生已是国家的"老成人"，在他的精神大纛含护之下，不知培养多少革命青年。入民国后，先生虽常在退休之中，但是徐家汇来往过客心目中救国的大旗，无形中寄托在这位老人心头上。"九·一八"以后，先生的救国主张与活动，今日大家还能记忆的。

在学问方面，先生是力求探本穷源的。他在震旦、复旦时教学生读拉丁文，教学生治天算数理。他自己的治学方法在于"致知"，用西洋的科学方法去"致知"。先生著书，于考证最讲究。年入古稀，此种精神犹不衰。民国廿六年最后脱稿的《救世福音》，原稿脱稿复送交于斌主教后，常常为几个字取回考证。他不是科举中人，他早已知道科举的祸国误人。他在维新革命的潮流中知道新中国的建设，必须在治学根基上"端其趋向"，这种用心，在建立新国家学术的基础，就是救国的大道。

先生终身信道至笃，是一个宗教家。他很早认识信仰的力量，知道天下最伟大的力量，无不产生于信仰。他崇奉宗教，笃信至道，是以身力行。在前清末年，举世混浊之时，先生独以信仰为世倡率，这与总理"力量产生于信仰"的教训是暗合的。先生的一生是鼓励信仰的好榜样，先生的信仰是入世的，不是出世。先生要使举国人有信仰，在使举国人知道爱国救国。先生一生专业，具体的表现在教育。先生一生三任大学校长，震旦、复旦是先生创造的。先生虽是宗教家，而教育的方法，重"有容"，他对青年，使他们由"知"而"信"，这是先生最伟大的地方，先生所以为大教育家，就在于此。教育是国家百年大计，一方面要使青年有信仰，同时要使青年由"知"而"信"，这样的信仰不是浮面的，不是他动的。我们今天要普遍三民主义的信仰，必须效法先生的教育方法。

当今并世之人，及见先生之时，先生已到古稀之年，但是先生给人家的印象，是青年不是老年，老年人最要紧不使青年感觉在精神上有差隔。国难起后，国内始有团结的口号。先生当国家危急，呼号提倡的与一二十岁的青年一般，先生的榜样，实是团结运动最有效的方法。先生对待同胞，不以思想，不以地位，不以阶级而别，在救国大前提下，对四万万五千万同胞是一例的，这与先生的"有容"精神有关，这与先生的学问有关。先生精神学问的最高目标在救国。现当抗战已入后期，爱国国人，都应人人效法先生。

　　先生是这一世纪中的伟大人物，先生的嘉言懿行，不是短文所罄述，我们此时此地只着重于他救国的一点，举世哀此救国老人，举世应效此救国老人的言行，纪念救国老人，就是救国的大端。

（原载 1939 年 11 月 25 日《新华日报》。孙瑾芝辑录）

追念相伯夫子并略述其言行*

于右任

相伯夫子之丧,余既为文以祭,略抒哀痛之忱。顾以先生任世百年,做人造士,老至弥勤,雪耻复仇,殁而犹视。其粹言美行,无不足以垂范百世,策励后进,乃以平生事实,犹待钩稽,致此次纪念特刊,不克将详尽传公布于世,使世人景仰先生者,得见其全人格,此实饰终典礼中一大缺憾。我侪受业先生,使世之无所逃其谴责者也。初先生九十八年寿辰,同学钱君经宇,曾因燕居造请,排比所闻,纂为年谱,特刊所录,即由此谱补辑而成。今更以余亲炙所知,及先生避难西行后之轶闻胜语,捃摭成篇,用代行述。

余之得奉于先生也,已在先生六十四岁,创立震旦学院以后,故今之所述,亦只能从此时发端。先是,余居秦中,以讥弹时政,清廷以倡言革命名捕,自开封踉跄走海上。先生阅报知余至,嘱乡人雷祝三君来召,一见即亲切如家人子弟,谆谆语之曰:"国祸日亟,少年人忧时感事,以文字买祸,贤者不免。然列强并峙,人之所以国富民康,战胜攻取,而使我相形见绌者,弥不由于政教之修明,学术之精进,吾子文人积习,但以空言抒愤,于世界大势懵无

---

* 本文为节录。

马相伯和弟子于右任,摄于三十年代初

所知，即使他日得行其志，亦于世何裨？"因告以救国必先科学，而欲研究科学，深造有得，必自闲习西文入手。逾月，余遂以先生之命，肄业震旦。先生为特免其学膳费曰："老夫以是尽国民一分子之义务焉。"余以一旧式文士，所以得略窥新学门径，欧语发音者，实先生此时启发之功也。

震旦学院之科目，大列为四，曰语文学，曰象数学，曰格物学，曰致知学。格物者，今称自然科学。致知者，今之哲学各部门也。以来学者多成年有志之士，故其教授法亦特异，进程甚速，课本也多用名著。如甫习拉丁文数月，即授以罗马西塞罗讲演集，即其一例。盖先生天分至高，且以时事太难，非青年人兼程并进，早日学成，无以救国，所以期望诸生尤至切也。先生于星期日，必集诸生于大会堂，或讨论时政，或启沃新知，辄历一二小时不倦。时余初习法文，审音识字，恒以为苦，惟于听先生讲演，则特感兴趣。盖先生于演说最擅胜场，常能以诙谐之意态，调剂其端庄严肃之精神，故听者咸声入心通，相悦以解。以余所见演说家，能兼科学分析与文学情感之长，使每一问题皆生动活泼，不感枯寂者，实以先生为最早之一人。先生于讲学之余，不废修养，楼居静摄，动定有时。暇时则招一二高材生共食，燕坐深谈，人格感化，尤为亲切。于体育一科，亦极注重，延请法军官做教师，日课兵操，且以时赴郊外打靶。诸同学戎服荷枪，行列整肃，俨然国家一正式军队焉。

震旦散学后，先生欲倾其全部家资，自立一规模完备之大学，以格于教会成列，不果行。故复旦公学初创时，经济颇为拮据，经先生艰辛挹注，积诚感众，始克有成。当复旦未成立时，余尝从先生居上海城内一天主堂中，仅亡友铅山胡诗庐朝梁共学，诗庐毕业海军学堂，习英文，数学亦略具根底，余则于法文算数，皆尚初学，二人既所学不同，须分列授课，又皆年逾三十，肄习西文，进境甚缓，先生以法语发音授英文，亦颇自感不便，愿仍矻矻，如塾师训蒙，不辞况瘁，古今大学问家，恐未有能降格教人，堪此琐屑者。复旦成立以后，徐家汇震旦学院亦由教会恢复开学，旋移设罗家湾，改称震旦大学，仍奉先生为创办人。先生也时往讲演，参加其校中典礼，同学中颇有以为不然者。先生恢宏之量，有教无类之心，固非少年盛气所能窥其涯涘也。今震旦大学也人才辈出也，如于主教斌，翁君文灏，洪君兰友，皆当时高才生。同源异流，□乳益广，然则先生之教泽，又岂吾复旦同学所得而私耶。

清末，海上耆旧李平书先生钟珏辈，常组设沪学会，先生亦发起人之一，登坛讲演，殚厉慷慨，闻者动容，先生之提倡社会运动，盖始于是时。今复旦大学校长钱新之先生，即当时学会中之体操教员也。其后先生于江苏学务总会等，亦尽力甚多，并曾任会长。及国民纪元，南京临时政府成立，先生徇同人之请，出任府尹，年已七十年余。因政府北移，先生也匆匆去职，故生平抱负，未克多所发舒。

民国五六年后，军阀猖獗，先生著《民国民照心镜》，词严义正，抨击不遗余力。犹忆先生八十诞辰时，海上诸弟子欲为祝嘏，先生以余靖国之功未就，悒悒不乐，欲延期举行。同人因倩人为余代书一寿序，以娱其志。是可见先生望治之殷矣。及南北统一，国民政府进都南京，施行训政，先生以民治重光，安居谭道，并续其译著未竟之书，身心最为恬适。暇则临池作画，以助颐养。先生于八十岁始为人作书，习画则在九十以后，愿皆所诣甚邃，骎登作者之堂。尝谓人苟有志于学，即年齿老耄，断无不克成功者。先生现身说法，自道甘苦，其言洵售而有从也。

"九一八事变"起，先生已九十三岁，然忠愤郁律，意气激昂，仍居民众抗敌前锋，责备政府甚严。及余自京往谒，为述中央忍辱负重之苦衷，与国防准备之努力，则大喜。欲集会各阶层势力，巩固阵营，一致抗战，而于蒋委员长推服既至信托尤深。二十五年之冬，因徇余之请，移寓首都。

先生居南京近一年，以九十八年之高龄，仍不废书史，所译四圣福音，即于其时脱稿，并评点《三国志》全部，石米书端楷，日有定程。时先生已艰于步履，客观已駸駸衰老。……

二十七年秋，上海陷，首都戒严，先生大愤，精神日益兴奋，以冯焕章、李德邻二先生之劝，始移桂林风洞山，居无何，亲友以风洞山屡遭轰炸，于老人摄且不宜，请移居昆明，途径越南之谅山，忽感疾，不能再进，遂暂住焉。

先生平昔即不乐居租界，今以岛夷侵华，羁栖异域，托庇外人，自益拂老人意。其子妇马邱任我夫人，侍奉先生逾二十年，克意承志，体会深微，故初至谅山，即未以真实地名相告。久之，先生亦渐生疑，既屡询不得要领，则易其词以请邱夫人曰："余何处人？"答以"世界之人"。复进诘曰："世界之何国人？"答以"中国人"。先生乃曰："余既是中国人，抑何不居于中国领土乎？"辄慨然长叹，悲不自胜。国人有往谒者，除殷殷问抗战消息外，不及他语。……忽又曰："吾国抗战却敌，既捷报日至，愿余又何为犹留于此土乎？"余亦屡得其家人函，谓先生以重庆为抗战行都，欲来此奠居。余以先生拳拳祖国，寝食不忘，曾复书拟往迎。事合牵连，因循未果。今先生竟于 10 月 4 日逝世，疏谬之罪，百口奚辞？悲夫！非先生圣灵启示，俾余略增其绵薄之力，于先生所生死不渝之中兴大业，循其天职，稍补涓埃，余又何以自赎于先生耶？

（原载 1939 年 11 月 26 日《国民公报》。孙瑾芝辑录）

许涤新

敬悼百岁老青年
——马相伯先生

举国敬仰的马相伯先生，在本月 4 日，逝于谅山。噩耗传来，薄海同悲！

先生生于 1840 年（民国前 72 年）。这个时期，正是西欧资本主义急速发展的时期。同时，亦正是古老的中国逐渐走上动荡斗争的时期。更具体来说，当时中国的社会，正处在下面所描写的状况：

> 中国的人口过剩是慢慢地，但是不断地增加着。这种人口过剩早已使地方上的社会条件，成了对于国内极大多数人极其困苦的条件。那时就来了英国人，用武力夺得了五大商港中的自由贸易权。千百只英国和美国的轮船开到中国去，而在很快的时期内，中国市场上就充满了英国和美国的便宜的机器制造品。以手工劳动为基础的中国工业，竞争不过机器工业，于是稳固的中国就遇到了社会危机。赋税不复源源而来，国家濒于破产，大批民众变为赤贫、起义，大批杀戮皇帝底官吏及佛爷底和尚之举动也开始了。（马克思《列强与太平天国革命》）

先生是在这种环境之下长大起来的。他亲身经历过鸦片战争，经历过太平天国与代表着地主商人的满洲政府的战争,经历过甲午中日战争,经历过义和团暴动与八国联军入北京的侵略战争,经历过辛亥革命,经历过五卅运动,经历过1925—1927年的大革命,一直到当前的抗日战争。先生的一生恰恰是中国民族一部解放的历史。他在其百岁自述中这样地说:

> 盖自老夫之入世,吾中华民族无日不在忧患之中也。老夫生于逊清道光之庚子,时则鸦片之战,我舟山群岛沦陷之战也。其后如咸丰之庚申,光绪之庚子,外侮纷乘,创深痛巨,莫不为老夫所亲历,而甲午之役,清廷潜师割地,屈于岛夷,尤为50年来,倭寇坐大之张本。当余之奉使于韩也,日本之大陆政策,亦已露其凶锋,余惟为虺勿摧之惧,当援守在四夷之义,以陈徙薪曲突之谋,举世滔滔,未有以吾言为可用者,于是悬车海上,开门授徒,日以种族之沦胥,国命之危及,与同学诸子相警惕!

就是这种"种族沦胥,国命危及"的环境,使先生不但成为一个渊博的学者,而且成为一位百折不挠的民族战士。

第一,先生一生是无一刻不以国家民族之解放事业为前提的。上海办学,对于提高那时青年学生之民族意识方面,发挥了很大的作用。"九·一八事变"后,先生号召群英,誓为民族解放而斗争。"一二·九"前后,当救国运动在艰难辛苦备受压迫之际,先生以九十余龄的老翁,慨然"甘抛弃一条老命",与广大的爱国民众,携手前进,冲破了一切的压迫与恐怖,共同促进国内之团结与准备抗战。"七·七"以后抗战的炮声响了,先生对于民族解放事业,是越来越热切的。直到临终,犹谆谆以"全国军民,勠力抗战,不获胜利不止"为嘱。这种精神,比较陆放翁易箦时之嘱托"王师北定中原日,家祭毋忘告乃翁",来得更加伟大。那些卖国求荣的汪派汉奸,那些在千方百计破坏抗战企图丧民族前途的败类,对着先生这种精神,真是可以愧死了!

第二,为了民族解放,先生坚决地主张民族团结。他在《国难言论集》序文中,很诚恳地说:

> 凡寝馈于旧道德或古新经者,阅世至此,心能不哀耶?但愿我国民全体,认定自助者天助,效法义腊厄尔再造日路撒棱,一手做工,一手拿剑,共赴国难,庶有豸乎!

现在抗战将达三十个月,敌人的政治进攻破坏抗日××××的毒计,更加厉害,为了民族国家的前途,每一个抗日的爱国党派,是应当深铭先生坚持团结之教训,紧携着手,抗战到底的。

第三,先生是主张以加特力教的精神去实现民治的。他在其《国难人民自救建议》一文中,很明白地指出:

> 天下为公,纯正精一,古之不旧,今之不新,实乃加特力精神效率。特此,然后知人生之大本大原,立国之要道要义。

当前的宪政运动,正是先生所主张的民治精神的表现。因此,我们必须以开展宪政运动的工作来纪念先生。

第四,先生是为中国文化进步而不倦斗争。他创办了震旦学院和复旦公学,为中华民族培养了不少的人才。他的年纪,虽则很大,但是他的精神是依然保持着青年的气概的。他不但不会与热情的青年有些隔膜,而且爱青年如自己的子弟一般。他了解青年的纯洁的为国家民族的动机,他同情青年们之奔走呼号为国家民族之解放而斗争。特别在"一二·九"以后,当青年学生的救国运动遭受摧残的时候，他常替青年们说出他们所说不出来的话。邵力子先生说得好：

> 先生已到古稀之年，但是先生给人家的印象，是青年不是老年，老年人最要紧不使青年感觉在精神上有差隔。国难起后，国内始有团结的口号，先生当国家危急，呼号提倡与一二十岁的青年一般。先生的榜样，实是团结运动最有效的方法。

在日本强盗尚未退出中国的时候，全国的青年，很悲痛敬悼先生逝去，更坚决地学习先生的为国斗争的精神！

（原载1939年11月26日《新华日报》。孙瑾芝辑录）

黄炎培 | **我所见一百一龄马相伯先生之生平**

我和马相伯先生为忘年交者，几四十年。今先生以高龄考终，在义不能不把先生生平行事，写一篇文字，贡献于一般欲识先生者，可是不是我不能写，实在不够写。因为我现在虽超过六十岁的人，然获交先生，已在先生六十岁以后。先生少年壮年期间，所有事迹，无从详悉。十年以前，同在上海，曾定期携纸笔谒先生，为有统系的谈话，付之记录，发表于民十八年人文月刊者若干篇。过去我亦颇着意于文献材料的收集，稍稍有所获得，其中关于先生者亦不少。惜在抗战期间，一切都不在手头，只得写吾记忆所及，且待他日抗战工作完成以后，补充终篇。

我第一次见先生，忆在清光绪二十七八年，读书上海南洋公学时。先生方居徐家汇土山湾教授拉丁文，当时同去见先生者，似是同学邵仲辉先生，今号力子。先生滔滔汩汩，和我们大谈拉丁文，我是初学英文，对拉丁文，一些见不懂。时向先生受学者，有两位前辈，就是张菊生先生元济，和我师蔡孑民先生元培，后来先生盛称两先生好学，清早奔往受业，从不缺课。是时同学中亦有前往受教者。

那时候，我已知道先生是丹阳人，但是后来江苏发起学务总会，先生被选为评议员者多年，评议员是分县的。先生代表的是丹徒，还记得清清楚楚的。同时知道先生有家在上海西乡泗泾，泗泾后来属松江县。先生在松江县境，有相当多量的田产，完全捐给震旦学院。

震旦学院，就在那时期经先生手创的。为了某项问题，不久别创复旦学院。先生为校长，先生是笃信天主教的。先生的门人告我，先生加入的是耶稣会，会律特别地严，不许私有财产，不许在教旨以外，发表思想。先生尽捐所有财产，就是为此。而教廷因尊重先生之学识，特准自由发表，故惟先生得刊行其著作，在教会中为异数。

先生极端信仰科学。其科学造诣之精湛，当然非一般人所能洞晓。而其演说却能激起大众同情，虽妇孺亦能欣赏。我第一次听先生演说，大约在清光绪三十年左右。其时上海南市沪学会，敦请先生演说，听者人山人海。我以青年杂在人群中，先生解释"差以毫厘，谬以千里"的真理。他把两手相并，两食指分向左右，举起成三角形，以大众示，他说：你们看我两指，从这里分开两个方向，一直分出去，直到天边，再不能接近拢来了。实则他的出发，就只这一点。诸位要明白呀！"近在眼前，远在天边"就是这个道理。台下大鼓掌。先生讲科学，深入显出，大都是这样的。

清末，各省设谘议局，先生和我都是当选谘议局议员。从此朝夕一处了。先生在谘议局，发言不是顶多，而所发表的主张，极易得大众同情。因为除了主张的内容以外，先生语言、声音、态度，在任何一点上，都受人欢迎的。当辛亥革命之际，南京未成立政府时，先生似曾一度长民政，其详我不复能记忆了。旋即入北京，任北京大学校长。当过参政院参政。那时候，先生印行一本著作，主张度量衡采法国制。大意以法制长度的单位，为地球子午周围四千万分之一，其所根据，最合科学原理。当时我读了这本书，对于他的主张，深深地感为正确。今吾国采用万国权度通制，即是接受此项主张。

先生对袁曹当国，极不谓然。其所主张，既非利能所动，亦非势所能屈。居京师既倦，翩然南归，仍在上海徐家汇土山湾，年已过八十了。我乃复得时时访问先生，亲受教益。我语先生："你老人家一肚子哲学科学，能传授的怕不多。至于百年来，亲身经历的史实，先生如肯口授，我愿任记录之役。"民十七、十八两年，我偕一位深思好学的青年陈乐叶，按照商定的期限，前去请教。先生最熟悉而乐道的，为朝鲜掌故。大院君呀，闵妃呀，东学党呀，原原本本，谈得有声有色。先生说："你们不要过誉西方文明。要知一切都是近百年来事。我年轻时，到外国去，亲见他们还没有好好医药，生了病，用蚂蟥斜贴在太阳穴里。还没有笔，用鹅毛管当钢笔用。我就是用鹅毛管写过字的。什么钢笔呀，铅笔呀，自来水笔呀，都是'后起之秀'哩。"先生于谈话中常常提及"老三"，这就是他的令弟，著《马氏文通》的马建忠，号眉叔。又爱述童年故事，先生系生于清道光十九年，即林则徐在广东焚鸦片之役，最为熟悉。南京订约，英原拟提出种种要求，就为英兵船驶往南京，过镇江时，我发一炮中其桅。英知我未可侮，故帖然就范。而此一炮究系谁发，经多方调查，才知发自镇江城墙，发炮者谁，乃系一理发师，用手中纸吹燃药引，全以游戏出之。此一炮既立大功，乃赠此理发师以都司职，而此人以儿戏发炮，惧肇祸得罪，早逃掉了。先生所讲史事，庄谐杂出，大率类此。详见人文月刊先生谈话笔记。

先生居沪百日，"九·一八"事变猝发。告我须赶快结合同志救国。虽以八九十高龄，而尤时时为短篇文字，发表于报纸，大声疾呼，唤起民众，唤起青年。青年奔走先生之门，亦因此日多一日。先生主张之前进，往往突过青年。试检上海各报所发表谈话，或亲笔写所作文字，影印报端，苟有人汇集成编，遍读一下，先生的思想与其态度，了然可见。

先生生日，我所知为阴历四月八日。既年过九十，沪同人乃为千龄宴，年年移樽先生居所。先生犹起立致词，谆谆以爱国救国、挽救国难，责望后辈。餐毕，摄影。同人题诗介寿，率以为常。忆民二十三年，先生手制满江红词一阕致意。我当时献诗以湛甘泉九十游南京喻，不意成为诗议。到九十七岁时，果游南京，而我献诗中有两句，"一岁愿投诗一首，不才准备百篇新。"不意去年先生百岁，我献一首诗，竟成最后的祝寿诗。

当先生九十六岁时，我进见，先生方握管为文，语我："为此'四圣传记'译稿，再半年可译完。从此我无遗憾了"。先生还说："我译这本书，绝对不苟且。一个名词，须揽中国古书原有此名，而义适合者。"故下笔非常迟缓，大有严幼陵"一名之立，旬月踟蹰"之态。即赴南京，又间，则已脱稿了。但尚拟作一篇序文。隔数月，又往，则出序文稿见示。时先生方戴眼镜看书，说："我老了，要戴眼镜了。"我答："先生！你忘年纪了。您今年九十九岁了。"其时我年六十，为先生所知，手书寿字一幅，上款称"学长兄"，这怎样当得起呢？唯有珍藏起来，他年送到博物馆里去，但恐后人疑我比先生年龄还长哩！

民国六年，中华职业教育社始创。从此年起，凡有会集，先生几没有一次不到。有一年大会，先生出席演说，同时演说者，尚有甘肃牛厚泽先生，时人戏呼此会为"牛马大会"。有一年，上海举行不吸纸烟运动。中华职业学校敦请先生演说，极寻常的题目和演词，一出先生之口，人人爱听，一时听客溢座。职教社环龙路社所落所，先生手题"比乐堂"三大字以赠，取义于本社信条"使无业者有业，有业者乐业"，迄今犹在笼纱珍护中。

先生起居有定时，有定位。晚年居徐家汇，卧处隔室设一座小礼拜堂，卧榻左右皆可上下。黎明即起，榻后小门一侧，便可扶下登堂行礼，寒暑从不间断。饮食有定质，有定量。日食鸡蛋六枚，鸡汤一杯，面包四小块，从不增减。先生子妇马任我夫人为我言如此。先生女适宝山徐球，号子球，留法习音乐，亦是我旧交，惜早丧。外孙二，罗马，京华。先生孙女玉章，适谢文辉。

先生既赴桂林，我犹谒见三次。去年我携十四龄幼子谒见，先生指此儿问我："这是你的弟弟么？"我答："否。是我的顶小的儿子。"临别，又呼此儿为我的弟弟。我懂了。在先生眼中，六十余岁之我，和这十余岁小儿，有什么分别？每见一次，必详问作战状况，于是大谈日本必败。末一次进见，我戏问："先生还忆我们当谘议局议员吗？"答："怎么会不记得呢？议长张季直（謇），这个状元总算肚子里通通的。"任我夫人接问："爸爸！状元还有不通的吗？"答："你还不知，如果通的，还肯到满清去考状元么？就只张季直，虽是状元，还算是通的。他还爱国，还赞助革命。"是为民二十七年十月二十一日，是为我末次见先生，先生恰一百岁。临别，先生赠我手杖一枝。说："我现在不用了，赠给你吧。"迄今思之，这中间包含什么意义呢？我只有惭愧，我只有悲哀，我只有奋勉。

我生平有两大幸事：其一，我曾获于纽约西橘村，谒见电学大家爱迭孙先生，既共餐，又共摄影。导我入其化学试验室，谓我在世间，绝无他望，只望我死时，能将此室以去。又其一，则以我后生不学，而获交于先生，承先生对我这样的厚爱，这样的厚望。

二十八年十一月廿五日重庆追悼会之前一日稿

（原载 1939 年 11 月 27 日重庆《大公报》。孙瑾芝辑录）

马相伯先生事略

方 豪

　　先生原名志德，字斯臧，又名钦善，亦名建常，改名良，字相伯，亦作湘伯、芗伯，别署求在我者，晚号华封老人，清道光二十年（一八四〇）阴三月初六日生（先生旧藏《马氏宗谱》原作二月，改三月；三月初六日当阳历四月七日）。江苏丹阳人，寄籍丹徒。端临公二十世孙也。马氏久奉天主教，先生受洗，取圣名若瑟，故亦号若石。父松岩公，精医，以善士称于乡里，光绪十一年卒，享寿七十有五。母沈氏，贤明识大义，庭训甚严，自奉俭约，而戚属有急，必济之，后夫十年卒，享寿九十一岁。长兄明学，早卒；姊适朱；二兄建勋，字少良，以御太平军有功，任湘军粮台，光绪八年（一八八二）卒；弟建忠，字眉叔，早岁以外国文学名噪海外，归国后，协助李鸿章办理新政，平朝鲜政变，执大院君归，总理招商局，光绪二十六年（一九〇〇）卒，年五十有五。著《马氏文通》及《适可斋记言记行》等。

　　先生幼岐嶷，儿时即指日曰："我识汝，汝不识我，汝不我若也。"又尝持竿逐月，喜问父老："月活耶？死耶？月生何处？"月将晦，必问何往，长者或呵斥，或谎言虎食，乃大不满，自是遂蓄志研究天文。十二岁入上海徐汇公学肄业，父母不知也，校长晁德苾（Angelo Zottoli）甚器重之；国学与科学皆大进，尤嗜度数；旋赴南京应试，比出榜，则城中已因洪杨事大乱，上海既陷，先生仍与弟留校中，且助教国文，十五岁读拉丁文及法文。十九岁法领事欲聘为秘书，辞之，谓："我习法文，为祖国用也。"二十岁习希腊文，攻哲学暨神学者凡十载。尝在苏州、太仓等处赈灾，染疾，几濒于危，愈后，所读书皆忘，益勤于学，每睡，必见帐顶隐现数目字，而梦境亦无非测算公式。尝至宣城、徐州等地，著《度数大全》一百二十余卷，呈教会付梓，未果。任徐汇公学校长。后又至南京，从事译述。

光绪二年（一八七六）入山东藩司余紫垣幕，始登仕途，时年三十七岁。旋任职滦口机器局，并调查矿务。阅五年，任驻日使馆参赞，改任神户领事。未几返国，入李鸿章幕，赴朝鲜襄助改革政事，编练新军，整理外交，王师事焉。先生上条陈，于省刑罚、定刑典及求才、废奴、经济、卫生、教育、工业、测地等，悉剀切言之。及自朝鲜归，遂绝意仕进，致力译著。十年（一八八四）复奉命稽查招商局账目，草改革计划，列举其弊。十二年（一八八六）至台湾，应总督刘铭传招也，力主借款开发，未见采纳。复建议李鸿章辟九龙为商埠，亦未果。乃请设国家银行，发纸币，以其资开矿、造铁路、制军械，鸿章遂派先生赴美借款，得五万万美金，朝议大哗，事败垂成，先生惜之。乃出席斐拉代尔之华盛顿纪念会；复游英国考察商务，经法国而返。十八年（一八九二）任长崎领事，旋改使馆参赞。

二十二年（一八九六）与弟眉叔同寓上海，梁任公从游，习拉丁文。任公得遍交当时谈洋务之人士，皆先生昆仲所介绍。

自二十二年至二十三年冬，任公与先生几于无日不相见者历一年半。

二十四年（一八九八），先生年五十九，退隐青浦佘山。会德宗锐意变法，筹设译学馆，梁启超商先生主其事，先生请设馆上海，并邀教士襄助，议成而政变突发，遂告中止。是年冬，先生与弟积二十年而成之《马氏文通》前六卷，初版行世；先生爱弟才华，令独署其名。翌年冬，后四卷亦付梓。乃以全力译《新史合编直讲》。二十六年北平英敛之先生华，筹设《大公报》于天津，先生力助其成。二十八年（一九〇二）蔡元培、胡敦复等从先生习拉丁文；明年，创办震旦学院，设徐家汇天文台内。刊行《拉丁文通》，本其师晁德莅所著《拉丁词艺》删润而成，出以中国例证，一扫西人教拉丁文之弊。复著《致知浅说》，成《原言篇》；又著《法文关键》及《尺算征用》。拟将格致、象数、形性之学，月印一册，并译英法文通，取价极廉，售十铜圆一册。并定函授之法。震旦重自治，施军训，声誉日高，马君武、张轶欧、邵力子等相率负笈，于右任以诋时政触清廷怒，先生亦招之来，遂以刘学裕名登学籍。三十一年（一九〇五）震旦外籍教士议改校政，先生乃另与严复、袁希涛等立复旦公学。两江总督周馥拨吴淞营地为校址，以万金为开办费。先生自为校长，并授法文。次年至南京，讲演君主民主之得失及宪法之精神。

三十三年（一九〇七）九月十一日，任公成立政闻社于日本东京，请公任总务员，犹总理或总裁；十二月，先生东渡，大受欢迎，演讲于神户、横滨、东京，掌声雷动。三十四年正月，政闻社迁上海，仍推先生主社务。六月二十七日上谕政闻社社员法部主事陈景仁革职，七月十七日上谕查禁政闻社，并拿办社员，社乃解散。

宣统元年（一九〇九）严复、夏敬观、高凤谦等先后辞复旦校长职，先生遂复任。二年（一九一〇）任江苏谘议局议员，仍领复旦事。及校舍为光复军司令部所占，乃率学生走无锡，后迁徐家汇李公祠。辛亥革命，南京陆军第九镇起义，有欲缴其全部枪械者，先生与伍兰荪、樊增祥设法保全。及江浙联军总司令部设于镇江，下设八部，先生任外交部部长。江苏都督府成立后，先生又任外务司长。迨都督程德全病，庄蕴宽代理，以驻苏州镇摄，不能赴宁，乃以江宁事请先生代理，宁人称马都督。民国元年（一九一二）春诸将争功，先生斥之，众咸帖服。光复后，以开会、开学名义请拨公地、公舍、公费者无虚日，先生草布告，斥为大盗，群情翕然。是年八月北上，任总统府高等顾问；十月代理北京大学校长。喀喇沁王福晋等纠合女同志，谋在静宜园设女工女学，先生赞助最力。嗣因鉴于教会文风凌替，乃与英敛之先生上书罗马教宗，请创设大学。明年，与章炳麟、梁启超、严复等，议仿法国阿伽代米，设函夏考文苑，网罗全国积学之士，校勘古籍，编纂词典，奖励著述，表彰硕德，其宗旨与规模，颇类今之中央研究院，卒未成。时先生主宪法起草委员会，偕英顾问毕格得、法顾问巴和，日日讨论翻译。

至是，先生目睹世风日下，袁世凯复僭自称帝，乃益倡导宗教，屡为公开演说，痛切陈词。并搜求明末教会名著《七克》《名理探》《利玛窦行迹》等，一一校阅。英先生创辅仁社于香山，为讲学之所，先生亦赞助之。会其时有倡国教之议，及以孔道为修身之大本者，先生力言信仰自由之要，辞而辟之。又素主民治，鉴于国民未能了解宪法真谛，译艾士萌 Esmein《宪法大全》；又发为议论，主南北分治、召开国民大会等。七年（一九一八）草《民国民照心镜》三大篇，都二万言，凡民国与民国民之权利义务，言之弥详。时陈援庵先生治基督教史，校刊教会古籍颇夥，先生一一序而行之。教廷派员视察中国教务，则陈述应兴应革诸端，不稍顾忌。教宗本笃十五世颁兴教之谕，先生亲为篆译。九年冬南归，息影上海徐家汇之土山湾，时年已八十一矣。

先生虽高龄，仍手不停披，笔不辍书，所言皆斥军阀，反内讧，培养民德，促进民治，并主张行联邦制；又改译福音。第一次欧战起，先生屡为文，预言德国必败。尤热心教育，北平之培根、上海之启明，皆倾囊相助。外国教士有立论不正者，先生亦时加驳斥。十四年辅仁大学成立，先生亲译宣言书。及九一八事起，乃日以人民自救告国人，委代表出席国难会议，仍以实施民治，促进宪法为言，发起民治促成会、不忍人会等。二十五年冬入都，明年三月任国民政府委员；七月七日御侮军兴，西迁桂林，寓风洞山，即明末教会先贤瞿忠宣公殉难处也。二十七年冬，各方门人劝先生入滇、蜀，道经谅山，以病不得进，遂留居。明年，先生寿晋期颐，全国相继行遥祝礼。四月五日，政府颁令褒嘉曰："国民政府委员马良，学贯中西，名德夙著。中年以后，慨捐巨款，倡学海滨，乐育英材，赞襄匡复，为功尤巨。近自御侮军兴，入佐中枢，秉老当益壮之精神，参抗战救国之大计，忠忱硕望，宇内同钦。兹已寿登百龄，襟情豪迈，无减当年，匪惟民族之英，抑亦国家之瑞，载颁明令，特予褒嘉，以旌勋贤，而资矜式。"十月二十九日湘北大捷，先生兴奋异常，惟身体衰弱已极，十一月四日溘然长逝，举国哀悼。政府再颁令褒扬，并给治丧费，生平事迹宣付国史馆立传。豪不敏，早岁私淑先生，国家西狩，复随侍桂林；岁丁亥，既编次先生文集，乃略叙其生平以便读者稽考焉。本文初稿载拙编《马相伯先生文集》；收入《方豪文录》，1969年6月3日修订。

（原载《传记文学》第50卷第1期。孙瑾芝辑录）

马玉章 | **怀念先祖父相伯公**

我的爷爷马相伯是我国近代著名的教育家和爱国人士,他为祖国教育事业和爱国运动贡献了毕生的精力。他的一生历经了整整一个世纪,这是我们中华民族多灾多难的一个世纪。他诞生于英帝国主义发动鸦片战争的炮声中,去世之年又值日帝国主义铁蹄蹂躏我大好山河之际。他生于忧患,死于忧患,有"一老南天身是史"(柳亚子诗)的经历,激发他对祖国的无限热爱,对帝国主义和国内反动派的无比痛恨,因而在他一生中,做了许多有益于国家民族的事,成为爱国知识分子的典范。

爷爷从小在父亲松岩公的训示下,读完了儒家经书,但他热烈追求现代知识,为此在十二岁时,瞒过父母,独自乘小木船,偷偷来到上海,进了法国教士办的伊纳爵公学。十余年之间,他读完了数学和天文学、经院派哲学和神学,又研究英、法、日、意、西班牙、希腊文和拉丁文,得了神学博士学位,后任司铎。

相伯公年方三十岁,声誉已经由师友之间传到了国际,法国领事要用重金聘他为秘书,他始终不肯将自己的学问屈膝为洋人所用。1872 年担任徐汇公学校长,教学之余,仍悉心研究哲学及数理学科,译书百余卷,后又被教会指定研究天文。他的学生李铭忠负

百岁寿庆之日与孙女马玉章在谅山合影

责南京紫金山天文台工作时,常来求教。

当时法国教士看不起中国人,又妒忌相伯公的才能,派他去徐州一个小镇的教堂管理教务。那年,徐州水灾,相伯公向长兄马建勋要了白银贰仟两救济灾民。事为法国耶稣会教士知道,认为未经教会同意,擅自使用银两,是犯了教规,将他幽禁在上海耶稣会内"省过"。建勋公闻之大怒,带了几十名兵卒,向教会问罪。他说:"我用自己的钱救中国灾民与你们外国人有什么相干?"此后,相伯公不顾一切非议,毅然随同长兄脱离耶稣会还俗,但不抛弃天主教的信仰。相伯公讲到这段经过时曾说:"洋人自以为是天之骄子,根本看不起中国人,可是我们中国人切不可自卑自辱,对他们奴颜婢膝,要有民族自尊感,要有维护国家民族尊严的反抗精神。应该无所畏惧,理直气壮,压倒他们,才称得起中华儿女。"

1881年(清光绪七年),相伯公从事外交活动,先后去朝鲜、日本、法国、意大利和美国。他认识到要国家富强必先振兴工业,非有工业建设不能充实国力,因此屡以建设之策上陈清廷,为浅识的朝士所扼。公感到清廷昏庸,弱国无外交,乃辞官回上海徐家汇,任天文台台长。数年之间著述有关天文度数的书百余卷,又与弟眉叔公合著《马氏文通》,采用古希腊葛郎玛的分类法,以辨认中国字的词性和语句的功能,并引汉唐以前典籍中的名句作佐证。《文通》问世,公爱弟心切,令眉叔公独署著者之名(见李青崖遗著《马相伯先生传》)。

相伯公并不因为埋头著作而置国家民族的忧危于不顾。他从切身经历中,怀有"教育富国"的理想,认为"自强之道以作育人才为本,求才之道尤宜以设立学堂为先"(见舒新城著《中国近代教育史》)。他在1899年六十岁时,就想办一所新式大学,教授欧美各国新知识,使学生能学到先进科学技术。他决定毁家兴学,1900年8月捐资请法国天主教耶稣会协助开办中西大学堂,法人收其田产而未办学。1902年，蔡元培介绍因反对清廷封建教育制度而被迫散学的南洋公学优秀分子二十四人给相伯公，遂于1903年（清光绪二十九年）3月创办震旦学院。

这时相伯公已经六十四岁了，他将长兄建勋所遗松江、青浦两邑田3 000亩作为学校基金（时地价一亩约400元），又于建筑时捐现银四万元，英法租界地八处，当时价值十余万元，用来在卢家湾购置土地和建造校舍（现上海第二医学院），考虑到"个人建设势不能久，故请托耶稣会团体，以期长久，又因师资缺乏，故聘请耶稣会教士，以襄其成"（见《马相伯亲笔备忘录》）。相伯公自任监院，下设总干事和会计各一人，其余各项行政都由学生自己管理，实行学生自治制。在当时封建时代能这样做，是要有大无畏精神的。他办学崇尚科学，注重文艺，主张学术独立，思想自由，对不同意见展开讨论，并用挈举纲领、开示门径的办法来教学，启发学生自己研究探讨。虽借耶稣会之助，但学校内决不谈教理，认为学校是研究学术的机构，不是宣扬宗教的地方，这就引起了洋教士的不满。

他办学实行学生自治制，实际上在青年中传播了革命种子。他对当时革命青年爱护备至，如于右任逃亡来上海，相伯公亲自驾舟去吴淞口外接他，并保护他在震旦继续宣传民主革命。当时革命学生中有张鼎丞、于右任、邵力子、李青崖、徐朗西、叶仲裕等。

1905年在震旦学院担任教师的外籍教师，趁相伯公有病之际，突然改变办学方针，"尽废旧章，别定规则"（见《马相伯年谱》213页），企图攫取学院主权，致使全体学生大哗，摘下震旦校牌相率离校。当时清廷拟勾结法捕房加害革命学生，相伯公忍痛放弃震旦，偕同离校学生在各界知名人士的赞助下，另行筹建了复旦公学，隐含恢复震旦、复兴中华之意。可是经费和师资都告缺乏，他不愿向教会救助，只有向各方告急，并和学生共同奋斗。得两江总督周馥之助,拨地拨款;同时联合严复、袁希涛、张謇、熊希龄、萨镇冰等28人出面,发表《复旦公学募捐公启》,向社会募捐,得到各方面响应。这个在反封建压迫中诞生,在抵制帝国主义文化侵略中自力更生创建起来的私立大学,终于在1905年中秋节正式开学。相伯公被推为校长,李登辉主持教务,并由同学叶仲裕、于右任、邵力子等分管学校行政。本着学以致用的务实精神,采取网罗众家、兼容并收的办学方针。他以六十六岁高龄,仍自告奋勇,担任法文教授,讲授不倦。当时日本《大阪新闻》曾评论复旦为"革命的学校",上海英文《大陆报》也赞许复旦学生"最富民主精神"。"五四运动"时,上海最先响应的正是复旦的广大师生。

1980年,加拿大人许美德(Ruth Hayhoe)来复旦进修,在她的论文《比较教育》中,着重研究了复旦的教学方式,也着重介绍了相伯公的教学方法。当她的论文在法国宣读时,法国听众很惊讶,一致认为没想到八十年前在中国已有这么好的教育家。相伯公可算是我国近代教育史上一位拓荒者。

1913年,相伯公应蔡元培之请,辞去复旦职务,担任北京大学校长。在北京曾和英敛之发起辅仁学社,在西山讲授诸子百家之学,这就是辅仁大学的前身。又在北京创办了培根女校。后因反对袁世凯南归。

相伯公七十五岁时,我父君远病故,我母年方十九,我刚出世六个月。学生们看到我爷爷毁家兴学,家无余资,乃凑送一万元作为我教养之用,爷爷将该款交陆伯鸿移作上海启明女中(现市四女中)办学经费。相伯公这样热衷于教育事业,为时人所敬仰。

相伯公热心提倡体育,曾鼓励陆礼华创办两江女子体育学校,并担任董事长。当两江女篮战胜日本和朝鲜女篮载誉归国时,年过八旬的相伯公亲自去欢迎,激动地说:"我曾代表国家多次出使外洋,听见看见的,尽是中国人受辱,返国后才兴办教育事业,以求民族强盛。对于我们这个饱受欺凌的民族,有什么比民族荣誉更重要的呢?你们为国家、为中华民族建立功勋,是中华民族的女英豪,我要感谢你们。"

1936年夏,相伯公病,震旦大学法国教士意图将震旦迁至越南西贡。我母马邱任我和我姑母马宗文请于右任出面阻止。法教士才尔孟在事实面前不得不承认震旦是相伯公出资办的,法国人无权任意他迁,慑于众愤,他们主动提出在校内建立相伯公铜像,并在相伯公寓所安装电梯,每月供应生活费600元。但在相伯公去南京后,法教士违反诺言并停止供应生活费,造成相伯公生活困难。于右任知道了大怒,他说:"以后不用他们的钱。"乃为相伯公申请国府委员之职。

相伯公病愈,闻知法教士意图迁校之事,乃亲笔写下了备忘录,并在一百岁时立下遗嘱:"余年已百龄,遭逢国难,深知救亡图存惟赖团结英才,齐一心志。生平信奉天主教,致力教育,斥资兴学,创设震旦学校于上海,迄今已四十年,人才辈出,蔚为国用,冀此后益宏良模,以副余之大愿。"

相伯公酷爱读书,耄耋好学,手不释卷。他常教育学生:"不读书不足以救国,不研究深邃科学,更不足以救当前的中国。"

1931年"九·一八事变"后,东北沦陷,相伯公痛感国难深重,认为"国亡无日,非朝野一心,武力抵抗,无以自救"。他提出"国难人民自救建议",号召抵制日货,为抗日义军募捐。为了支援东北义勇军,他以期颐高龄,不辞辛劳,亲自书写"寿"字和对联义卖。他说:"前方将士浴血抗战,后方人民能不积极支援吗?"共得10万元全部支援义勇军(见《冯玉祥自传》)。他还组织了江苏国难会等团体,担任丹阳旅沪同乡会会长,领导乡亲们做了一些支援抗日将士的工作。

"一·二八事变"中,在相伯公建议下,旅沪同乡从战区抢救

为激励抗日将士,百岁挥毫

难民3 000多人,陆续遣送回乡。相伯公对家人及刘龙生说:"国家存亡,你们妇女也有责任。"在他的启示下,母亲和刘龙生等在震旦大礼堂办了伤兵医院,600多名战士伤愈归队。

相伯公坚决反对蒋介石的不抵抗主义,也坚决反对蒋介石"先安内后攘外"的反动措施。1935年后,他和宋庆龄、黄炎培、沈钧儒等领导了救国会工作,对内呼吁团结,对外主张抗战,并发表了很多抗日言论。1936年4月15日曾对《新世界》记者说:"救亡唯有赖于人民,须团结一致,为祖国奋斗之各党派、各团体一致救亡,这是洗雪国耻唯一道路。"同年12月20日为救国会执委会题词,有"耻莫大于亡国,战虽死亦犹生"等语,语重心长,发人深思。相伯公曾说:"日本人在天津已经直接压迫人民的爱国运动,我们政府已继续替日本人帮忙,压迫爱国运动。这样的政府,我没有旁的话可以形容,我们中国政府实在是'帮凶'!"蒋介石五十岁时,曾托很多人求相伯公给他写个"寿"字以讨吉利,公坚决不肯。后经学生林驺劝说,他以"吉一时"三字合成一寿字付之。蒋介石专程派人向他道谢,他哈哈大笑说:"我叫这小子只吉一时,他还很高兴呢!"

九十九岁那年,他亲自撰写《停止党争,一致对外》一文在各大报发表,其中有"慨然甘抛弃一条老命,与广大爱国民众携手前进,共同抗日救亡,直到胜利"等语,激励人心,奋勇抗敌。广大爱国人民一致尊称他为"爱国老人"。

1936年11月救国会"七君子"被捕,相伯公极为愤慨,和宋庆龄、何香凝等发表宣言,呼吁"爱国无罪"。蒋介石从西安被释放回南京后,在1937年6月间派人问相伯公有什么要求,公写了五个大字"释放政治犯"。

相伯公从抗战方面深深感到中国共产党的爱国诚意,极为赞许。乡亲韩景琦问过老人:"您老是信仰天主教的,是有神论者,而共产党是无神论者，您为什么不主张打共产党呢？"老人回答说："信仰是各人的自由，不能强迫，可是要记着国家是大家的，应该懂得'兄弟阋于墙，外御其侮'的真理。老实说，从各方面事实证明共产党还很爱国呢！所以老夫一直都是大声疾呼，现在国难时期，如不立息内争，共御外侮，则国亡无日矣！"

蒋介石在逮捕"七君子"的同时，曾对于右任说："你的先生闹得实在太凶了！"于右任不得不借于斌之手，请相伯公迁居南京帮助教务。当时老人听说江南教区有了中国主教，高兴地说："我是中国人，应该归向中国人自主的教区去！"他不顾众人的劝阻，决定去南京。在上海的爱国人士曾加劝阻，宋庆龄懂得老人的心意，她说："马老先生既然答应去南京，就让他去吧，在南京也一样可以和我们领导抗日救亡运动的。"1936年11月24日老人离上海那天，清晨六时，宋庆龄来送行，嘱咐我们说："老先生是国家的宝，你们要好好照顾他。"相伯公到南京后仍念念不忘救国，他认为千万不要忘记抗日救国是每一个国人的神圣职责。

1937年11月上海沦陷，日军逼近南京，冯玉祥与李宗仁劝相伯公移居广西桂林风洞山，李烈钧特备汽车，派其公子李赣驹专程陪同护送。广西人民爱戴老人，在七星岩立有石碑纪念。

1938年，广州沦陷，危及广西，于右任请老人移居重庆。在赴昆明途中，因体力不支，留居越南谅山。1939年，上海复旦同学会为庆祝相伯公百岁寿辰举行招待会，金通尹宣读了相伯公由谅山寄上海的亲笔信："国无宁土，民不聊生，老朽何为，流离异域，正愧无德无功，每嫌多寿多辱！"寥寥数语，反映了老人身处异域，目睹大好河山沦陷，激起无穷愤怨。在谅山，有人去看望他时，他总是问："蒋介石打了没有？他会打吗？现在打到哪里了？"

1939年11月4日相伯公病逝谅山，临终念念不忘祖国安危，他讲的最后四个字是"消息……消息？"重庆《新华日报》专论悼念："中国坚贞忠勇的抗日救国战士，从此又弱了一个，实在是一个太大的损失。"

爷爷离开我们45年了。在这近半世纪岁月中，我们的祖国在中国共产党领导下，起了翻天覆地的变化，中国人民真正站起来了。爷爷如还健在的话，目睹他一生渴望而未得见的繁荣强盛的祖国，已经屹立于世界民族之林，他一定会捻须大乐，争取再活一百年！

抗战胜利后，于右任曾对我们讲："政府（指国民党政府）准备将先生灵柩迎归国葬。"一直到解放前夕并未实现。上海解放初期，陈毅市长即派蒋子和科长陪同我母亲马邱任我和我长女马百龄去越南谅山将灵柩迎归，安葬于爷爷生前所置"息焉公墓"。当时，胡志明主席也派人在谅山专程招待，并将灵柩送进睦南关。

爷爷安葬时，党和政府曾举行了"反帝爱国老人马相伯先生安葬纪念会"。十年动乱中，公墓被毁，党和政府又一次关怀，决定重新安葬。从相伯公前后安葬的情况中，我们深深感到中国共产党的统一战线政策英明伟大，凡是爱国人士都有深切的体会。诚如陈毅市长所讲："马老先生对人民做了好事，人民是不会忘记他的，我们的人民是永远会纪念他的！"

本文承乡亲韩景琦先生提供了一些资料，并帮助整理，特此志谢。

（原载《镇江文史》，1990年。孙瑾芝辑录）

新象魏身接舊儲胥鐘應聲彌遠河清願豈虛康彊迎杖屨愷懌逮襟裾

己卯春日恭繳百言奉祝

丹徒夫子百齡大壽

受業金問朱手高

寰宇尊人瑞卿雲曜日車壯容
元化術上德老耼書獨善甯吾
志民脆即廣居百家騰冶久萬
木得春舒浩蕩風從虎快奇海
大魚立言關國是無遺念生初
維縶絙邦貴驅馳度塞餘心蘇

金通尹贺马相伯百岁大寿祝词手迹

黎远明 | # 爱国老人马相伯在桂林

百年桃李盈天下

马相伯（1840—1939），原名志德，亦名建常，改名良，字相伯，别署"求在我者"，晚号"华封老人"。清道光二十年二月二十四日（1840年3月17日），生于江苏丹徒。马相伯出生之日，正是英帝国主义发动罪恶的鸦片战争之时。

他是著名的学者、教育家、文化界人士；又是天主教徒、耶稣会教士、宗教界人士；后来，1939年11月4日，在越南谅山逝世。

马相伯，1872年，任上海徐汇公学校长。1881年，任清政府驻日公使馆领事、参赞。1903年，毁家兴学，创办震旦学院，自任监院，先生并亲临授课。于右任、邵力子和桂林的马君武等，都是该院的学生。1905年5月27日，创办复旦公学，被推为校长。辛亥革命后，一度代理北京大学校长。马老深知"自强之道，以作育人才为本，求才之道，尤宜设立学堂为先"。

他不愧为"百年桃李盈天下"。

"爱国老人"的由来

1931年,"九·一八"事变,他痛感"国亡无日,非朝野一心,武力抵抗,无以自救",呼吁"立息内争,共御外侮"。1932年,参加宋庆龄、鲁迅等组织的"中国民权保障同盟"。1936年7月,与宋庆龄等发起成立"全国各界救国联合会",要求国民党政府停止内战,释放政治犯,建立抗日统一政权。是年11月,救国会沈钧儒、邹韬奋、李公朴、沙千里、史良、章乃器、王造时七君子,被国民党当局非法逮捕时,他愤慨陈词,愿以"首领"(自己的头颅)担保七君子无罪。七君子出狱后,特地跑到南京大方巷去看望他。1937年,"七·七"事变后,他发表《钢铁政策》的演说,力主抗战到底。抗日战争爆发后,他被任命为国民政府委员。

由于他积极参加抗日救亡运动,被称为"爱国老人",极受人民的尊敬!

到桂林最早的一位京沪文化人

1937年8月13日,淞沪战争爆发。1937年10月,马相伯老人,应"基督将军"冯玉祥和第五战区司令长官李宗仁的邀请,由南京避居桂林,他是抗日战争时期,京沪文化人到桂林最早的一位。他当时住在桂林城内,最称奇特的叠彩山的"风洞"洞口前的景风阁的楼下。这座"景风阁",原是唐代的建筑物,不幸1944年11月,桂林沦陷时,毁于战火。这是日本帝国主义者欠下桂林人民的一笔罪账!这里,不仅是风景优美无比的地方,而且是避免敌机空袭的最理想的处所,桂林人民安排他在这里居住,是对这位"爱国老人"的无比的尊敬和爱护。当时桂林的报纸上,还刊登过他到桂林的报道。我还深深地记得：当我们知道这位《泣告青年书》的作者、"爱国老人"马相伯到我们桂林来住的时候，出于一种崇敬和爱慕的心情，在1937年12月的一个星期日的早上，我和我们桂林中学的黄镇发同学特地跑去看他。原来，他就住在景风阁楼下的一间木屋子的房间里。房门口，新贴着一副非常耀眼的红纸墨字的对联，上联是"生有自来戚继光"，下联是"死无遗憾范希文"。他以明朝抗倭名将戚继光和宋朝抗击西夏名臣范仲淹来表志，使人看后，不禁肃然起敬！

在桂林，当他九十九岁寿旬的时候，桂林的文化人，还为他进行过祝寿，甚为隆重。

中共中央电贺马翁百龄大庆

他在桂林刚刚住满了一年，在1938年11月，应国民政府于右任院长之请，去云南昆明。途中，因病留居越南谅山。1939年3月17日，马相伯在越南谅山百龄大庆时，中国共产党中央委员会于当年4月，通过桂林八路军办事处，探转马相伯先生的《贺电》中，说："兹值先生百龄大庆，国家之光，人类之瑞。"这一崇高的赞誉，道明了老人对祖国、对人民的贡献！同时，在同年4月6日的《新华日报》上，还发表了一篇名为《马相伯先生百龄庆典》的短评。《短评》中说："近几年来，民族危机日益深重，马先生不辞劳瘁，奔走抗日工作。对于全国抗日救亡运动的推进和抗日民族统一战线的形成和发展，都发生了重要的作用。"桂林也举行了热烈的庆贺。马相伯移赠全部寿仪，慰问祖国伤兵、难民。从此，桂林人民，又称他为"百岁老人"！

老人星黯　薄海同悲　桂林留碑

1939年11月4日，马相伯老人在经越南赴滇途中在谅山病

桂林风洞山的马相伯肖像壁画(关尹喜摄)

逝！为此，中共中央毛泽东主席、八路军朱德总司令、彭德怀副总司令，于1939年11月10日的《新华日报》上发表通过中国驻河内总领事馆转马相伯先生家属的特唁电文，电文中说："惊悉相伯先生于本月四日，莲归道山，老人星黯，薄海同悲，遗憾尚多，倭寇未殄，后死有责，誓复国仇。"接着，《新华日报》又在1939年11月6日，发表了《悼马相伯先生》的短评，尊之为"国家之光，人类之瑞"！同时，国际反侵略运动大会中国分会，也在1939年11月10日的《新华日报》上，发表《国际反侵略大会中国分会致名誉主席马相伯先生家属唁》。《唁电》中说："噩耗北来，惊闻老先生遽捐馆舍，举世同哀，邦国殄瘁。""我国反侵略运动，自始即由老先生领导，其为世界和平、人类幸福而致力之精神，垂老益坚。"

桂林市人民为了纪念他，在他逝世后不久，在叠彩山古称"福庭"的洞口的左面石壁上，照画家林素园的手笔，刻了他的画像。像的右边写道："马相伯夫子像赞：心赤貌慈，人瑞人师；形神宛在，坚弥高弥。"

（原载《广西地方志》1995年第3期。孙瑾芝辑录）

马相伯先生印象片段

高平子

马相伯先生为中国近代史上新旧绝续之际的一个不朽人物。他是宗教徒，他做过幕僚，他当过外交官，他是哲学家，他是政论家，他是伟大的演说家，但他最特出的一个角度是教育家。他虽然传世的著述不多，而所予弟子们的印象久而弥深。自古哲人有不以博学多能而使人自化者，其风格之超群，民无能名焉，马师殆其流亚乎？平子不佞，亦尝受业于马师之门，亲承教诲。当时虽为同门最小之弟子，虽在学离期间皆受到马师之关注，追念往事，于今六十年矣。师门大事自有诸大弟子为之表章，平子但能掇拾琐碎片段以留心影而已。

民国前九年，清光绪二十九年癸卯（一九〇三），马师年六十四岁。此时承对日战败、变法无成、庚子拳乱之后，马师时正息影徐汇。梁任公、蔡孑民、张菊生诸名士均就马师学拉丁文。于是联想到一般青年而有震旦学院之创。"震旦"原出梵书"中国"之称谓，而亦有东方旦明之含义，故西文取名AURORA。马师自言："想当初创办震旦，我游历欧美回国，决心想办新的中国大学和欧美的大学教育并驾齐驱。这是理想。事实是这样开始的，蔡孑民先生介绍了二十四名青年，从这第一班学生，逐渐增加，形成学院。"（见徐景贤：《马相伯先生国难言论集》）这就是震旦成立的第一年。

光绪三十年甲辰（一九〇四）震旦成立之第二年，学院稍具规模，马师

> 自任院长（监院），各科教授则由教会（天主教耶稣会）诸长老义务担任。所定课目大别有四：曰语文学，曰象数学，曰格物学，曰致知学。语文一科以拉丁文溯其源，仍分习英、法、德诸现代语以应世用。但求能译书阅报章，不求为舌人。故其教法亦特异，挈举纲领，不屑屑于辨语音，认生字。其余各科目亦但开示门径，启学者自由研究之风。盖斟酌远西 Academg 之制而变通以适吾国之用者也（见钱智修：《马相伯先生九十八岁年谱》）。

是时我读书家塾，足迹不出里闬。然受变法拳乱之震动，先君亦与友好有试办乡里小学（定名实枚学校）之计划，我则负笈游学之念已如春草之萌生不可遏止。适于此时获见震旦学院招生章程，所谓语文、象数、格物、致知之学，如振聋发聩，如拨云雾而见新天地。尤其使我感奋者为吐弃当时租界学校之通事舌人的洋奴教育而一以学术为依归。而中间如致知门之有"原有"（即宇宙原始论）、"原人"等目，以及应用之无线电学等等，真使我既感深奥而又觉新奇。于是于甲辰新春决意投考震旦，幸而获取。时为震旦草创之第二年，学生不及百人。此原始章程我一直保存，惜抗战以后与故居藏书散失无存。今但能忆记其一两点而已。

老震旦的校址是在上海西南隅的徐家汇。徐家汇者以明相国文定公徐光启而得名。其地以一老天主堂为中心，附以藏书楼、徐汇中学、修道院、圣母院、孤儿院、印刷所、天文台等建置，自成

一小小文化区域。其时巍峨之新天主堂尚未建筑，天文台则已由旧址迁至新建筑，相隔不过一窄窄的石子路。震旦初设即借此空余之老天文台为校舍，其地在老天主堂之南，墙内围地约十亩，靠西为小河可通舟楫，靠东隔马路即为新天文台，往南百步为孤儿院之印刷所及手工艺部等作场。老天文台建筑为二层平顶白色老洋房，门窗皆作圆穹顶，有地下室，约宽五间。我后游巴黎，始悟此屋原来是仿巴黎天文台而略具雏形。但徐家汇此台其实只是气象台，故没有像巴黎台之有圆顶。震旦既借此屋，容量已觉不够，乃于其东侧添筑三层校舍一所，与旧屋相连。学生宿舍及膳堂等均在其内。老天文台正门北向，其北数十步有一八角厅，中部颇宽，四角有四耳房。正中置一撞球台，耳房中有棋局风琴之类，供学生课余游玩。更北有一空地约二三亩，作为操场。场中枫杨四株，大可合抱，一次台风竟拔其一。

我初来震旦，拉丁文是必修科。马师编有拉丁文通依为教本，但教师是一位中国教士，讲得很快，而我对于外文全然陌生，以致愈来愈跟不上，第一学期结束时可算一无所得，非常惭愧。第二学期起拉丁已非必修。今文可以选择。犹记当时马师与几位外国教授坐八角厅耳房中，学生一一进见，个别认排主修何种文字。我所选的是法文，现在记不起是何动机了。

我初谒马师时即见师须眉疏白，神情朗照，为之心折。然我时年十七，而诸大弟子有长我十余岁者，故自视为小学生，不敢向师多所问难。今所能记忆而印象较深之诸学长有项骧（伟臣或微尘）、叶仲裕、胡敦复、沈步洲、张轶欧、邵仲辉（力子）、刘学裕（即于右任）辈，他们都比我大十年以上。右任先生当时已因作诗讥切时政，被陕抚升允奏革举人，通缉甚急，乃逋逃走上海，由马师招之入院，我等皆未详知。但记其人颀长而深目，似着学生装，寡言笑。一日作七律二首榜于布告栏，我等读之皆欣羡不止，但今已不能记其词。

马师办学之精神在于使学生习于自治。故自任监院而以院务分任诸生。如项骧为总干事、郑子渔为会计干事，有固定任务，其余干事于学期开始由学生互推分别担任，执掌权限悉遵学生自治规程。我所能记忆的管理学生游玩用具者为葛子寿及王励君二人。葛为松江人，王为萧山人，与我年龄相若，课余常同游或长谈，故最相稔。葛已早作古人，王出校后即无音问。体育方面有军操一课，居然备有枪支及剑器（方形钢条作斗剑用者），请一法国排长任教练，由一姚姓学生招待，因其略能法语。此人之名今已记不得了。

我入学后于拉丁文可谓一无成绩，此外物理及几何二门则由马师亲授。物理马师称之为"形宪"，几何则从徐光启之旧译，当时几何或译作"形学"。我初以为几何是一种计算长短大小的方法而已。乃开讲之初，只是从几条公理（Axiom）及几则界说（Definition）讲起，一支垂线即有如何界定之理，而绝不见数字。这使我于思想方法上顿悟有新境界而发生甚大之兴趣。此二门功课皆有油印讲义。除此二门功课外，每逢星期日，马师常在八角厅中演讲哲学之类的问题。马师设座中坐，诸生环之听讲。师出生丹徒，故语带镇江口音。我初离乡，不习他乡语，故颇不易听懂。然听其抑扬顿挫之节，观其从容顾盼之姿，不期神往。其后每逢马师公开演说，得参末坐，常觉其析理、辨证、取譬、解嘲、举手、瞻视、疾徐、俯仰，或引经史、或涉俗谚，莫不自然中节。近人常推胡适之先生演说第一，然胡先生以纵横胜，而马师以自然胜。以书法为喻，则胡先生可比苏黄，而马师则几乎羲之也。

震旦之成立也假地假才于教会。我入学之明年，乙巳之春，由教会襄助之教务长与师在教育政策上意见相歧。师乃乞假养疴，学生大哗，共迎师离校。海上缙绅如张季直、曾少乡等助之甚力。侯官严复、南昌熊季廉、宝山袁观澜等闻之，相聚谋创新校，更名为"复旦"（拉丁名EOS）。由两江总督周馥拨借吴淞提督行辕为临时校舍。以是年中秋节开学。其时法文班学生渐少，教师更不易得。马师乃自上堂亲授法文，间或以邵仲辉为助教。此时于右任先生及迟一学期入学之平湖人金怀秋等皆在同班，但他们二人国学极有根底，常帮助马师办些文墨，可算是师的私人秘书。后来又找到一位法国太太来教法文，然而她教的很难满意。且其时已请来了李登辉先生当教务长，他是留美博士，注重英文，法文班益无生气。而我不愿改学英文，于是到次年我就回到了老震旦，因此我的英文始终没读好。于右任等几位大弟子似乎不久也出去办报了。金怀秋与于先生交谊甚密，但后来意见不合，至于割席。怀秋于文学书法均极自负，而傲骨天生，落落寡欢。后回乡里，一度学佛，不得志而终，于今数十年矣。此人今无知者，故偶及之。

自震旦散学后，老同学有些随至复旦，有些另谋事业，也有些设法出洋了。如胡敦复、蒋丙然、胡文耀、孙文耀等都陆续出去了。自我回震旦后，旧同学渐少，新同学如翁文灏、胡光复等读了些时也先后出去。所以到我在民元毕业之时，同班同科的同学只有四人了。但那一次震旦第一届毕业典礼，马师仍亲来参加并一同摄影。

我初来震旦时，严复的几种译本新书正在风行。先君亦甚钦佩，故尝期望我学成后继踵其业。我震旦毕业后，偶然得到一本马克斯威尔论光波的小册子，乃即从事试译。当时受严氏译笔影响颇深，故于许多名词都很注意其形式的雅驯。因而用了许多古典的出处，或者求其与古为邻，从老庄墨诸子、易系辞及佛家的翻译名义集取了许多资料，譬如 Medium 我译作"中缘"，Radiation 我译作"耀能"。此译本约有三四万字，题名即用《耀能论》。完稿后即往土山湾孤儿院楼上向马师呈阅。马师看过之后，大为激赏。因他自己译书亦多自我作古，力求古雅，故谓孺子可教也。自此我常乘便拜谒马师。一日，师谓："我曾以尔译本与某显者看，他很赞赏，要我招尔为他帮忙，尔意如何？"我当时毫无用世之意，只能谨谢不敏。

马师七十余岁时身体亦不见甚健，时有痢疾等患。我进见时，常在孤儿院楼上，很少见其出外步行。民国二十五年由大弟子于公右任及南京主教于斌博士（亦为震旦老同学之一）等迎师至南京，寓鼓楼西南大方巷十二号之一。

次年丁丑，师年九十有八。中央诸要人于五月十六日假国际联欢社祝师九旬晋八寿辰。党政学界名人四方云集。时师已不良于行，由四名人以安乐椅举上讲台，其一人为冯玉祥，其余已忘之矣。坐定后有多人轮流至台侧致颂词。记得香港何东爵士亦其一人，已须发皓白，颇有英国老绅士风度，颂毕鞠躬而退。诸人致颂时，马师木然似无感。然颂毕后师仍起立致谢词。唯起立时腿稍感扭曲，犹微笑自嘲："机器不灵了。"……

上海画家钱某尝为师作速写像，风神甚佳。我与我季弟君实各得印本一帧。曾与弟同到大方巷谒师，蒙师亲笔题字。弟少于我二十一岁，未能亲炙师门，师亦爱抚如亲弟子。此次是为我获亲杖履之最后一次矣。

是后不久，即有七七事变，中日战起。马师徇朝野人士之请，避居广西桂林之风洞山。继之又拟迁昆明，道经安南之谅山，以病不得进，遂留居焉。

民国二十八年己卯（一九三九）师年百岁。四月六日各地多举行遥祝。上海诸弟子们亦有集会。先曾致函恭颂，师有亲笔复书，字迹古茂淳朴而无颓唐迹象。惟记中间有一句云："老叟何为，流离异域！"其情怀亦可见矣。

是年十一月四日，师在谅山逝世。有人歌咏的一句云"一老南天身是史"，可称恰当。

（原载许有成编《复旦大学早期校史资料汇编》，台北市复旦校友会，1997年5月。孙瑾芝辑录）

图书在版编目(CIP)数据

马相伯传略/朱维铮等著. --2 版. --上海：复旦大学出版社,2025.5. --(复旦大学校长传记系列).
ISBN 978-7-309-17965-1

Ⅰ. K825.46

中国国家版本馆 CIP 数据核字第 2025EE0403 号

马相伯传略
朱维铮 等 著
责任编辑/顾 雷

复旦大学出版社有限公司出版发行
上海市国权路 579 号 邮编：200433
网址：fupnet@fudanpress.com http://www.fudanpress.com
门市零售：86-21-65102580 团体订购：86-21-65104505
出版部电话：86-21-65642845
上海雅昌艺术印刷有限公司

开本 787 毫米×960 毫米 1/16 印张 24.5 字数 353 千字
2025 年 5 月第 2 版
2025 年 5 月第 2 版第 1 次印刷

ISBN 978-7-309-17965-1/K·866
定价：98.00 元

如有印装质量问题,请向复旦大学出版社有限公司出版部调换。
版权所有 侵权必究